Nepal meer dan de Himalaya

Jongeren over de toekomst van hun land

CW01623444

Wiel Palmen

Nepal meer dan de Himalaya

Jongeren over de toekomst van hun land

Voor Frank en Frederike

Foto omslag:
Dikesh Maharjan

Op de foto:
Namrata Shrestha
Prasun Lakhe
Jennifer Pradhan
Avilesh Karna
Rajan Maharjan
Mukunda Budha
Sri Ram Kuna
Ganesh Budha
(2010, studenten
maatschappelijk werk)

© 2016 Wiel Palmen, Twello
Omslagontwerp: Studio Birnie
Tekstcorrectie: Peter Jonker, Bert Jansen
Foto auteur: Ronny te Wechel
Foto's: Wiel Palmen, Sushant Sigdel
Grafische vormgeving: Studio Birnie
Druk: Eerste druk 2016
Uitgave: In eigen beheer
ISBN 9789492333124

De netto-opbrengst van dit boek is bestemd voor projecten van Stichting Hatemalo www.hatemalo.nl

Voorwoord

Het is erg sympathiek om te zien dat Wiel al jaren in Nepal komt en daar zijn best doet om de lokale bevolking te helpen. Zelf heb ik minder ervaring met ontwikkelingswerk, zoals wereldverbeteraars als hij. Maar bij het lezen van ervaringen, van ervaringsdeskundigen, leren we iedere keer vergelijkbare lessen. Namelijk, dat donatiegelden beter besteed kunnen worden, en wel door ondernemerschap in plaats van liefdadigheid.

Al vanaf mijn achttiende ben ik geïnteresseerd in ontwikkelingshulp. Begonnen als fondsenwerver bij een marketingbureau, dat zich enkel bezighield met alles rondom grote goede doelen. Daar heb ik de marketing achter het fondsenwerven voor bijna al die doeleinden leren kennen en werd enorm gestimuleerd om me goed in de grote ontwikkelingsvraagstukken in te lezen. In de loop der jaren raakte ik nog meer geïnteresseerd en besloot om de armoede in het buitenland op te zoeken en een stage bij Amnesty International te doen.
Na mijn afstuderen in Human Resource Management in combinatie met Psychologie, besloot ik zelf een sociale onderneming op te zetten, ook vanuit het idee en de ambitie hulporganisaties te inspireren meer te investeren in ondernemerschap door middel van microfranchising.

Om dat zo gemakkelijk mogelijk te maken hebben we met OFoundation een businessmodel uitgewerkt tot een simpel uitvoerbare methode. De bedoeling is heel duidelijk. Hiermee wil men meer met investeren in plaats van te werken met giften. Tegelijkertijd is het eerste microfranchising platform opgezet, waar zoveel mogelijk informatie en documentatie rondom het opzetten van een microfranchise te vinden is. Veel van die data komen van de aan OFoundation gelieerde organisaties of stichtingen.

Ondertussen heb ik heel wat gereisd en projectonderzoeken gedaan in landen als India, Roemenië en Marokko. Wat ik heb geleerd, is dat stimulans in ondernemerschap de beste aanpak voor armoedebestrijding is. Ondernemerschap creëert werkgelegenheid, dat zorgt voor inkomen, en inkomen zorgt ervoor dat men met trots en met voldoening het geld accepteert en uitgeeft.

Zoals Wiel ook in dit boek over armoedebestrijding in Nepal meerdere malen aangeeft, voelen mensen zich vereerd om geholpen te worden met het zelf genereren van inkomen, in tegenstelling tot het krijgen van giften.

Als wij al onze donatiegelden investeren in sociaal ondernemerschap dan zal armoede veel sneller en transparanter opgelost worden.

Utrecht, juli 2016
Massy Wahab, sociaal ondernemer

Inhoud

In april pootte hij zijn aardappelen. Het was dat jaar in april even heet als normaal in juni.
Langzaam liep hij de vore af en liet om de twintig centimeter een aardappel tussen de benen vallen.
Soms viel de aardappel verkeerd en moest hij bukken om hem goed te leggen.
'Er zijn er die weten waar ze heen moeten, Mick, en er zijn er die een handje geholpen moeten worden!'
Elke keer zocht hij met zijn ogen de precieze plek tussen de kluiten uit waar hij hoopte dat de aardappel zou vallen. Deed hij dat niet, dan viel de aardappel niet goed.
(uit: Ver weg in Europa. John Berger.)

Verantwoording

De tijd van vlammend geformuleerde doelen en missies is voorbij. Het wordt tijd voor samenwerking en meer zakelijke benadering van de hulpverlening.
Een lappendeken van stichtingen en internationale organisaties, al of niet gesubsidieerd door overheden, lijkt Nepal te bedekken en te verstikken. De ene organisatie is nog enthousiaster dan de ander. Blije gezichten versieren de webs. Iedereen is druk bezig in zijn eigen keuken en vergeet te proeven wat de buurman voor gerechten heeft.
Sinds 2003 houd ik me bezig met ontwikkelingswerk, in Thailand tot 2014 (MartinusStichting) en vanaf 2010 tot heden in Nepal (stichting Hatemalo).
Om mezelf enige klaarheid te verschaffen over Nepal heb ik in kleine hoofdstukken geprobeerd een beeld te vormen van Nepal en vooral van jonge mensen, de opkomende generatie.
Vijf jaar Nepal, vijf jaar intensief contact met jonge Nepalezen. Het bleef mij bezighouden, dat zoeken naar een betere toekomst dan waar hun ouders en hun land in verkeren. Ik wil over hen schrijven, tegelijk proberen helder te krijgen welke taak de hulpverlening daarin kan hebben.
De indruk kan worden gewekt dat dit boek rijdt op een dubbel spoor, twee onderwerpen langs elkaar heen: de veranderende wereld van de ontwikkelingssamenwerking en de kijk van de opkomende generatie op hun en Nepals toekomst, te lezen en te ervaren in eenentwintig bijdragen. Er zijn echter wissels op dit traject, zodat de ene keer jong Nepal helder zichtbaar wordt, de andere keer de weg van de hulpverlening. Echter, we komen samen aan op hetzelfde eindstation.
In die bijdragen is ook de aardbeving geslopen en heeft hun beeld gekanteld. Anderen weer geven een algemenere indruk. Allen echter willen ze verandering. Hiermee onderscheiden ze zich niet van leeftijdsgenoten waar ook ter wereld en in welke tijd dan ook.
Wat opvalt is de veerkracht die opspringt uit deze bijdragen, als pijlen die elk moment vanuit de strak gespannen boog afgeschoten kunnen worden in het doel dat hen voor ogen staat. Hun verhalen zijn ‘geweven uit honderden bloemen’, zoals in het volkslied te horen is, in het

rijke kleurenpalet dat de natuur biedt, vol en geurig, soms in de knop, soms vragend om extra voeding.
Hun verhouding tot de godsdiensten en het kastestelsel komen ter sprake. 'De jeugd is sterk in beweging,' schrijft Swaran in zijn bijdrage. De verhalen van deze jonge Nepalezen lezen als romans en vormen het hart van dit boek. Het doet je lijf tintelen en aansporen aan het werk te blijven voor dit land.
'Kortom, met onze zwakke krachten, met de geringe middelen die wij hebben, gaan we proberen de wereld iets minder arm te maken'. Een zin uit 'Hoed u voor mensen die iets zeker weten' van Jan Terlouw. Hiermee is eigenlijk alles gezegd over de intentie waarmee dit boek geschreven is.
Ik heb geen enkele pretentie dat ik Nepal en zijn bevolking ken. Ik ben geen Nepal deskundige, verre van dat. Elk jaar weer als ik Nepal bezoek, iets lees of hoor of contact heb via facebook of skype word ik verrast met iets nieuws en leer weer bij.
Dit boek heb ik de titel gegeven 'Nepal meer dan de Himalaya – Jongeren over de toekomst van hun land'.
Omdat het land zoveel meer te bieden heeft dan alleen haar grootse natuur.
Dat is de opkomende generatie, bekend met internet, ruimschoots gebruikmakend van de sociale media, Engels sprekend en vol van ideeën.

Is ontwikkelingssamenwerking verworden tot een ongebreidelde geldfabriek of kan het ook iets betekenen voor de vooruitgang van een familie, school, dorp of land?
Dat de aardbeving van 24 april 2015 en de boycot van invoer van gas, olie en medicijnen door India van oktober 2015 tot februari 2016 ook hun sporen hebben achtergelaten mag duidelijk zijn.
Laat dit boek zichzelf maar presenteren als een impressie, geschilderd in de kleuren zoals ik het land zie: soms als de licht heldere en veelbelovende kleuren van de opgaande zon, soms ook diep rood van kleur als de ondergaande zon na een hete zomerdag of gitzwart als van een naderend onweer.
Zie het als een mozaïek van fijngeslepen steentjes in mooie, helle en diepe kleuren, soms in stukjes mat glas, vaag, zodat naar de afbeelding moet worden gegist.
Alle hoofdstukken verdienen verdieping, discussie, aanvulling. Ik ben me daar goed van bewust.

Veel zorg is besteed aan verklarende woorden en de uitleg van begrippen. Schroom niet te wijzen op onvolkomenheden.
Het boek is ingedeeld in vijf delen. In deel 1 wordt het brede terrein van ontwikkelingswerk onderzocht. In deel 2 komen de Nepalese jongeren aan het woord. Deel 3 probeert dichter bij hun leefwereld te komen. Deel 4 begint met Schuberts Unvollendete en andere artikelen de moeite waard, gevolgd door achtergrondinformatie (deel 5).
Het boek is niet af, het laatste hoofdstuk nog lang niet geschreven.
De eindconclusie van mijn beperkte rondgang door ontwikkelingsland Nepal zal niet verrassen. Zeker weten wat de juiste weg is in de oplossing van het immense armoedevraagstuk weet niemand. En mochten er wetenschappers, politici, journalisten of wie dan ook beweren dat zij het weten: hoed u voor mensen die iets zeker weten!
Maar wat ik zeker weet, is mijn ontdekking: Nepal is veel meer dan alleen de machtige Himalaya. Hierover wil ik berichten en getuigen. Om met beperkte middelen dit kleine stukje Nepal minder arm te maken.
En ach, dat verhaal over die jaboticababoom!

Een jongen vroeg eens aan een oude man:
'Wat is dat voor struik, waar u mee bezig bent?'
'Dat is een jaboticaba.'
'Duurt het lang voordat er vruchten aan komen?'
'Oh, dat duurt minstens vijftien jaar.'
'En u denkt dat u dat nog meemaakt' vroeg de jongen ironisch.
'Nee, ik geloof niet dat ik nog zo lang leef, ik ben al op de avond van mijn leven.'
'Wat levert uw moeite u dan op, oude heer?'
De oude man antwoordde rustig:
'Niets, behalve de wetenschap dat niemand de vruchten hiervan zou plukken als iedereen zo dacht als jij. Wat zou er van ons worden als niemand vandaag het zaad zou zaaien dat morgen tot voedsel kan dienen? We kunnen niet alleen voor onszelf leven, we moeten ook denken aan de generaties die na ons komen. We moeten hen helpen. Wat we doen heeft zijn gevolgen voor de toekomst. We moeten met vreugde doen wat we kunnen, in welke vorm dan ook, om een bijdrage te leveren aan hun leven.'

Wiel Palmen Twello, juli 2016

Nepal

De projecten van Stichting Hatemalo zijn gevestigd in Kathmandu en op redelijk bereikbare afstand van de hoofdstad.

We moeten het proberen.
Als we niet in ons zelf geloven, mislukt het.
We veranderen niet van het ene moment in het andere.
Maar we kunnen altijd hopen.
Zonder hoop zou het leven niet leefbaar zijn.
En als er iets is waar ik nu zeker van ben, dan is het wel dit:
het leven moet altijd leefbaar gemaakt worden.
(Shashi Deshpande in 'De lange stilte')

Deel 1

Het brede terrein van ontwikkelingssamenwerking

De hanen van Tusal

Wie we zijn is waar we naar toe gaan

Het is nog vroeg. Het kraaien van de haan en het blaffen van de hond heb ik wel gehoord hoewel ik nog ronddool in dat aangename schemergebied tussen slapen en waken. Die haan meldde zich al uren geleden. Ik slaap daar wel doorheen.

Maar die honden, dat is wat anders. Hanen kraaien van dorp tot dorp totdat het geluid ergens tussen de heuvels verdwijnt om dan weer in een geheimzinnige bocht terug te keren naar het eerste.

Daar zit een boodschap achter. Hanen luiden de nieuwe dag in. Wat zal de nieuwe dag wel niet brengen? Honden blaffen zomaar wat in het wilde weg. Wat valt er op dit vroege uur te bewaken?

Echt wakker word ik van de rook, die vanuit het afdak beneden, noem het de veranda, omhoog kringelt tussen de kieren door tot in mijn slaapkamer. De rook prikt in de ogen. Er zit niets anders op dan om uit bed te stappen. Slaapdronken zit ik op de rand van het bed, rek me uit, geeuw als een nijlpaard, krabbel door mijn borstharen, sla een kruis, doe de luiken open en kijk ver het dal in. Een brommer zoekt zijn weg tussen de gaten en hobbels naar beneden. De haan zal druk bezig zijn met zijn kippen, de honden liggen op de grond, eindelijk in ruststand . Hun ogen verraden dat niets ze ontgaat.

Anil roert door de grote ketel met maismeel, de ochtend pap voor zijn koeien en kalfje.

Anil haalt het vee uit de stal, een schuurtje is het, nauwelijks groot genoeg voor de twee beesten. De twee geiten en de bokjes slapen in het huis op de begane grond van het huis.

Met een ladder bereik je de eerste verdieping waar de drie slaapkamers zijn. Een ladder hoger brengt je in de keuken.

Het wordt stiller buiten, de natuur bereidt zich in meditatie voor op de nieuwe dag. Zij niet alleen.

Ik hoor de hoge stem van een belletje en het zeggen van gebeden.

Ik ben nieuwsgierig, kleed me snel aan.

Op de bovenste verdieping, in de hoek van de keuken tegenover de hoek waar gekookt wordt staat het altaartje.

Ik kruip zo stil mogelijk de trap op, stap over van de tweede naar de vierde trede, zo vermijd ik de krakende derde en kijk net boven het trappengat uit en zie Aarati geknield voor het altaartje, zwaaiend in steeds groter wordende cirkels met de brandende wierookstokjes in de ene hand en het belletje in de andere.

Het belletje geldt als een lofprijzing. Aarati's gebeden stijgen boven bel en wierook uit. Het doet me wel wat. Er zal toch ergens wel een godheid zijn die het belletje hoort of de wierook ruikt?

Ik ga naar buiten. Anil zit bij zijn koeien en zorgt dat ieder zijn deel krijgt, met zijn hand de pap van de bodem schrapend.

Aaarati brengt thee met koekjes. Ontbijt is van latere orde.

Intussen is ook Sushant wakker geworden. Met hem zal ik straks teruggaan naar Kathmandu.

Ik vraag hem wat zijn moeder bad.

- Mangalam Garuda dhoja Mangalam Punnari Kakshya Mangalaya Tanohari. Het is Sanskriet. Wat het betekent weet ik ook niet. Het is de traditionele manier van bidden.
- Weet je dan de naam van de god?
- Het is geen gebed voor een afzonderlijke God. Het is een gebed naar de God van het Heelal.
- Een soort verzamelgod?

Het grapje ontgaat hem.

- We hebben honderd miljoen goden.

Ik vind het wat aan de hoge kant.

- Dan kun je beter christen worden. We hebben er maar één.

Sushant lacht. Hij heeft geen enkele moeite met die godsdienst van mij. Hij huldigt het standpunt dat alle religies gelijk zijn. Waar ik het overigens mee eens kan zijn, als het gaat om het principe dat geen enkele godsdienst de Waarheid mag claimen.

Ik logeer elk jaar een paar dagen bij de familie Sigdel. Hun huis ligt buiten het dorp, aangeplakt tegen de heuvelrand.

Het is daar een samenklontering van een aantal huizen, een stuk of vijf. Iedereen is familie van elkaar.

Ik zie dat wel meer buiten de bebouwde kom van een dorp. Hogerop in de heuvels staan de huizen geïsoleerd. Niet altijd even gemakkelijk te bereiken. Eenmaal daar aangekomen wacht je de beloning een indrukwekkend uitzicht over het dal, omzoomd door de heuvels, die ik dan bergen noem. Dat lokt altijd wat spottende lachjes uit. Alleen de Himalaya verdient dit predicaat.

- Zou je hier willen wonen?

Sushant staat naast me met een schaaltje partjes wortel.
Ik kijk op, verrast. Ik geef een diplomatiek antwoord.

- Nepal boeit me, dit dorp boeit me, jouw familie boeit me, jij boeit me. Ik probeer jullie te begrijpen, die verschillen tussen de culturen hier en in Europa.

Sushant lacht. Het is geen antwoord op zijn vraag. Hij lijkt tevreden.
We besluiten voor het middageten, voor mij het ontbijt, nog een wandeling naar het dorp te maken.

De brede zandweg maakt van die tussenstops, een breed veld waar kinderen kunnen spelen en waar de dorpspomp staat om je te wassen en de grote, dikke boom waaronder de dokter spreekuur houdt. In het openbaar, dat wel. Ziektes kun je blijkbaar beter aan iedereen meedelen. Dan weet het dorp waar het aan toe is.
Je denkt dat de weg daar dan ook ophoudt, bij dat veld en die boom. Domme gedachte, want je bent nog altijd op weg naar het dorp. Even om je heen kijken en daar schiet de weg weer verder naar beneden. Het gaat dan snel. Heel even de gedachte: dadelijk moet ik die berg weer op.
Dan staan we weer voor het bekende dilemma: de korte, maar voor mij acrobatische weg of de royale ‘vierbaans’. Ik ben geen klipgeit, de leeftijd gaat tellen. Hier en daar een steen als steunpunt en verder losgewoelde grond met wat pollen gras.
Vanuit mijn ooghoeken zie ik de glimlach van Sushant. Dat geeft de doorslag. Ik besluit de korte te nemen. Ik laat me niet kennen. Hij voorop. Af en toe de helpende hand. Mezelf verwensend. Me vastklampend aan een pol, die dreigt los te laten.
De benen in een spagaat voor de volgende stap
We zijn er. In een winkeltje kopen we limonade. Twee trekkers ,Israëliers, groeten ons, een kort praatje, ze zijn op weg naar Kathmandu. Iets verderop zit een aantal leeftijdsgenoten op bankjes bij de winkel stil voor zich uit te staren, vriendelijk glimlachend, plaats makend zodat ik kan zitten. Zouden zij mij ooit het verhaal van de maoïstische opstand willen vertellen? Of wat ze denken van de snel veranderende wereld om hen heen?
Hoe denken zij over de toekomst van hun land?

- Waar zit je nou weer aan te denken?
- Ach Sushant. Ik ben te laat in jouw land terecht gekomen.

Hij kijkt me even vragend aan.

Ik doe geen moeite het hem uit te leggen. Ik vraag me trouwens af of Sushant me wel begrijpen zou.

Het is warm als we terug naar huis de heuvel opklimmen. De meimaand is de eerste van vier zomerse maanden. Aangenaam in de luwte, heuvelafwaarts ook, maar niet naar boven.
Ik dacht dat alle vocht uit mijn lijf was, maar even langs de weg plas ik een beekje dat geen verre loop heeft. Het verzandt in het stof van de weg. Sushant moet ook, maar zijn jongemannenstraal verdwijnt in het struikgewas.
Thuisgekomen kruipen we de ladder op. Het eten staat klaar. Voor mij is een tafel gemaakt. Omdat ik niet kan eten, als ik op de grond zit met het bord vóór me op de vloer. Ik krijg ook een lepel, de anderen eten met de hand. De rechter. De linkerhand dient dan voor al het ongerief dat een mens zo op een dag tegenkomt.
Het menu is alle drie dagen bijna niet veranderd. Dal bhaat tarkari, rijst met linzensoep, een curry van groentes, een aardappel.
Na het eten nemen we afscheid. Ik zal nog terugkomen voordat ik naar Nederland vertrek.
We zwaaien naar de familie, draaien de bocht om en zijn weer op weg naar de bus, over het smalle pad dat voorbij de kruidenier een bocht maakt en overgaat in de weg geplaveid met stenen uit een steenhouwerij. Van die keien zo groot als kinderkopjes. Het verwondert me dat ik niet languit ga of mijn enkel verzwik.
Beneden aangekomen in het volgende dorp Shera staat de bus gereed en we gaan via Nala naar Banepa. We zullen daar overstappen op de bus naar Kathmandu.

Een vlieg in hete thee

Als je iets wilt spant het hele universum samen om ervoor te zorgen dat je je droom verwezenlijkt. (Paulo Coelho)

Een vlieg in mijn milktea leidt mij af van het lezen van de afscheidsbrief van Santhos, gemaild een paar maanden voor mijn vertrek naar Nepal. Ik had niet verwacht dat hij naar het buitenland zou gaan om te studeren. Australië was het geworden. We waren bevriend geraakt. Santhos werd een goede gids voor mij in Kathmandu, dat labyrint van straten en steegjes en verborgen plekjes waar de geur van eeuwen her je verrassen.
Ik ben de enige bezoeker van het koffiehuis tegenover het hotel Mephi. Ik ga wel vaker naar die plek als Sushant, bij wie ik verblijf, zijn eigen bezigheden heeft.
Ik kijk weer naar die vlieg. Zal ik hem eruit vissen en nieuwe thee, nu black tea, vragen? Ik kan nog steeds niet goed wennen aan die milktea, mierenzoet en vettig van smaak.
Voor de vlieg heeft een beslissing te lang op zich laten wachten. Gekookt en wel drijft hij doelloos op het oppervlak, een zwarte punt op de grote melkplas, totdat mijn pink hem eruit zwiept.

Het loopt tegen zessen. Het donker begint te vallen. Een stel jonge mannen komt binnen, nou ja binnen. Een dergelijk koffiehuis beslaat niet meer dan een paar vierkante meter. Gewoon een open ruimte met banken, tafels, koelkast en een plek om thee te koken. Een bank wordt dwars voor de ingang gezet zodat beter zicht is op de straat. Ze kopen ieder een sigaret.
Een gesprek is gauw begonnen. Ze zijn op zoek naar werk, hebben weinig hoop dat het lukt. De werkeloosheid onder Nepalese jongeren is groot. Een van hen zegt dat hij volgende week naar Qatar zal vertrekken.
Waarom ik opeens aan die vlieg in mijn thee denk?
Al die jonge Nepalezen die noodgedwongen uitvliegen om te werken of te studeren. Niet vrijwillig. Santhos heeft een visum tot midden 2017.
'Ik ben verbaasd, bedroefd, gelukkig, in tranen, alleen en dat alles op hetzelfde moment.' Het is een brief vol weemoed, verdriet en ook van realiteitsbesef.

Ik heb nog een andere brief bij me. Van Mart, die ik niet ken, een wereldreiziger per motor, ook Nepal aangedaan. De brief is mij toegespeeld door een vriend van mij.
Hij schreef: 'Ik betaalde de malariabehandeling voor Innocent in Dar es Salaam. Ik ben er zeker van dat hij binnen een maand weer malaria heeft gekregen. Het is beter de malariamug uit te roeien, maar tegen de tijd dat die malariamug is uitgeroeid is Innocent al lang dood.'
Nou niet direct een inspirerende gedachte als je denkt nuttig werk te doen. De brief zet mij wel aan het denken over de vraag of en wanneer ontwikkelingswerk zinvol is. Het antwoord geeft Pradeep mij, sociaal werker. Drie jaar geleden hadden we een discussie over de plannen die stichting Hatemalo Nepal had: openen van een opvangcentrum in Kathmandu voor straatjongens. In een paar zinnen maakte hij me duidelijk dat we aan de verkeerde kant van het probleem zaten te werken. Hij tekende een boom met takken en wortels. Aan de takken tekende hij weeshuizen, scholen, opvangcentra. 'De kinderen worden allemaal goed opgevangen. Maar jullie vergeten één ding.' Pradeep trok een dikke streep net boven de wortels. 'Kijk, dat doen jullie nou. Jullie snijden de kinderen af van hun familie, van hun dorpen.'
Kort gezegd: doe iets aan de werkeloosheid en zorg dat jongeren toegang krijgen tot het onderwijs.
In het tijdschrift One World wordt Reinier Vriend , medeoprichter van stichting Volunteer Correct, gevraagd naar zijn mening over vrijwilligersreizen naar kinderhuizen. Hij noemt het een vorm van toerisme. 'Kinderen zijn van nature geneigd zich te hechten. Een veilige hechting is een voorwaarde voor geluk en geestelijke gezondheid. Kinderen in weeshuizen en dergelijke hebben vaak al een verstoorde hechting met familie, dus het laatste waar ze op zitten te wachten is nóg een onveilige hechting erbij.'
Nu is niet alles geschilderd in de kleuren zwart-wit. Er zijn voorbeelden van uitstekend werkende kinder – weeshuizen. De leiding van een paar van deze instituten had ik uitgenodigd hun verhaal in dit boek te plaatsen. Het is er helaas niet van gekomen.

Werkeloosheid is een immens probleem en niet alleen omdat er geen werk voorhanden is.
Pradeep: 'Het gebrek aan werkgelegenheid en de aanwezigheid van corruptie en vriendjespolitiek maken dat de mogelijkheid om aan de slag te komen erg klein is. Het is juist die corruptie en vriendjespolitiek

die mensen de mogelijkheden ontnemen zich zowel in hun werk als economisch te ontwikkelen. Dit kan alleen worden opgelost als mensen een andere houding aannemen en door een strikte regelgeving. Zo eenvoudig is het echter ook weer niet. Soms hoor je van dergelijke praktijken bij INGO's, waarvan ik niet weet of dit wel of niet waar is. Bij hen zou onderlinge gelijkheid hoog in hun vaandel moeten staan. Door aan te kunnen tonen dat iemand voor een bepaalde baan veel geschikter is dan iemand anders en alleen maar vanwege een persoonlijke band wordt aangesteld, hoop ik dat deze praktijken snel verdwijnen.'

Sushant blijft langer weg dan afgesproken. Binnen is het donker. Elektriciteit wordt op gezette tijden verstrekt. Buiten is het druk, straatbeeld van een wijk in een oosterse stad. Ook Sushant wil naar het buitenland. Hij heeft al bij verschillende universiteiten informatie opgevraagd.
De drie mannen zijn weg, anderen komen binnen. Thee en een sigaret. Het lijkt op een ritueel op het einde van de dag. Mijn gedachten dwalen af naar Thailand,

Ik verbleef sinds 2004 enige maanden per jaar in de Boeddhistische tempel van het dorp Mor Paeng in het noorden van Thailand. Ik werkte toen in deze regio voor de MartinusStichting.
In dat dorp ontmoette ik een Fransman, die vanuit India/Nepal in deze tempel jaarlijks enige weken doorbracht. In Kathmandu ondersteunde hij enige studenten, die samenwoonden in een studenten huis. Deze Fransman wees mij op de financieel moeilijke situatie waarin deze studenten uit zeer arme gezinnen uit de bergdorpen verkeerden. Hij wees mij er fijntjes op dat Nepal en India eerder ondersteuning nodig hadden dan Thailand. Om hem tegemoet te komen heeft de MartinusStichting toen de ondersteuning van twee studenten van zijn stichting in Nepal overgenomen.
In 2009 heb ik beide studenten in Kathmandu bezocht en maakte ik kennis met een voor mij volstrekt onbekend land.
De twee studenten, studerend aan de sociale academie Nepal School for Social Work, Kathmandu, leidden mij met andere studenten door Kathmandu waar ik getroffen werd door de barre omstandigheden waarin straatkinderen leefden. In hun vrije tijd zochten deze sociale werkers deze kinderen op, gaven een beetje les in hygiëne, zorgden voor medicijnen en soms kleding. Al pratend en overleggend kwamen we op het idee om naast het studentenhuis een huis voor zes jongens te openen,

die dan werden verzorgd en begeleid door de studenten van het studentenhuis.
Terug in Nederland heb ik toen de stichting Hatemalo Nepal opgericht. (2010)

- Hi Wiel
  Sushant staat voor me.
- Ben je in slaap gevallen?
- Nee, ik was even naar Thailand, lach ik.
  Mijn antwoord was als een grapje bedoeld. Het werd niet begrepen. Het kan ook zijn dat het hem niet interesseert. Hij wil naar huis, heeft nog niet gegeten.
- Je hoeft niet te koken, we gaan ergens eten.
  Thamel, het centrum voor toeristen, is niet ver af. In nog geen tien minuten zijn we er. Restaurant Kathmandu Kitchen kennen we. We gaan naar binnen en plaatsen de bestelling.
  Ik zie Sushant tegenover mij zitten, een jonge intelligente Nepalees, druk bezig te chatten met zijn vriendin. Hij is niet de enige Nepalees die hoopvol uitkijkt naar de toekomst maar nauwelijks weet heeft van de onbereikbaarheid van de plannen.
  Sushant kijkt op.
- Wat is er?
- Ik ga een boek over jou schrijven.
- Dat zei je vorig jaar ook.
  Zijn mobieltje vraagt zijn aandacht.
  Ja! Nu weet ik het zeker! Ik wil een boek schrijven over deze jongemannen en vrouwen, zeker van zichzelf, onzeker over de toekomst.
  Op de menukaart staan ook verschillende Europese gerechten. Voor Sushant geen punt. Soms kiest hij ook een gerecht uit die lijst, meer om mij een plezier te doen, vermoed ik. Het liefst houdt hij het bij dal bhaat tarkari (rijst met linzensoep en een curry van groentes) opgediend in de thal, een schaal met vakverdeling. Ik kan er maar moeilijk aan wennen.
  Het is donker als we opstappen. Donker de straten, kaarslicht in de huizen en het vaal lichtblauwe kille licht in sommige winkels, opgewekt door generatoren,
  Er is namelijk maar op bepaalde uren elektra in dit land. Zoals er ook een probleem is met de watervoorziening, zeker in Kathmandu, waar de vrachtwagens met watertanks af en aan rijden. In de dorpen vind je

soms zonnepanelen op de daken.
Ik moet uitkijken dat ik niet struikel. De pokdalige straten zijn vol verraderlijke verrassingen en voor je het weet verstap je je. Sushant schijnt daar geen boodschap aan te hebben en stapt flink door. Tot ook hij begrijpt dat het in zijn belang is dat ik gezond en wel de eindstreep haal. Met zijn mobieltje schijnt hij bij.

Thuis gekomen heeft hij een verrassing. Uit zijn rugzak haalt hij een fles Nepalese whisky. Ik lach. Een paar dagen geleden had ik hem huishoudgeld gegeven. Mocht hij een zuinig beleid voeren dan kon er aan het einde van de week wel een fles whisky gekocht worden. Maar het was pas woensdag.
- Dat boek, begin ik.
Sushant kijkt me aan, spotlichtjes twinkelen in zijn ogen.
- Ik meen het. Niet alleen over jou zou ik willen schrijven, maar ook over jouw vrienden. Hoe zien jij en jouw vrienden de toekomst ?
Ik probeer hem te vertellen wat ik gezien heb in de vier jaren dat ik zijn land bezoek.
De meesten proberen een balans te zoeken tussen de traditie en de nieuwe tijd, steevast verwijzend naar de 'society', de samenleving waarvan ze blijkbaar geen deel aan willen hebben, op zijn minst proberen een andere weg in te slaan.
Ik herinner Sushant aan een voorval, een paar weken geleden. We waren uitgenodigd bij een bruiloft. Ik kwam in gesprek met zijn grootvader en vroeg hem of hij vond dat Sushant mocht trouwen met wie hij wilde, ongeacht de kaste van zijn vriendin.
Natuurlijk, Sushant mag trouwen met wie hij wil.
- Hij heeft gemakkelijk praten. Zijn kinderen zijn al getrouwd, was het bitse antwoord van zijn kleinzoon.
Ik ga verder en vraag Sushant waarom er zo weinig interesse is voor de politiek. De meeste jongeren die ik daarover spreek reageren afwijzend, soms geïrriteerd. Het woord 'corruptie' ligt hen in de mond bestorven.
- Ik moet mijn eigen weg gaan. Ik heb genoeg plannen.
Sushant ziet het wel zitten met zijn website bedrijf. De eerste klanten heeft hij binnen.
De volgende dag begin ik te werven voor mijn idee en ga ermee door als ik thuis ben.
Een aantal jonge mensen wil wel hun visie geven over hun eigen toekomst en die van hun land.

Dan gebeurt er dat onverwachte, waar je onmogelijk rekening mee kunt houden, onvoorzien en verwoestend.
Vliegen verdrinken in jouw milktea. Als ze vooruit konden denken, wisten ze zich wel te redden, die vliegen.
Geen hete thee, maar die aardbeving van 25 april 2015, die ongenodigd co-auteur werd, veroorzaakt de nodige consternatie en vernielt het werk van Hatemalo. De zon gaat schuil achter een donker en dreigend wolkendek.

Over die eerste minuten vertellen Sushant, Roshan en Janak.
Sushant is onderweg van Kathmandu naar Touchal, zijn dorp.
'It was a scaring moment. I cannot explain what I really felt in that moment. god was that you??
Roshan schrijft: 'When I feel it as a an earthquake, I became afraid and can't react well, I was totally scared and I ran out of my room and keep standing on the open place for around five minutes. '
Janak: 'One of the houses, beside my living house was completely destroyed and many people were crying and asking for help to rescue. Many ambulances were coming to take up the injured people.

En kort daarna.
Na een inventarisrondje onder onze pas verworven co-auteurs blijkt dat er sprake is van enige aarzeling hun gedachten over een nieuw Nepal in een artikel te verwerken. Hun Nepal ligt aan gruzelementen. Dan schrijven over de toekomst?
'We kunnen de gevolgen van de aardbeving niet overzien.'
Ofwel zoals Sushant schrijft: 'We hebben niets anders meer over dan ons leven. Huis weg, geen voedsel, kleding, de kippenboerderij is ook in elkaar gestort. We hebben absoluut niets meer. Maar ik ben niet bezorgd want we hebben onze handen nog. En onze geest en die is niet gebroken. We zullen opnieuw een huis bouwen, ja, en we zullen ook weer lachen.'
Die ongebroken geest is mee gaan schrijven en heeft het spook van de aardbeving verdrongen.

In de greep van de Nepalese charme

Ze haalde uit de mouw van haar jurk een kleitablet. Er stond iets opgeschreven. 'Wat staat er?' vroeg Elia. 'Dat is het woord liefde.' Eli hield de tablet in zijn handen maar had niet de moed te vragen waarom ze hem die gaf.
(De vijfde berg. Paulo Coelho)

'Nepal is niet het paradijs op aarde'. In zijn boek 'Nepal. Nieuwe wegen in de Himalaya' zegt Nick Meynen: 'Nepal is een prachtig land vol fantastische mensen maar het zit gevangen in een oneerlijk systeem, dat wij soms in stand houden.'
Ik deins wat achteruit, als ik dit lees. Ik wil alles wel, behalve meewerken aan een oneerlijk systeem. Toegegeven, ook ik was vertederd tot diep in mijn ziel toen op die middag in maart 2010 Umesh, Dimesh en Mukunda mij op zijn Nepalees welkom heetten en mij de khata omhingen. De kennismaking met de zwerfkinderen van Kathmandu bracht me helemaal van mijn stuk. Ook ik was dus in de greep van de Nepalese charme. Nee maar, zeg eens! Dit land moet geholpen worden! Mij overkwam wat zoveel anderen ook deden: onder de indruk raken en een stichting oprichten, al ging dat hier iets anders. We waren al enige jaren aan het werk in Nepal. De eerste jaren waren de projecten namelijk ondergebracht bij de MartinusStichting, werkzaam in Thailand. Op den duur ging dat ook voor donateurs verwarrend werken. Daarom besloot het toenmalige bestuur in 2010 Nepal los te laten. Dat was een probleem, want er waren al een paar projecten van start gegaan. Hoewel het mij werd ontraden richtte ik toch een nieuwe stichting op: Hatemalo Nepal.
Het land wemelt van de hulpverlenende stichtingen, zoveel dat het de ergernis oproept van sommige Nepalese sociaal werkers. Er is wel een grote overkoepelende Nepalese stichting, de NGO Federation Nepal, maar om de een of andere reden heb ik daar nooit contact mee gezocht.

Nepalezen zijn geen bedelaars die alleen maar hun hand ophouden. Maar een steuntje in de rug dan? En hoe moet dat er dan uitzien? In de loop van de tijd ben ik heel anders tegen ontwikkelingswerk gaan

aankijken, vooral in al die maanden dat ik bezig was met het schrijven van deze hoofdstukjes. Op den duur tolde het door mijn hoofd en moet ik nu toegeven: ik weet het nog niet. Ik ben te kort in Nepal, reis te weinig, stel misschien te weinig vragen.
Meynen: 'Tijdens mijn verblijf in dit land kende ik momenten van intens geluk en diepe teleurstelling, dubbelzinnige gevoelens die ook Nepalezen niet vreemd zijn. In nauwelijks enkele generaties tijd kregen zij een waaier van hele, halve en valse kansen aangeboden. Feit is dat bijna iedereen in Nepal in sneltreinvaart kennismaakt met de nieuwe geglobaliseerde wereld.'
Hier slaat Meynen de spijker op de kop. Terwijl de meeste ouderen nog in de oude traditie leven, proeft de nieuwe generatie van die andere wereld, die binnenkomt via internet, toeristen en toch ook via het hoger onderwijs, waar de lessen in de Engelse taal gegeven worden.
Toerisme bijvoorbeeld is een vrij recent fenomeen in Nepal. Pas in de jaren vijftig werden de grenzen van Nepal opengesteld voor buitenlanders.
Toeristen bezoeken Nepal vooral om de bergen, de hoogste van de wereld. Ook zullen ze een rondje Kathmandu doen met de vele Boeddha- en Hindoe tempels en paleizen, waarvan de meeste uit de 17e eeuw dateren. Ze zien de achterstand, schamen zich misschien en willen 'iets doen'.
Wordt het een kinderhuis of schoolboeken? Ik vraag me af waarom een school een nieuw gebouw nodig heeft als ik niet weet hoe de onderwijzers zijn opgeleid? Waarom geld voor computers als ik niet heb onderzocht of er iemand wel les kan geven in deze materie?
Wat me vooral opviel en daardoor boeide was de vastbeslotenheid van de nieuwe generatie om iets van hun land te maken. Uit alles voel je het opkomend nationalisme, misschien beter te omschrijven als liefde voor hun land, trots ook. Met een grondige afkeer voor hun politieke leiders.

Ontwikkelingslanden moeten meer steun krijgen bij het aantrekken van investeringen. Dat zei minister Ploumen van Buitenlandse Handel en Ontwikkelingssamenwerking. 'Handel en investeringen zijn tegenwoordig sterker met elkaar verbonden: bedrijven investeren in andere landen om vervolgens daarvan uit handel te drijven. Voor ontwikkelingslanden biedt dit enorme perspectieven voor duurzame en inclusieve groei, maar dan moeten ze wel de juiste investeringen weten aan te trekken.'

Nog een belangrijke zin: 'Internationale bedrijven moeten samenwerken en kennis delen met lokale bedrijven .'
Een minister praat over wereldwijde grote lijnen. Hier hebben we het over een kleine stichting, Hatemalo Nepal, dat zich richt op het ondersteunen van jonge ondernemers en studenten. Ze wil mee helpen realiseren de bouw van een huis voor jonge mensen met een verstandelijke beperking en een beetje meehelpen met SAAR, een Nepalese stichting voor ouderen, vooral gericht op zelfredzaamheid.
Na vijf jaar intensief contact met vooral jonge mensen, meende ik meer te zien dan alleen een arm land dat moet vechten om het hoofd boven water te houden.
Gesprekken met Nepalese sociaal werkers deden mij anders naar ontwikkelingswerk kijken.
Kritische brieven van de Nederlandse wereldreiziger Mart Heynens, artikelen uit het Nepalese dagblad Republica (Nepal) en de Leeuwarder Courant en het grote onderzoek onder kleine stichtingen van Sarah Kinsbergen deden mij nadenken over mijn eigen handelen in Thailand en in Nepal.
Onthutsende conclusies bracht dat met zich mee, zoals het mislukken van het studentenhuis Imadol in Kathmandu. Mijn denkbeelden veranderden, kantelden. En niet alleen door deze artikelen.
Ik merkte bij zowel de studenten die we tegenmoet kwamen in hun studiekosten als bij de financiële ondersteuning van sommige projecten dat het woord 'lenen' werd gebruikt. Alsof ze het gênant vonden dat ze niet zelf voor het nodige middelen konden beschikken. Zo was er een vader die zijn zoon verbood om steun te vragen aan onze stichting Hatemalo. Verbaasd keek ik op. In een flitst kreeg ik het idee om tegen de vader te zeggen dat het geen gift was maar een lening. Toen was het goed, want er werd een gelijkwaardige relatie geschapen.

Wat ik vooral heb ervaren is en blijft de veerkracht van de Nepalese bevolking en zeker die van de jonge generatie. Zij wacht vooral op een leider, die oprecht kan luisteren en met hen meegaat naar de volgende jaren. Deze leider, vrouw of man, is zeker nu al te vinden onder de schrijvers van de bijdragen in dit boek. Dit boek kwam tot stand uit onzekerheid, irritatie en koppigheid, nog extra gevoed door Nepalese sociaal werkers en enige artikelen in tijdschriften en dagbladen.
Ik hoop dat over een jaar of tien de mede-auteurs dit boek nog eens inkijken. Ik hoop dat er dan iemand is die deze jongeren, dan mannen

en vrouwen, getraind door het leven zelf, zal opzoeken en vragen: hoe gaat het nu, wat is er uit gekomen van jullie dromen.
Blijft nog steeds de vraag wat ik in Nepal ben komen doen. Misschien een beetje helpen om de dromen van een paar ondernemende jonge mensen te laten uitkomen?

Laten we een reden vinden om hulp te bieden

'Laten we elkaar goed begrijpen. Hulp is geen liefdadigheid. Het is een recht.'
(Kofi Annan, voormalig secretaris-generaal van de Verenigde Naties)

Wanneer je enige jaren door gebieden gezworven hebt, waar zelfs de schoonheid van het land, de vriendelijkheid en gastvrijheid van haar bewoners niet in staat blijken te zijn de armoede te verhullen, dan ontkom je niet aan de vraag je te bezinnen op het begrip rechtvaardigheid.
'Wie wil discussiëren over rechtvaardigheid, moet zich voortdurend in de ander verplaatsen,' zegt John Rawls in zijn Theorie van rechtvaardigheid.
'Ras, geslacht, rijke of arme ouders, een goede of slechte gezondheid, veel of weinig talenten enz. zijn eigenschappen, die niemand echt verdiend heeft maar door het lot bepaald zijn.
Het is de taak van de maatschappij zich zodanig in te richten dat iedereen gelijke kansen heeft, ook en vooral in samenlevingen met bijna structurele sociale en economische ongelijkheid.'
Om nog even door te gaan met Rawl: 'De maatschappelijke posities en functies dienen voor iedereen toegankelijk te zijn, vooral ten voordele van de minst bevoordeelde leden van de samenleving.'
In Nederland staan maatschappelijke posities en functies voor iedereen open naargelang de mogelijkheden die men om niet heeft meegekregen. Maar als je in een land leeft, dat hink-staps-sprongs gewijs en ook nog als in de springprocessie drie stappen voorwaarts en twee achterwaarts bezig is zich te ontwikkelen en dan ook nog door aardbeving en interne onlusten voor jaren wordt teruggeworpen, waardoor de toch al grote werkeloosheid nog meer toeneemt en daardoor de armoede, en dat niet toekomt aan het ontwikkelen van goed onderwijs, dan zal het duidelijk zijn dat het moeilijk is voor jonge mensen zich te ontwikkelen.
Zo geeft de DAC lijst, Development Assistance Committee, (samengesteld uit landen door de OESO, Organisatie voor Economische Samenwerking en Ontwikkeling), aan dat ongeveer een kwart van de Nepalese bevolking tussen de 10-19 jaar is. Het grootste deel van deze enorme groep heeft weinig mogelijkheden om te slagen in het leven en een zelfstandig bestaan op te bouwen.

Door de economische en sociale ongelijkheid is Nepal niet in staat zijn jonge burgers via onderwijs toegang te geven tot alle maatschappelijke posities en functies.
Ik herinner me dat gesprek met Pradeed: 'Zorg voor onderwijs en werkgelegenheid.'
Maar hoe dat te realiseren in een land dat vergeven is van de buitenlandse hulpverleners? Hoeveel geld gaat er om in de hulpverlening? Hoeveel hiervan wordt inderdaad besteed aan projecten?
'Jaarlijks reizen duizenden Nederlanders naar derdewereldlanden om 'goed te doen'. Arme mensen helpen geeft een goed gevoel, zeker wanneer je het zelf zoveel beter hebt. Maar is ontwikkelingswerk altijd goed?'

In twee artikelen in de Leeuwarder Courant probeert journaliste Suzanne van der Horst een beeld te schetsen van de hulpverlening in Nepal. De beide artikelen zijn uit 2011 maar zouden ook nu weer geplaatst kunnen worden. Het eerste draagt de prikkelende naam:

Een wandelende portemonnee

'Zeven januari 2011. Ik zit in een vliegtuig met bestemming Kathmandu, Nepal, en zie de verlichte Nederlandse steden onder me in het duister verdwijnen. In mijn rugtas zit € 5000,-. Het is niet mijn geld. Ik heb het gekregen van vrienden en kennissen die via mij arme mensen in Nepal willen helpen.
We maken een tussenlanding in Bahrein en moeten even het vliegtuig uit. Ik benut de tijd om steekproefsgewijs twintig mensen te vragen naar het doel van hun reis.
Elf van hen noemen iets met hulp. Het blijkt een populaire bezigheid en Nepal een goede bestemming.
De meeste goeddoeners hebben een uitgesproken visie op wat 'goede' en 'verkeerde' hulp is. Geld geven is dom, dat komt vaak verkeerd terecht. Materiaal geven is beter. De term 'microkrediet' komt voorbij. Alles moet in overleg met de lokale bevolking; wij moeten niet voor hen denken. Elk verhaal eindigt met de dankbaarheid van de Nepalezen, waar de hulpgevers met een glinstering in de ogen over vertellen. Halverwege de reis heb ik een afspraak met Kesang Shresta. Hij heeft in Kathmandu een middelbare school opgericht en veel ervaring met ontwikkelingshulp in zijn land. Ik wil weten wat hij van mijn aanpak vindt. Kesang vertelt me dat er veel misbruik wordt gemaakt van goedbedoe-

lende buitenlanders, dat veel Nepalezen gewend zijn geraakt aan krijgen zonder zelf iets te doen, dat er veel misverstanden ontstaan door gebrek aan inzicht in de Nepalese cultuur en dat de ontwikkelingshulp corruptie in de hand werkt.
Met geld kun je mensen helpen, maar ook kapotmaken. Je moet daar heel goed over nadenken.'

Wanneer je langere tijd Nepal bezoekt en er meer wil doen dan alleen de Himalaya beklimmen dan is enige kennis van het land en zijn bevolking geen verspilde tijd.
Die kennis verwerf je niet alleen via reisgidsen. Contacten met de bevolking, 'de mensen van de straat' wijzen de weg. Zo kan ik hier alvast vermelden dat stichting Hatemalo Nepal in de vijf jaar van haar bestaan nooit zomaar zelf een project gestart is. Er zijn genoeg wegwijzers naar bestaande door Nepalezen geleide projecten, waarbij je als buitenlander een ondergeschikte plek behoort te hebben. Dat wordt dan vanzelf een goed reden om de handen uit de mouwen te steken, op welke manier dan ook. Een goed voorbeeld is de Nepalese stichting 'Little World Nepal'.

Little World Nepal

Studenten Maatschappelijk Werk hadden zich verenigd in de stichting Little World Nepal. Ze woonden samen in een door henzelf opgezet studentenhuis Imadol, genoemd naar het gelijknamige district in Lalitpur, een voorstad van Kathmandu. Ondanks dat ze zelf zeer arm waren en nauwelijks de huur konden betalen trokken ze Kathmandu in, op zoek naar zwerfkinderen, die ze ter plekke verzorgden. Ze wisten zeer goed dat deze activiteit maar een kleine bijdrage was om een groot maatschappelijk probleem, (meer dan duizend zwerfkinderen in Kathmandu) op te lossen. Ze wilden vooral de politiek wijzen op haar verantwoordelijkheid. Daarom voerde Little World Nepal ook actie met meerdere organisaties in de hoop dat de regering het maatschappelijk werk zou erkennen en geld beschikbaar zou stellen aan organisaties om dit werk te doen, zodat ze niet alleen afhankelijk waren van westerse donoren!
Stichting Hatemalo Nepal heeft het studentenhuis Imadol van 2011 tot 2013 ondersteund. De studenten zijn afgestudeerd. Toch was onze bemoeienis na die drie jaren niet succesvol. Gebrek aan geld, onvoldoen-

de en moeizaam overleg en een gebrekkige planning waren hieraan debet.

De samenwerking met Little World Nepal werd in april 2013 beëindigd. Het bestuur van Stichting Hatemalo Nepal heeft in 2013 een koerswijziging ingezet, gericht op onderwijs, welzijn, werkgelegenheid, natuur en groen.

Lions Club van Kathmandu Horizon (LCKH)

Via een van onze studenten kwam ik in aanraking met de jongerenafdeling van de Horizon Lions Club van Kathmandu. Een uitnodiging volgde. Ik had al gehoord van de activiteiten van deze LEO jongerenafdeling. Het merendeel van de leden komt uit arme gezinnen. Daarom trof het me des te meer hun inzet voor basisschooltjes in de dorpen rondom Kathmandu. Zo zamelen ze leesboeken en kleding in.
Datzelfde had ik gezien bij de leden van Little World Nepal.
Zo kwam ik op het idee om Umesh Bomjan, president van Little World Nepal, mee te nemen naar een bijeenkomst waarvoor ik was uitgenodigd. Misschien kon er iets van samenwerking ontstaan tussen beide groepen jongeren, die één eigenschap gemeen hadden: zich inzetten voor de armen.
Umesh en ik vertelden over ons werk. Ik deed het voorstel of er een samenwerking in zat tussen de Leoclub, Little World Nepal en Hatemalo. Iedereen was het er mee eens dat het een goed idee was.
Het is er niet van gekomen. Het was een idee van iemand die vanuit een westers perspectief een plan lanceerde en veronderstelde dat ter plekke een werkgroep gevormd zou worden!
'Laten we een reden vinden om hulp te bieden,' is het devies van de Leo club. Ook Little Wold Nepal en de studenten van Imadol huldigden dat devies. Ze zagen de armoede en de worsteling om uit die neerwaartse spiraal te geraken of zaten zelf in dat proces.
Waarom heb ik deze twee voorbeelden genomen, terwijl toch het beoogde doel (samenwerking) niet bereikt is?
Bovenstaande groepen kruisten mijn weg. Met beide had ik goed contact. We hadden hetzelfde ideaal: een bijdrage te leveren aan het oplossen van maatschappelijke problemen , in dit geval op de meest simpele wijze door kleding en schoolboeken in te zamelen en studenten de mogelijkheid te geven te studeren door een deel van hun collegegeld te betalen.

Van ontwikkelingshulp naar samenwerking. Tot op de dag van vandaag vind ik het jammer dat het me niet gelukt is met deze twee clubs tot een samenwerking te komen. De reden zou kunnen zijn dat ik ter plekke een afspraak zou hebben moeten maken om verder te praten. Overeind blijft dat wanneer je goed om je heen kijkt als je als toerist iets voor een land wil betekenen er bestaande Nepalese initiatieven zijn om je bij aan te sluiten. Het wordt dan een drieslag: kennis delen, tijd beschikbaar stellen en geld geven.

Doodlopende hulp! Ontwikkelingshulp werkt niet

Geef en verander de wereld. (Bill Clinton)

Het lag meer dan een jaar voor het grijpen, ik wilde er maar niet aan beginnen, het boek 'Doodlopende hulp van de Zambiaanse econome Dambisa Moyo'. Misschien dat de dreigende ondertitel mij van het lezen afhield: 'Waarom ontwikkelingshulp niet werkt, en wat er dan wel moet gebeuren.' Vlak voor mijn vertrek in oktober 2015 naar Nepal stopte ik het boek toch in mijn koffer. Oh ironie! Doodlopende hulp, en ik vertrek naar Nepal.
Het boek handelt weliswaar over Afrika en over de miljarden, die naar dat continent zijn gegaan. Moyo zegt bikkelhard: 'De armste landen worden alleen maar armer. Ontwikkelingshulp die afgelopen jaren richting Afrika is gegaan, lijkt niet geholpen te hebben: de armste landen zijn alleen maar armer geworden. Die hulp is de belangrijkste oorzaak van alle ellende.' (Let wel: ze zegt nadrukkelijk dat ze niet bedoelt: hulp bij natuurrampen en oorlogsgeweld.)
Moyo eindigt haar boek met: 'Afrika's ontwikkelingsimpasse vraagt om een nieuw bewustzijnsniveau, een grotere mate van innovatie en een forse dosis eerlijkheid over de vraag wat werkt en wat niet als het om ontwikkeling gaat. Want zeker is: afhankelijk zijn van hulpverlening heeft niet gewerkt. Laten we die cyclus stopzetten.'
Moyo is niet de enige onderzoekster die onomwonden kritiek geeft op ontwikkelingssamenwerking. Moyo heeft het over Afrika en als econoom schetst ze de grote verbanden.

Bezuinigingen van de overheid in 2015 aan de Grote Vijf: Oxfam, Novib, Cordaid, Hivos en Icco, deed veel stof opwaaien. Een kwart tot de helft van hun personeel zou moeten worden ontslagen. Op Lilianne Ploumen, PvdA-minister voor Buitenlandse Handel en Ontwikkelingssamenwerking maakte dat geen indruk. De oud-directeur bij Mama Cash en Cordaid: 'Het tijdperk van Jan Pronk is voorbij. De klassieke ontwikkelingshulp zal op den duur verdwijnen. De wereld is veranderd', ver-

klaarde Ploumen twee jaar geleden in een profiel in Vrij Nederland.
Op de jaarlijkse Afrikadag van de Evert Vermeerstichting, het traditionele bolwerk van de ontwikkelingssamenwerking binnen de PvdA, had ze gezegd dat het maar eens afgelopen moest zijn met het geklaag over de bezuinigingen. 'Je kunt je energie steken in bittere verwijten, heilige verontwaardiging en verlammende protesten tegen dit kabinet, of je kunt vooruit kijken. Ik kies voor het laatste.'
Ze wilde 'de wereld van morgen omarmen' en bovendien 'met minder geld hetzelfde doen'.

Donordarlings en donorwezen
Snoeihard fileert Linda Polman de hulpverlening in haar boek De crisiskaravaan. Achter de schermen van de noodhulpindustrie: 'De crisiskaravaan komt en gaat waar en wanneer hij wil, hulp rondstrooiend als confetti. Op sommige landen valt het met bakken tegelijk, de donordarlings. De anderen, de donorwezen, moeten het doen met een enkel snippertje. Of met niets, want het staat de donoren en de hulporganisaties vrij om een crisis te negeren. Niets doen is zelfs eerder regel dan uitzondering.' Polman citeert Jan Egeland, tot 2007 ondersecretaris-generaal voor Humanitaire Zaken van de VN. 'Hulp is een loterij. Iedere week opnieuw proberen vijfentwintig slachtoffergroepen aandacht te krijgen en de ene is al net zo wanhopig als de andere. Vierentwintig verliezen. Een iemand wint.'

Mart Heijnens, wereldreiziger en een beetje geograaf, zoals hij zelf zegt, crost op zijn motor de wereld door en – het kan niet anders- struikelt over de hordes hulpverleners. Op zijn reizen door Afrika heeft hij de resultaten van ontwikkelingswerk van dichtbij ervaren.
In Nepal ziet hij hetzelfde gebeuren. 'In Nepal zijn zóveel vrijwilligers dat het voor een Nepalees moeilijk is nog een gaatje te vinden waar hijzelf het heft in eigen hand kan nemen.
Nepal krijgt sinds 1952 hulp, het land is nog steeds even arm en afhankelijker dan ooit. Hoezo: hulp helpt mensen om zelfstandig hun leven te bepalen? De Nepalese overheid hoeft zelf alleen de Prithivi Highway te onderhouden (de andere hoofdwegen worden onderhouden door India, Japan en China) en dat lukt niet. De Nepalese overheid heeft geen toezicht gehouden op het naleven van de veiligheidsvoorschriften door de vliegmaatschappijen met het gevolg dat die maatschappijen uit het

Europese luchtruim worden geweerd. Toerisme is een van de grote inkomstenbronnen van dit land!
Ter verzachting: Nepal is net uit een burgeroorlog gekomen en de aandacht van politici is gericht op de politieke stabilisering van het land. De aanleiding voor die burgeroorlog was de corruptie en die gaat gewoon door. Nepal is vreselijk corrupt. Heijnens brengt onder je aandacht dat de rekening van corruptie altijd betaald wordt door de armsten. Altijd!'

Bec Ordish, een Australische ontwikkelingswerkster en oprichter van de stichting Mitrataa trok in het artikel 'Nepal is niet arm' m in het dagblad Republica (Kathmandu) in 2011 fel van leer tegen het wat zij noemt het vrijwilligerstoerisme. 'Stop de hulp. Stop het vrijwilligerstourisme dat de armen nog verder uitbuit. Ga geloven in de Nepalezen waardoor ze ook in hun zelf kunnen gaan geloven. Nepal is geen arm land maar het wordt slecht geregeerd. Toen ik dit voor het eerst hoorde, had ik er erg veel moeite mee. Zo erg zelfs dat ik dit als een vraag heb voorgelegd aan een aantal vrouwen dat ik wekelijks begeleid (ik leid een organisatie die onderwijs aan Nepalese vrouwen en meisjes geeft). Nadat ik hun commentaar hierop hoorde en ik bij mij zelf te rade ging, realiseerde ik me dat ik het bij het verkeerde eind had en wilde het nu maar al te graag met deze stelling eens zijn.

De realiteit is dat de Nepalezen zelf geloven dat ze in een arm land leven en daar ook naar leven.
Deze overtuiging werkt verlammend op dit land. Het is tot in alle geledingen van de samenleving doorgedrongen en wordt versterkt vanuit alle kanten, vermoedelijk zelfs van hen die de overtuiging niet hebben. De slogan momenteel is dat Nepal een arm land is dat hulp nodig heeft. Het staat te lezen in de schoolboeken, wordt op de scholen zo verteld, het staat op de voorpagina van de krant, en het is door politici naar buiten gebracht om daarmee hun eigen falen te verbergen. Het wordt ook versterkt door de enorme aantallen NGO's en INGO's in Nepal, die deze stelling als uitgangspunt voor hun werk beschouwen.
Nepalese leiders vragen om hulp niet om investeringen. Die hulp kunnen ze in eigen zak steken.'
Voor wie van getallen houdt: geschat wordt dat in Nepal 6000 NGO's en INGO's actief zijn.

Ophouden met de helpende hand te bieden?

'We moeten elkaar steunen. Als we dat niet doen, wat zijn we dan…'
(Verborgen verleden. Anne Michaels)

Eerder meldde ik dat het in Nepal wemelt van de hulpverlenende stichtingen, zoveel dat het de ergernis opriep bij sociaal werkers. Nepalezen zijn geen bedelaars die hun hand ophouden. Ik vraag me af waarom een school een nieuw gebouw nodig heeft als ik niet weet hoe de onderwijzers zijn opgeleid? Waarom geldt voor computers als ik niet heb onderzocht of er iemand in het afgelegen dorp wel les kan geven in deze materie?
Ik vind mezelf terug bij Suzanne van der Horst wanneer ze schrijft:
'Al decennia lang krijgen we het beeld voorgeschoteld dat hulp goed is. Popsterren zingen tijdens benefietconcerten over armoede en de noodzaak dat het rijke Westen geld stuurt naar de armere werelddelen. We zien heftige beelden op televisie met een duidelijke boodschap: Help! Logisch dat mensen vaak zo bewonderend reageren wanneer ik ze vertel over mijn hulpprojecten in Nepal.
Maar zo simpel is het niet. Bij het gros van de hulpgevers stoelt de motivatie op de wil om de wereld te verbeteren.'
'En hoewel er soms raar over wordt gedaan, is het ook belangrijk dat de hulpgever zelf een goed gevoel van zijn activiteiten krijgt. Anders zou de motivatie er überhaupt niet zijn', zegt Liesbet Heyse, universitair docent sociologie aan de Rijksuniversiteit Groningen.
'Goeddoeners voeren het ontwikkelingswerk vaak naast hun gewone baan uit. Hier gaat veel tijd en energie in zitten. De meesten zijn afhankelijk van giften en moeten verantwoording afleggen aan de donateurs. Ze voelen zich verantwoordelijk voor het succes van hun hulpproject en voor de toekomst van de ontvangers. Bovendien brengt slecht nieuws de toekomstige giften in gevaar.
Door deze optelsom staat de goeddoener zelf vaak niet meer objectief in het geheel. Wanneer hij kritiek krijgt op zijn hulpproject, voelt dat als een persoonlijke aanval. Hier komt emotie bij los. Want het was allemaal goed bedoeld, dus hoe kan het dan verkeerd zijn?'
Sara Kinsbergen, onderzoeker aan de Radboud Universiteit Nijmegen,

verzamelde gedurende zes jaar gegevens van bijna negenhonderd particuliere initiatieven verspreid over 109 verschillende landen en bezocht 49 projecten in het veld. Ze sprak niet alleen met de Nederlandse initiatiefnemers, maar ook met de lokale samenwerkingspartners. Een klinkend voorbeeld heeft ze voor handen:
'Waar grote, gevestigde organisaties soms lijken weg te zakken in ownership-gedreven accountability en meerjarig strategische plannen volgens een multistakeholder-approach, spuugt een vrijwilliger als Nico uit Olst eens in de handen en bouwt een compleet dorp op zonne-energie in Burkina Faso. De lokale bevolking helpt vanzelfsprekend mee. En als ze niet meehelpen, dan zorgt Nico er wel voor dat ze meehelpen. Hij is immers bevriend met de studerende zoon van de dorpsoudste.'

Scouts
Anders dan bovenstaande deskundigen is de opvatting van Bill Clinton in zijn met veel voorbeelden gelardeerd boek 'Geef en verander de wereld'.
'Ik heb dit boek geschreven om u te stimuleren te geven wat u kunt, omdat iedereen wel iets kan geven. Omdat in onze wereld iedereen van elkaar afhankelijk is, kunnen we elkaars problemen niet ontlopen.'
Zoals zo langzamerhand wel bekend zal zijn hanteert ook Clinton het drietraps ontwikkelingswerktraject: tijd- en goederen (geld) schenken en kennis en vaardigheden geven.
'Wie kennis kan overdragen en toepassen, kan anderen op verbazingwekkende manieren stimuleren.'
Het stimuleren van geld geven aan goede doelen gaat hij niet uit de weg. Hij wijdt er een mooi hoofdstuk aan: hoeveel moet je geven en waarom. Het komt er op neer dat iedereen dat natuurlijk zelf moet weten. Over geld praten, moet geen probleem zijn. Het is gewoon nodig, zowel voor landen als voor particulieren die hulp nodig hebben om uit die beruchte armoede spiraal te geraken.
Interessant is ook wat Clinton schrijft over 'het opzetten van ondersteuningsnetwerk'.
Zo heeft stichting Hatemalo Nepal een begin gemaakt met het in leven roepen van scouts. Deze scouts corresponderen met de initiatiefnemers van een bepaald projectplan totdat het plan bekeken is op haalbaarheid, overzichtelijkheid, winst, werkgelegenheid.
Daarna gaat het plan naar het bestuur dat op zoek gaat naar financiën.

Welke lessen kunnen stichtingen en particulieren trekken uit het bovenstaande.
Om te beginnen:

- Kijken wat werkt en wat niet werkt. Geen waterpompinstallaties slaan en er niet meer naar omkijken, zodat wanneer er iets hapert er mogelijkheden zijn voor herstelwerkzaamheden.
- Ophouden met de tot niets leidende opmerkingen als 'de overheid dit en de overheid dat. Overheid en particulier initiatief gaan elk hun eigen weg.
- Handen uit de mouwen steken en je gezond verstand gebruiken.

Effectieve armoedebestrijding

Er zijn in de literatuur schitterende voorbeelden te vinden van effectieve armoedebestrijding door het particulier initiatief: overbrengen van kennis, het geven van advies en het doen van eventuele investeringen. Voor het voorbeeld dat mij aanspreekt ga ik naar Afrika, naar Malawi, het werkgebied van Bo Teerling, oprichter van stichting The Art of Charity. Ik ken hem persoonlijk. Daarbij woont hij in dezelfde gemeente als ik, in Voorst, vandaar.

Bo Teerling stelt: 'Voedselzekerheid is de beste bestrijding van armoede.'
Hij zocht eerst naar de oorzaak van de hongersnood. Was dat wel alleen de maandenlange droogte die de verbouw van mais deed mislukken? Mais wordt gebruikt voor de nsima, de maïspap, het hoofdbestanddeel van de dagelijkse maaltijd. 'Wij gebruiken een methode die is gebaseerd op een oud Afrikaans systeem dat Farming Gods Way wordt genoemd. Eigenlijk is Farming Gods Way niets anders dan het in praktijk brengen van wat staat in het Bijbelboek Hosea: 'Mijn volk gaat verloren als gevolg van een gebrek aan kennis.' Simpeler kan het niet. Armoede kan opgelost te worden door voedselzekerheid en daar is kennis van zaken nodig. Het systeem dat we gebruiken hebben we aangepast met kennis uit Nederland. We gebruiken héél veel compost. Compost houdt water vast. En dat dagelijkse dauwwater gebruiken we op een slimme manier voor het bevochtigen van het land. We leren groepjes van zeven mensen op tijd te planten en op tijd te wieden en te planten met rechte rijen op vlak land. We geven hen de zaaizaden en meststoffen en zien erop toe dat de 1.100 deelnemers hun werk goed doen. Het verrijkte compost dat ze maken, met de middelen die voorhanden zijn,

doen we in gaten van 40 x 20 cm en 20 cm diep. Dus eigenlijk potplantbemesting en geen bemesting van het hele land. Het is een zéér goed werkend systeem waarmee de gevolgen van gronderosie wordt ontlopen en er een goede en stabiele oogst is. Deelnemers moeten 40% van de oogst afstaan. Met de opbrengst daarvan wordt het project verder uitgerold.' Zie een interview met Bo verder in dit boek.
Een voorbeeld van een project van onze stichting Hatemalo wordt het Niko Agro Farm van Dev Raj Banjara (promotor).Via ons scoutingsysteem is zijn project gewikt en gewogen en staat er een stevig plan. Het idee en de beschrijving is geheel van Dev.
Stichting Hatemalo gebruikte via de scout de kennis die bij Dev zeker voorhanden is maar van beide kanten getoetst werd. Samen werken we ook aan de realisering daarvan.

Kijken en luisteren
Ik vroeg Sushant of hij wist dat hulpverleners niet gemakkelijk te vinden zijn in het straatarme Terai
Hij kwam met het volgende verhaal.
- Nepal heeft maar één internationaal vliegveld. De toeristen komen in Kathmandu en Pokhara en dan raken ze onder de indruk van wat ze zien en willen helpen. Daarom zijn er zoveel stichtingen in en rond deze steden.

Ik zei hem dat Hatemalo weliswaar van koers veranderd is door de kritiek van Nepalese maatschappelijk werkers, maar dat wij, Hatemalo dus, dan blijkbaar ook tot deze categorie van vrijwilligers horen. Misschien een reden om maar te stoppen met onze stichting?
- Ik loop al lange tijd met het idee rond om voor een school te werken in echt arme gebieden in Nepal. Ik heb je daar niet over gesproken omdat je Hatemalo gaat opheffen en ook omdat ik zag dat je de school in Baluwa hebt gesponsord.

Baluwa is het dorp waar het project Niko Agro Farm gepland is en dat we samen bezocht hebben.
- Toen zei ik al waarom doe je dat. Het is een private school.

Ik vroeg hem wat hij dan eigenlijk wilde. Hij noemde een zeer arm dorp, waar hij met een paar gemotiveerde vrienden een onderzoek wilde doen hoe daar het onderwijs op te krikken.
Het is er niet van gekomen. Later heb ik me afgevraagd of ik wel goed naar Sushant geluisterd heb Ik wil hier maar mee zeggen: luisteren naar de bevolking is een eerste stap.

Het zou inderdaad het land wel helpen als toeristen of mensen die de bevlieging krijgen een stichting te beginnen de tijd te nemen eens goed om zich heen te kijken en te luisteren.

Nadenkertjes

De zoektocht naar antwoorden roept steeds meer vragen op, meer aanzetten tot zelfonderzoek ook.

Een journalist vroeg eens aan Sara Kinsbergen of ze ook vindt dat al die 'doe-het-zelvers' toch maar amateurs zijn. Kinsbergen: 'Onderschat ze niet. Journalisten bellen mij om voorbeelden van mislukte projecten. Die zijn er wel, maar ze krijgen ze niet. Het verhaal is dat er ongelooflijk veel potentieel zit in particuliere initiatieven, als ze bereid zijn kritisch naar zichzelf te kijken. Ook kleinschalige particuliere ontwikkelingshulp levert veel op. Talloze vrijwilligers zetten zich dagelijks in in de strijd tegen wereldwijde armoede en ongelijkheid. Op korte termijn hebben duizenden mensen baat bij de projecten opgezet door deze particuliere initiatieven.

Maar juist het kleinschalige en vrijwillige karakter van deze ontwikkelingsorganisaties maakt dat ze niet vanzelfsprekend bijdragen aan duurzame veranderingen. Duizenden kleinschalige particuliere initiatieven die Nederland telt zijn in opkomst sinds de jaren negentig, toen verre reizen in zwang kwamen voor grotere groepen mensen. Niet voor niets zijn relatief veel PI's actief in populaire 'verre bestemmingen' als Kenia, Ghana, India en Indonesië. Hoeveel het er precies zijn in totaal, is onbekend. Evenals in hoeverre zij daadwerkelijk een bijdrage leveren aan het terugdringen van wereldwijde armoede.'

Kinsbergen citeert Hans Beerends, waarin hij in zijn boek 'Tegen de draad in', zegt: 'Het minste wat je hierover kunt zeggen is dat deze initiatieven getuigen van een grote betrokkenheid, dat arme mensen op incidentele wijze geholpen worden en dat zo'n particulier initiatief kan leiden toe een dieper inzicht in de structurele oorzaak van de mondiale armoede.'

'Wat is een zinvol project', vraagt Mart Heynens zich af.

'Is er een duidelijk doel, een doel om mensen in een betere situatie te brengen zodat ze zelfstandig hun leven kunnen bepalen? Het is natuurlijk heel lief om een weeshuis te steunen maar zou het niet beter zijn geweest de steun te verbinden aan de voorwaarde dat de kinderen pas het weeshuis verlaten als ze voor zichzelf kunnen zorgen, een dak boven hun hoofd hebben, een opleiding hebben afgemaakt of een vak

geleerd? De tweede vraag is of er een stappenplan is, een tijdlijn en waarin ook de noodzakelijk voorwaarden aan de orde komen? Je kunt niet ten eeuwigen dagen blijven helpen! Is er betrokkenheid? Niet bij de hulpverlener maar bij de hulpontvanger!'
Interessant is dat alle onderzoekers toch ook wijzen op de positieve gevolgen van kleinschalig ontwikkelingswerk zij het dat ze er voorwaarden aan stellen.
Mirjan Vossen is schrijfster van o.a. Eerste Hulp bij Ontwikkelingswerk. Ze ziet het taboe rond ontwikkelingshulp veel voorbijkomen tijdens haar workshops.
'Veel hulpgevers dekken toe wat er misgaat. We zouden veel van elkaar kunnen leren als er meer openheid was.' Vossen pleit vooral voor meer contact tussen hulpgevers. 'Spreek met elkaar af, wees eerlijk over je problemen en twijfels, en praat met elkaar. De feedback die je dan krijgt, is van groot belang. Daar geloof ik echt in.'
Nog twee nadenkertjes geeft ze mee: 'Mensen zijn vaak erg overtuigd van hun eigen visie. Hulpgevers moeten stoppen met het toedekken van hun mislukte projecten. Het is niet iets om je voor te schamen, zolang je er maar van leert. En dat die lessen worden gedeeld, is van groot belang.
Daarom is het belangrijk om voorafgaand aan een hulpproject te bepalen waar het ophoudt en hoe je daar naartoe gaat werken. Mensen die de dupe zijn van extreme armoede en een slecht bestuur, kun je niet zomaar laten stikken. Er gaan generaties overheen voordat een dergelijke situatie verandert. Tot die tijd moeten we bijspringen. Maar het is wel goed om jezelf de vraag te blijven stellen wat de rol van de overheid zou moeten zijn en daarbij zo goed mogelijk te bemiddelen.'
Ik herinner mij een voorval in Chiangmai. Ik bezocht Thailand in 2003 voor de eerste keer, een groentje in een oosters land.
Met een aantal Nederlanders zat ik op het terras toen een jonge vrouw met een baby op haar arm voorbij kwam en zelfgemaakte armbandjes te koop aanbood. Mijn metgezellen riepen in koor om niets te kopen. In de loop der jaren kreeg ik door hoe het bedelaarssysteem in Thailand in elkaar zit. Ik keek die vrouw in de ogen en kocht een armbandje. Op mijn hotelkamer gekomen schreef ik het volgende gedicht.

Voor de vrouw die de terrassen en bars afloopt met rozen en zelfgemaakte polsbandjes

Vreemde vrouw met jouw moeie ogen
Vreemde vrouw met jouw baby op de arm
Vreemde vrouw met je bedelmap
Vreemde vrouw, zeg mij waar je slaapt
Wijs me waar je jouw kindje wiegt en zoogt en zacht te slapen legt
Vertel me wie voor je zorgt
Wie je morgen...
Vreemde vrouw in dit verre land op die warme avond in maart
Toen je mij je waar aanbood
Toen men zei: niet doen, laat dat, gewoon negeren
Vreemde vrouw, ik hoorde hen en zag naar jou
Jij, jonge moeder
Ik hou van jou.

In 2010 bezocht ik voor de eerste keer Nepal en toen overkwam mij hetzelfde. Op een van die eerste dagen liep ik door de straten van Kathmandu. Ook hier een jonge moeder met een baby. Ik gaf haar tot grote ergernis van mijn in Kathmandu wonende Nederlandse kennis geld. Achteraf bleek ik omgerekend tien euro gegeven te hebben. In nog geen paar tellen later was ik 'omsingeld' door jongetjes die hun hand ophielden. Niet slim van mij, dat tientje. Ik troostte mij met de gedachte dat die vrouw een paar goede dagen heeft gehad. Sindsdien heb ik mijn bedelaarsbeleid aangepast.

Is hulp wel goed?
Suzanne van der Horst: 'Een antwoord op de vraag 'Is hulp goed?' kan ik hier niet geven. Ik denk dat niemand dit kan. Een ding staat voor mij echter wel als een paal boven water. Grondig onderzoek naar je motieven, het land van bestemming, wat daar nodig is, de beste aanpak en je mogelijkheden, kost een hoop tijd. Heb je die tijd niet, heb dan het lef om er niet aan te beginnen. Hulp kan mensen kapotmaken als je er niet zorgvuldig mee omspringt, is mij in Nepal eens verteld. Zo is het. Echt.'
Zo kwam ik nog drie 'nadenkertjes' tegen bij Mart Heynens.

1 *Verdringing.* In Nepal zijn zóveel vrijwilligers dat het voor een Nepalees moeilijk is nog een gaatje te vinden waar hijzelf het heft in eigen hand kan nemen. In Malawi zat ik in een kampement met een klas Britse schoolkinderen. Die waren daar om de scholen in de omgeving van een nieuw verfje te voorzien. Dat werk had ook gedaan kunnen worden door de plaatselijke schilder die dankzij die schoolkinderen een con-

tract is misgelopen. De klasleider: 'Voor de kinderen is het een geweldige ervaring.'

2 *Afhankelijkheid.* Mensen wordt ingeprent dat ze niets zelf kunnen en mensen gaan zich daarnaar gedragen. In Mali is geen enkele beweging merkbaar; mensen wachten gewoon op de volgende hulporganisatie. Nepal krijgt sinds 1952 hulp, het land is nog steeds even arm en afhankelijker dan ooit. Hoezo: hulp helpt mensen om zelfstandig hun leven te bepalen?

3 *Een luie en corrupte overheid.* De Nepalese overheid hoeft zelf alleen de Prithivi Highway te onderhouden (de andere hoofdwegen worden onderhouden door India, Japan en China) en dat lukt niet. De Nepalese overheid heeft geen toezicht gehouden op het naleven van de veiligheidsvoorschriften door de vliegmaatschappijen met het gevolg dat die maatschappijen uit het Europese luchtruim worden geweerd. Toerisme is een van de grote inkomstenbronnen van dit land! Binnenkort komt een EU-delegatie over het probleem praten. Ik hoop dat ze hun been stijf houden. Ter verzachting: Nepal is net uit een burgeroorlog gekomen en de aandacht van politici is gericht op de politieke stabilisering van het land. De aanleiding voor die burgeroorlog was de corruptie en die gaat gewoon door. Nepal is vreselijk corrupt. Ik ben van mening dat de rekening van corruptie altijd betaald wordt door de armsten. Altijd!

In haar nawoord van haar boek De crisiskaravaan zegt Linda Polman: 'Ik heb *de* oplossing niet. Een oplossing zal ook van geval tot geval verschillen. Mijn boek is een aanzet om vragen niet langer uit de weg te gaan en de discussie op gang te brengen over hoe het beter kan. Waar ik voor pleit is dat we het systeem niet vrijwaren van kritiek, want er gaat veel mis.'

En dan is er de ramp

Nepal is op weg het armste land van Zuid-Azië te worden, dankzij de langdurige onrust in het zuiden en de Indiase blokkade. Momenteel is

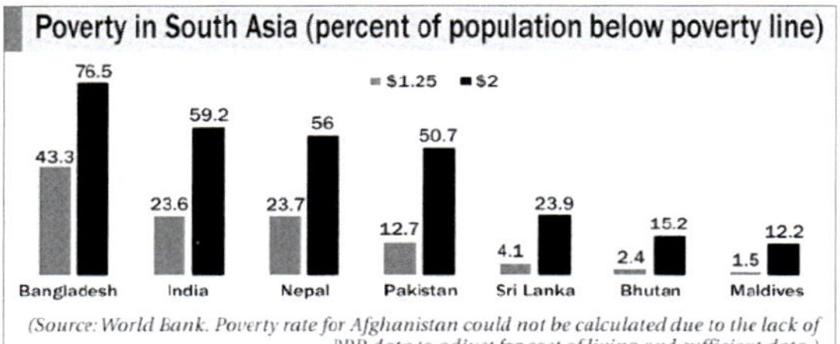

(Source: World Bank. Poverty rate for Afghanistan could not be calculated due to the lack of PPP data to adjust for cost of living and sufficient data.)

Nepal het derde armste land in de regio na Bangladesh en India, volgens de meest recente rapport van de Wereldbank, (2015) waarbij niet is opgenomen Afghanistan.

De Indiase blokkade duwde bijna een miljoen meer Nepalezen in armoede. De verwoestende aardbeving van april en mei 2015 heeft al een miljoen mensen onder de armoedegrens gebracht.
Volgens het rapport van de Centrale Bank 'Impact van India's onofficiele blokkade op de economie van Nepal' komen er nog eens 800.000 Nepalezen bij. Deze conclusie is gebaseerd op een studie over de verliezen in de landbouw, de industrie en de dienstensector. Momenteel leeft één op de bijna vier Nepalezen (23,7 procent) onder de extreme armoedegrens. Dat wil zeggen dat ze met 2 euro of minder per dag moeten rondkomen. De huidige politieke impasse in combinatie met de verwoestende aardbevingen zal ongeveer 2 miljoen Nepalezen onder de armoedegrens duwen. Dit betekent dat het tempo van de armoede zal toenemen met bijna 7 procent, volgens de voormalige vice-voorzitter van de Nationale Planning Commissie, Deependra Bahadur Kshetry.
Is hulp geven nog goed ? Die vraag blijft nog steeds overeind.
In 2009 gaf ik een boekje uit ter gelegenheid van vijf jaren MartinusStichting in Thailand. Hierin kregen tien personen uit verschillende maatschappelijke geledingen de volgende vraag voorgelegd.
Hoe kijk je aan tegen het huidige ontwikkelingswerk en daarin de rol van kleine stichtingen.
Behalve dan dat het woord 'ontwikkelingswerk' veranderd is in 'ontwikkelingssamenwerking' staan hun bijdragen nog als een huis, terwijl toch in die vijf jaar veel over dit onderwerp gesproken en geschreven is. Enige citaten uitgelicht.
Pieter de Wolf (van huis uit bedrijfseconoom. Nu actief in maatschappelijke organisaties):
De Wolf stelt zich de vraag is dit (MartinusStichting) geen ontwikkelingshulp die niet beter ingebracht kan worden in een grotere professionele organisatie? Concludeert: We worden overspoeld met beelden en verhalen over ellendige situaties in de wereld. We raken afgestompt. Een kleinschalig project waarbij je door goede bekenden betrokken wordt, maakt je weer bewust van je medeverantwoordelijkheid voor die situaties. Je kunt er wat aan doen.

Bert Jansen, socioloog:
De echte winst van het werk van kleine stichtingen is dat zij vaak beter in staat zijn in zowel de gevende als de ontvangende gemeenschap een grote mate van betrokkenheid te realiseren. Zonder deze betrokkenheid van twee kanten zal ontwikkelingswerk niet van wezenlijke invloed kunnen zijn op de zeer scheve verhouding tussen arm en rijk in onze wereld.
Paul Habers, sociaal jurist:
Waar recht onrecht wordt, wordt een positief en creatief verzet een plicht. Met deze variant op een klassiek thema definieer ik modern ontwikkelingswerk in het recht in arme landen als: het toevoegen van waarde aan een rechtsbijstandssysteem voor mensen met een laag tot middeninkomen op basis van gelijkwaardigheid en wederkerigheid: georganiseerd en systematisch aanbieden van (gratis of betaalbare) eerste lijn rechtshulp. En daarin kunnen nu kleine stichtingen in ontwikkelingswerk een rol van betekenis spelen.

Mieke van Ee. Woonde enige jaren in Ethiopië met haar echtgenoot Wim, weg- en waterbouwkundige op een suikeronderneming. Was lid van het Mondiaal Platform Gemeente Voorst. Nu actief bij onder meer Pax:
De zin van projecten in de zogeheten ontwikkelingslanden zie ik vooral als een middel om 'de derde wereld' zichtbaar te maken. Deze stichtingen brengen die terug tot een afmeting die is te overzien: een regio, stad of dorp, tot mensen! Je raakt betrokken.
Terzijde nog dit: natuurlijk ken ik wel de strijkstok verhalen als het gaat om de kosten van professioneel werk Ik wil volstaan door een opmerking door te geven die ik ooit hoorde: zonder strijkstok geen muziek.

Joop Rieff. Directeur van het Hill Tribes Children home, Chiangmai en werkt in een aantal dorpen in Noord-Thailand:
In 2008 ben ik met dit tehuis gestart om een aantal kinderen de kans te geven na de basisschool verder te leren.

Jan Boone, directeur van het bedrijf WWR, World Wide Recycling):
De reden waarom in ontwikkelingslanden de laatste 50 jaar maar weinig is verbeterd, heeft vooral te maken met het feit dat de middelen niet direct aan projecten worden besteed, maar aan andere zaken. Aanvankelijk hanteerde men het principe van poort tot poort. De geldstroom

loopt dan van regering tot regering. Na vele jaren begin men in te zien dat alle miljarden terecht kwamen op de Zwitserse bankrekeningen van corrupte ministers en staatshoofden. Zo ontstond het principe van gebonden hulp. Eerst een project en dan pas geld. Maar hoe spoor je zo een project op. Een goed uitgangspunt is dat de vraag voor een project uit het land zelf komt. Zoals ik vaak heb geconstateerd, is dit niet het geval. Ik vind het geweldig dat er mensen zijn die het geld naar de juiste plek brengen en daar net zolang blijven totdat het beoogd project is gerealiseerd.

Hein de Jong, emeritus-pastor en voorzitter Vluchtelingenwerk in de gemeente Voorst:
Verantwoording afleggen door de plaatselijke contactpersoon en degelijke controle over de financiën zijn belangrijke voorwaarden om kleinschaligheid geloofwaardig te houden.

Ann Kuylaars, voorzitter stichting Stef:
Ik heb menigeen deelgenoot gemaakt van mijn liefde voor Thailand en ze daar mee naar toegenomen. Maar dat Frans (haar overleden echtgenoot. WP) eens de sterke ingeving had je daar uit te nodigen en dat je er ook op inging, was iets wat zo heeft moeten zijn…wat Boeddha zo gewild heeft, zou de Thai zeggen. (Zie mijn boek 'Wie zegt dat ik anders ben'.)

Het frappante is dat al deze teksten in verband gebracht kunnen worden met wat in dit boek als commentaar op ontwikkelingswerk te lezen is. Frappant? Eigenlijk niet. Gewoon kijken met je hart waar je geld gebleven is.

Wat werkelijk van belang is

'Armoede is wel ons probleem, en oplosbaar'. (Gunther Sachs)

'Belangrijker is dat de eindeloze debatten over wat er goed of verkeerd is aan ontwikkelingshulp vaak verhullen wat werkelijk van belang is: niet zozeer waar het geld vandaan komt, maar waar het naar toe gaat. Het gaat erom het juiste soort project te kiezen en te financieren. Om vervolgens uit te zoeken hoe daaraan het beste uitvoering kan worden gegeven.' (Arm & Kansrijk).
'Armoede is wel ons probleem, en oplosbaar'. Sachs is voorstander van ontwikkelingshulp en voor meer investeringen (het einde van de armoede). Hij stelt zelfs dat zonder buitenlandse hulp de extreem armen nooit uit de armoedefuik zullen ontsnappen. Ontwikkelingshulp moet volgens Sachs echter wel op een andere manier worden vormgegeven om echt effectief te zijn. Wanneer dit gebeurt, is het mogelijk om extreme armoede uit de wereld te bannen. Het idee dat armoede daarginds niet ons probleem is, is volgens Sachs achterhaald. Hij is het eens met John F. Kennedy: '*if we can't save the many who are poor, we can't save the few who are rich.' Nou ben ik wel van mening dat ook de rijken geholpen moeten worden, anders blijven de armen arm.*
Het blijft een ingewikkeld probleem, dat oplossen van de armoede.
Maar waarom zouden we de armen helpen? Sachs is daar duidelijk in. *'If you don't understand that we are interconnected, you are a fool'.* Hard bewijs heeft laten zien dat er sterke verbanden zijn tussen de extreme armen en bedreigingen van nationale veiligheid. Ook vanuit een soort eigenbelang kunnen er genereuze acties ontstaan.
Zowel in het interview als in het boek geeft hij voorbeelden van succesverhalen van ontwikkelingshulp, zoals het uitroeien van de pokken en het verhuizen van de mensen die aan het spoor woonden. Hij is vooral kritisch over de soort vragen die worden gesteld: 'Nederland moet zich niet afvragen of het klopt dat er zoveel geld uitgegeven wordt aan ontwikkelingshulp, ze moeten nog rijkere landen, zoals de VS en Japan vragen waarom zij dit niet doen. Er zijn namelijk maar weinig landen die ook daadwerkelijk 0,7% van hun BBP aan ontwikkelingshulp besteden.'

Even terug naar september 2000. Regeringsleiders van 189 landen ondertekenden de United Nations Millennium Declaration. Daarmee verbonden zij zich aan het behalen van millenniumdoelstellingen, die vertaald zijn in acht concrete doelen, die in 2015 grotendeels of behaald moesten zijn of waarin vooruitgang duidelijk zichtbaar was.

- Het uitbannen van extreme armoede en honger;
- Gelijkwaardigheid tussen mannen en vrouwen (onderwijs meisjes);
- Kindersterfte tegengaan;
- Het tegengaan van moedersterfte;
- Het uitbannen van hiv/aids, malaria en andere ziekten;
- De bescherming van een duurzaam leefmilieu;
- Het ontwikkelen van een wereldwijde samenwerking voor ontwikkeling.
- Het bereiken van een universele basiseducatie.

In 2015 dienen de millenniumdoelen bereikt te zijn. Er is veel vooruitgang geboekt. Een halvering van het percentage van de wereldbevolking dat met honger leeft ondanks de bevolkingsgroei; een halvering van het percentage mensen dat met minder dan een dollar per dag moet rondkomen, een halvering van het aantal mensen dat niet kan lezen en schrijven. Goed nieuws dus.

Sachs heeft veel bijgedragen in het tot stand komen van de millenniumdoelen. Zijn speerpunten en die van de millenniumdoelen zijn bijna identiek.

Kleine stichtingen werken bedoeld of onbedoeld mee aan de realisering van deze wereldafspraken.

Ontwikkelingssamenwerking! Een woord dat vandaag nog weinig enthousiasme oproept.

Het maatschappelijk debat is bijna gedoofd. Internationale samenwerking, ontwikkelingssamenwerking, globalisering en mondiale verantwoordelijkheid: kom er eens mee. Daar komen dan nog een tsunami van andere gehanteerde argumenten bij, zoals

de huidige Nederlandse samenleving met haar eigen grote groep armen onder meer veroorzaakt door de economische crisis, haar anti-Europa houding, haar ambivalente opstelling t.o.v. vluchtelingen, buitenlandse gastarbeiders en Nederlanders met een andere etnische achtergrond raken de ongelijkheid, het verschil in welvaart, de solidariteit met de verre naaste die leeft in zeer moeilijke omstandigheden op de achtergrond (vrij naar 'Armoede, de angel in onze rijkdom, Kathleen Ferrier). Dit is wel een pijnlijke constatering.

In Nepal laat de overheid het afweten, is het bedrijfsleven terughoudend en bloeit het kleinschalige particuliere initiatief als nooit tevoren! Menig toerist raakt onder de indruk van wat hij ziet. Thuis gekomen begint hij met geld te werven al of niet in een stichting. Soms verschijnen artikelen in de pers die zich wat laatdunkend uitlaten over deze initiatieven. 'Een beetje dom', om die beroemde zin van onze koningin maar eens te gebruiken.

Moderne communicatietechnologie

Volgens oud-minister van ontwikkelingssamenwerking Agnes van Ardenne zou het wel eens kunnen zijn dat door de moderne communicatietechnologie netwerken van betrokken burgers kunnen ontstaan. Ze zegt zelfs: 'Zo kan internationale samenwerking er in de toekomst uitzien.' Ik maak het nu zelf mee in Nepal, waar studenten bezig zijn een computercentrum voor arme kinderen/jongeren te openen met de mogelijkheid voor Engelse les en rekenen. Ik heb ergens gelezen dat armoede geen probleem op zich is. Het is het ontbreken van middelen om deel te nemen aan de samenleving. Dat begrijpen kleine stichtingen erg goed, omdat ze met de neus op de dagelijkse praktijk gedrukt worden. Door de sociale media is snel contact te krijgen met de mensen van een project, zodat vragen snel beantwoord kunnen worden.. En dan staan wederom de sociale media ter beschikking om donateurs en sponsors op de hoogte te brengen van het project. Hoe je het ook wendt of keert: als de millenniumdoelen in 2015 grotendeels bereikt zijn, is dat ook mede te danken aan al die kleine stichtingen, die ruimschoots gebruik maken van de moderne communicatiemiddelen. Om met Rodriguez te spreken: een doelbewuste inzet is voldoende.

Wie het weet mag het zeggen

De dingen zijn mooier naarmate zij minder duidelijk zijn.
(uit een roman over Leonardo da Vinci)

'De beste tijd om een boom te planten is twintig jaar geleden. De op een na beste tijd is nu', citeert Dambisa Moyo dit Afrikaans spreekwoord. Moyo schetst in brede lijnen hoe ontwikkelingshulp kan verworden tot een verlammende afhankelijkheid. Polman heeft het over 'de humanitaire hulp die industrie geworden is, waarin organisaties met elkaar strijden om een zo groot mogelijk aandeel. In een nieuwe visie op het bestrijden van armoede' wordt de vinger gelegd op de wel zeer pijnlijke plek: effectiviteit van hulp wordt niet geëvalueerd en als het al gebeurt, dan met controlemethoden die niet deugdelijk zijn. Om alles in het juiste perspectief te blijven zien: Moyo stelt uitdrukkelijk dat het haar niet gaat om charitatieve noodhulp, maar om de miljoenen die landen binnenstromen van regeringen en grote NGO's. Polman bekritiseert de zin en de moraal van de internationale hulpverlening.
Ik voeg hierbij de ervaringen uit de praktijk van alle dag van wereldreiziger Marth Heijnen, journaliste Suzanne van der Horst en onderzoekster Sara Kinsbergen. Zo heb ik mij een beeld gevormd van ontwikkelingswerk en tegelijk genoeg materiaal verzameld om mezelf een spiegel voor te houden over het werk van onze kleine stichting Hatemalo Nepal.
Het boeiende is dat al deze auteurs niet blijven steken in kritische analyses maar ook proberen aan te geven hoe we uit die neerwaartse spiraal van averechts ontwikkelingswerk/-hulp kunnen geraken.
Soms ben ik van mening dat het alleen geven van geld een verkeerde aanpak is. Of toch weer niet. Is er soms niet een moment dat een financiële ondersteuning de enige mogelijkheid is de zaak weer vlot te trekken? Zonder meer. Maar dan hoe verder? Zo word ik heen en weer geslingerd.
Aan de ene kant doet een mens in nood een beroep op die ander en die ander wikt en weegt hoe ver te gaan met die hulp. Komt mijn geld wel goed terecht'?

Er staat een bedelaar aan de deur

Bedelaars! Hoe breed maak ik de definitie van dit woord? Fondsenwervers, verzoeken uit verre landen om ondersteuning, bedelaars in ons land? Hoe ga je daar mee om? Het is altijd weer een dilemma. Geef je wel of geef je niet? En hoeveel? Of geef je alleen als je er iets voor terugkrijgt? Waarom geef ik? Kan ik goed slapen omdat ik zo nu en dan iemand in nood een klein beetje help, dus voor mijn eigen gemoedsrust, of zou ik me moeten schamen en een nieuw geweten kopen? Bedelaars! Hoe breed maak ik de definitie van dit woord?

Ik herinner me een voorval, vijf jaar geleden. Mijn eerste confrontatie met het Nepalese bedelaarslegioen. Ik was afgehaald van het vliegveld op weg naar mijn hotel in Thamel, het toeristencentrum van Kathmandu. Nauwelijks uit de taxi gestapt of een jonge vrouw met een kind stak haar hand uit. Ik gaf haar wat van de net verworven roepies, geen flauw benul hoeveel dat was. 'Wat doe je nou?', brieste mijn Nederlandse gastheer. 'Weet je wel dat dat geld helemaal niet bij die vrouw terecht komt. 'Ik niet natuurlijk. In de loop van de tijd werd me duidelijk dat bedelen vaak in georganiseerd verband gebeurd. Maar, zo vroeg ik me af, ben ik ook nog verantwoordelijk voor het geld dat ik geef? Nadat grote rampen voor grote bedragen gezorgd hebben, daartoe hartstochtelijk ondersteund door tv avonden vol van glamour en tranentrekkende beelden, duurt het nauwelijks een paar weken of we willen wel eens weten 'wat er met het geld gebeurd is'.

Natuurlijk, we zullen moeten weten of het geld wel besteed wordt aan het doel waarvoor het opgehaald is. Als je bang bent dat die bedelaar zijn geld vergokt of besteedt aan alcohol en drugs, geef dan niet. En als je aan stichtingen geld geeft en je vertrouwt ze niet, geef dan niet. En als stichtingen op het neurotische af steeds maar bonnetjes eisen van de hulpvragers, hef je stichting dan op. *Het is de kunst om de helpende hand te reiken zonder de ander het predicaat bedelaar op te plakken.*

Pas op. Versta me niet verkeerd. Altijd en overal waar het om geld gaat is controle nodig. Zet je een school of welk gebouw dan ook neer dan is controle gewoon nodig. Denk aan onze eigen bouwfraude in 2001. En als jaar in jaar uit schoolgeld betaald wordt, getuigt navraag op gezette tijden van gezond verstand. Soms ook wordt het geld anders besteed dan waarvoor het bestemd is. Daar zal je dan vrede mee moeten nemen. Je had waarschijnlijk beter moeten uitkijken.

Zo overkwam me dat tweemaal in Thailand, toen ik voor de Martinus-Stichting werkte.

Leerlingen van de basisschool in Mor Paeng, een bergdorp, moesten elke dag een flink eind lopen. Een fiets zou uitkomst bieden. Een actie bracht genoeg geld op voor tien fietsen. Het jaar daarop bezocht ik de school. Van de fietsen geen spoor. Ze waren verkocht. Had ik me beter laten voorlichten ter plaatse dan was ik waarschijnlijk verwezen naar een school in een ander dorp, waar ze ook fietsen hadden voor ver weg wonende leerlingen. Die fietsen waren wit geschilderd. Elke dag werd gecontroleerd of de fiets aanwezig was.
Een ander voorbeeld. In Maenatung naaiden drie vrouwen kleding voor de plaatselijke markt. Eigenlijk, zo vonden ze, zou er nog voor drie vrouwen werk zijn als er naaimachines zouden zijn. Ze wilden wel een bedrijf oprichten.
Ik vroeg niet hoe ze dat dan zagen en of er afzet was, maar zorgde voor twee naaimachines. Het jaar daarop waren de dames met de naaimachines weer gewoon thuis. Wat bleek: de broeken die ze maakten waren allemaal van dezelfde stof, maat en kleur en zelfs voor de meest behoeftige Thai onmogelijk om te dragen. Het waren hobbezakken. Overleg vooraf, contact onderweg, verantwoording en controle achteraf zijn dus echt wel nodig.

Armoede: we hebben zo onze eigen definities
Banerjee en Duflo beschrijven een onderzoek onder studenten hoe we ons laten beïnvloeden wanneer we geconfronteerd worden met armoede.
Samengevat:
Twee groepen studenten kregen ieder 5 euro die ze moesten besteden aan een project. Er waren twee verschillende folders. In de ene ging het over grote aantallen slachtoffers van voedstekoren in verschillend Afrikaanse landen. In de andere werd de zevenjarige Rokia uit Malo opgevoerd, straatarm en zonder voedsel. De studenten die de tweede folder lazen gaven ruim meer dan die van de eerste folder. Het beeld werd anders toen de eerste groep studenten gevraagd werd geld te doneren nadat ze te horen hadden gekregen dat mensen eerder geneigd zijn geld te geven met wie ze zich kunnen identificeren dan wanneer ze alleen maar algemene informatie kregen. Zij gaven ongeveer hetzelfde bedrag uit als de eerste groep die de folder hadden gelezen zonder die mededeling. Maar diegenen die de folder met Rokia hadden gekregen gaven na die mededeling de helft minder uit. Goed nadenken maakt, zo zeggen beide onderzoekers, studenten minder genereus jegens Rokia

maar niet minder genereuzer jegens al die anderen.
Het gedrag van de studenten is een typisch voorbeeld hoe de meesten van ons reageren als we worden geconfronteerd met problemen als armoede, zeggen beide onderzoekers. Ruimhartig bij directe confrontatie (Rokia), maar bij de tweede gedachte is het vaak dat het toch niet helpt: de druppel op de gloeiende plaat. 'In de strijd tegen de armoede staan we niet machteloos. Armoede wordt veroorzaakt door een samenstel van concrete problemen. Goed nadenken, twee keer nadenken, de problemen onderkennen, dan kunnen ze vaak worden opgelost, is de inspirerende conclusie van beiden.'

Twee tegenover elkaar gestelde opvattingen over ontwikkelingshulp
Jeffrey Sachs meent dat arme mensen geen geld hebben om te kunnen investeren en zitten daarom gevangen in de armoedefuik. Zolang er aan hun problemen niets wordt gedaan zullen ze weinig hebben aan vrije markt en haar nawoorddemocratie. Buitenlandse hulp is essentieel. Kansen dus om te investeren en daardoor meer inkomsten te generen en dan geraken tot 'Het einde van de Armoede' zoals de bestseller van Sachs heet. (2005).
Ontwikkelingshulp doet meer goed dan kwaad, roepen de economen William Easterly en Dambisa Moyo. Ontwikkelingshulp belet mensen naar eigen oplossingen te zoeken en heeft een ondermijnende en corrumperende werking op lokale instellingen. Bovendien creëert deze een zichzelf in stand houdende lobby van hulporganisaties. Nee, het is voor arme landen het beste in de vrije markt haar werk te laten doen.

Onderzoek alles en behoud het goede

Iedereen kan groot zijn omdat iedereen kan dienen. (Martin Luther King)

'Wie moeten we geloven? Degenen die ons vertellen dat hulp het probleem kan oplossen? Of degenen die zeggen dat hulp de zaken erger maakt?' roepen Banerjee en Duplo uit. Ze gaan verder: 'er zijn geen harde bewijzen dat hulp goed of slecht is. Wat moeten we doen ? De armen opgeven? 'Nee, maar onderzoeken of in bepaald gevallen hulp iets goeds heeft uitgericht of niet.'
Met de aansporing 'Onderzoek alles en behoud het goede' van de apostel Paulus kijk ik nog eens wat al deze onderzoekers en journalisten ons als richtlijn kunnen meegeven.

Wat zegt Linda Polman:
Nu wilt u vast weten hoe het verder moet', begint Polman haar Nawoord. *'Ik heb de oplossing niet. Een oplossing zal ook van geval tot geval verschillen.*
En: Durf de vraag te stellen of iets doen altijd beter is dan niets doen.... Als we besluiten om hulporganisaties (lees: stichting Hatemalo) te betalen, dat zouden we moeten eisen dat ze kunnen uitleggen wat ze daar precies denken te bereiken en hoe.

Wat zegt Dambisa Moyo:
Naar een echte ontwikkeling is het laatste hoofdstuk van 'Doodlopende weg'.
Ze zeggen dat hulpverlening heeft gewerkt. We kunnen nooit echt weten of dat waar is. De doelen van hulpverlening zoals oorspronkelijk opgesteld door onze voorvaderen in het hotel in New Hampshire vele jaren gelden, waren *duurzame economie en verlichting van de armoede* en het is tegen deze achtergrond van deze doelen dat de werkzaamheid van hulpverlening moet worden beoordeeld, en worden geconcludeerd dat die hulpverlening spectaculair heeft gefaald... En één ding is zeker: afhankelijk zijn van hulpverlening heeft niet gewerkt. Laten we die cyclus stopzetten.

Wat zegt Jeffrey Sachs:
De tijd is aangebroken om een einde te maken aan de armoede maar er moet nog hard gewerkt worden. Ja, deze tijd kan anders zijn en hier volgen negen stappen om het doel te bereiken.'

Ons inzetten voor het uitbannen van de armoede.
Een actieplan opzetten; de Millenniumdoelen vormen een eerste begin om een einde te maken aan de armoede.
De stem van de armen te laten horen.
Voor een nieuwe rol van de Verenigde Staten in de wereld zorgen.
Het IMF en de Wereldbank redden.
De verenigde Naties versterken.
De wetenschap mondiaal omzetten.
Duurzame ontwikkeling bevorderen.
Ons persoonlijk engageren.

In het kader van dit boek is deze laatste stap van belang.
'Uiteindelijk hangt het van onszelf af, als individuen. Sociaal engagement is persoonlijk engagement.'
Sachs haalt Robert Kennedy aan: ' Laat niemand ontmoedigd raken door het geloof dat één man of één vrouw niets kan uitrichten tegen alle bezoekingen waarmee de wereld wordt geplaagd , tegen ellende en onwetendheid, onrechtvaardigheid en geweld. Telkens wanneer iemand voor een ideaal opkomt, zich inzet het lot van anderen te verbeteren of protesteert tegen onrechtvaardigheid, *zendt hij een stroompje van hoop uit* en al die kleine stroompjes vormen samen een vloedgolf die de machtigste muren van onderdrukking en weerstand kan wegvagen.'

Wat zeggen Abhijit Vinayak Banerjee en Esther Duflo:
In gevallen waarin we mogelijkheden zien om aan armoede een einde te maken, *mogen we niet tolereren dat door de armoede levens en talenten teloorgaan.*
We beschikken niet over een wondermiddel om een einde aan de armoede te maken, geen eenvoudig medicijn dat alle problemen uit de wereld helpt. Maar we weten wel het een en ander hoe we het leven van de armen kunnen verbeteren.
Ze besluiten: *'Wat we moeten voorkomen is een gemakzuchtige, formuleachtige manier van denken, die elk probleem tot dezelfde algemene*

beginselen reduceert. We moeten proberen de logica van hun keuzes te begrijpen. Ook zullen we moeten accepteren dat we het soms bij het verkeerde einde hebben. *Met geduldig opgebouwde kennis zullen we beter in staat zijn te begrijpen waarom mensen in armoede gevangen blijven zitten en welke middelen wij nodig hebben om ze eruit te helpen.'*

Wat zegt journalist Suzanne van der Horst:
Is ontwikkelingshulp goed? Die vraag wordt moeilijker naarmate je hem verder onderzoekt. Een ding staat voor mij echter wel als een paal boven water. *Grondig onderzoek naar je motieven, het land van bestemming, wat daar nodig is, de beste aanpak en je mogelijkheden kosten een hoop tijd.* Heb je die tijd niet, heb dan het lef om er niet aan te beginnen.

Wat zegt Mart Heijnens:
In Nepal zijn zoveel vrijwilligers dat het voor een Nepalees moeilijk is nog een gaatje te vinden waar hijzelf het heft in eigen hand kan nemen. *Cruciaal voor commitment is dat de mensen zélf met een doel en een plan komen.*

Wat zegt Sara Kinsbergen:
De duizenden Nederlanders die zich inzetten voor de medemens in Kenia of India: het is de mondiale participatiesamenleving pur sang. Hun werk zou nog meer effect hebben, als ze verder zouden kijken dan concrete projecten Bestrijd niet alleen de symptomen, ook de oorzaken van armoede.

Doe-democratie
In deze tijden van participatiesamenleving zijn particuliere initiatieven een inspirerend voorbeeld van de burger die het heft in eigen hand neemt. De doe-democratie, dat doen Particuliere Initiatiefnemers (PI'ers) al jaren met z'n allen. In dat licht zijn ze een voorbeeld voor de rest van Nederland, maar binnen de ontwikkelingssector moeten ze door bezuinigingen en koerswijzigingen in het beleid waarbij het accent op handel ligt hard hun best doen om hun belang naar voren te brengen.
PI'ers kunnen ook zelf zorgen dat hun werk een grotere impact heeft, door zich niet alleen te richten op concrete projecten, maar ook op ge-

meenschapsontwikkeling en lobby. *Dus niet alleen een school bouwen, maar ook de oorzaken aanpakken waarom meisjes hun school niet afmaken en daarover in gesprek treden met de lokale overheid.*

Wat zegt Bec Ordesh:
Geef Nepalezen vertrouwen zodat ze in zichzelf kunnen geloven. *Deel kennis, laat zien dat transparantie en openheid belangrijker waarden zijn dan hulp.* Maak van NGO's lokale initiatieven gerund door lokale mensen die kunnen kiezen om hulp te vragen als ze het nodig hebben, in plaats van het aan hen op te dringen waardoor ze het gevoel hebben bedelaar te zijn.

Wat zegt Amartya Kumar Sen:
Armoede is niet alleen een laag geldinkomen maar een algemeen gebrek aan mogelijkheden voor mensen om het soort leven te leiden dat men wil.

Het bovenstaande zijn samenvattingen, om zowel te gebruiken in de dagelijkse praktijk als persoonlijk in ons hoofd en hart.
Als we besluiten om hulporganisaties (lees bijvoorbeeld stichting Hatemalo) te betalen, dan zouden we moeten eisen dat ze kunnen uitleggen wat ze daar precies denken te bereiken en hoe.
De doelen van de hulpverlening waren volgnes Sen duurzame economie en verlichting van de armoede en het is tegen de achtergrond van deze doelen dat de werkzaamheid van hulpverlening moet worden beoordeeld..
Zend een stroompje van hoop uit.
Met geduldig opgebouwde kennis zullen we beter in staat zijn te begrijpen waarom mensen in armoede gevangen blijven zitten en welke middelen wij nodig hebben om ze eruit te helpen.
Grondig onderzoek naar je motieven, het land van bestemming, wat daar nodig is, de beste aanpak en je mogelijkheden kost een hoop tijd.
Cruciaal voor commitment is dat de mensen zélf met een doel en een plan komen.
Dus niet alleen een school bouwen, maar ook de oorzaken aanpakken waarom meisjes hun school niet afmaken en daarover in gesprek treden met de lokale overheid.
Deel kennis.
Conclusies zijn niet te trekken, wel raadgevingen die er toe doen.

Want als niemand het precies weet dan kunnen we lessen trekken uit hun onderzoeken en die raadgevingen ter harte nemen.
Een duwtje in de rug om op de onderste trede van de ontwikkelingsladder te komen zoals Sachs zegt, blijft nodig.
En: 'Je moet erheen gaan als je echt wilt zien hoe het er aan toegaat.'
En: 'Als we stabiliteit willen in de wereld, moeten we ons om mensen bekommeren. Het heeft geen zin stervenden voor te houden dat ze het beter moeten aanpakken. Het is veeleer onze taak mensen te helpen vaste voet op die ontwikkelingsladder te krijgen, minstens op de eerste trede, vanwaar ze dan op hún manier verder omhoog kunnen klimmen.
Hier wil ik toch wel even kwijt dat het onbeschaamd beledigen is van de armen als regeringen besluiten te korten op de gelden die bestemd zijn voor hulp.
De geldigheid van het werk van stichting Hatemalo Nepal ligt in de definiëring van het begrip 'armoede': het ontbreken van de mensenrechten en het bestrijden van de armoede zien als een emancipatiestrijd.
Doelstelling nummer één is armen weghalen uit de marginalisering en uitsluiting en toegang bieden tot kennis van de technologie.
Maar misschien ligt toch wel het beste advies in dat Afrikaanse gezegde:
De beste tijd om een boom te planten is twintig jaar geleden. De op een na beste tijd is nu.

Deel 2

Voortrekkers en Veranderaars

De auteurs uit Nepal

Voortrekkers en Veranderaars

Geweven uit honderden bloemen, zijn wij één land dat Nepal heet.
Soeverein gespreid van ***Mechi*** *tot* ***Mahakali****.*
Een eindeloze speelplaats voor de natuurs welvaart.
Uit het offer van onze strijders, een vrij en onverzettelijk volk.
Een land van kennis, vrede, vlaktes, heuvels en hoge bergen.
Ondeelbaar, de liefde voor ons moederland Nepal.
Een wildgroei van vele rassen, talen, religies en culturen.
Is deze vooruitstrevende natie van ons, leve Nepal!
(Het Nepalees volkslied)

1 Aarati Poudel (1988)

Nepal heeft behoefte aan Voortrekkers

Nepal is een heel mooi land met al zijn landschapselementen; oude cultuur en tradities, kunst en architectuur, en heeft een lange historie van een profijtelijke vrede. Nu is het land in een toestand van sociale verandering.
Wat voor verlangens heeft de jeugd nu het land geen stabiele regering heeft die voorziet in de noden en rechten van het volk?
Ik als behorende bij die jeugd wens dat dit land betrouwbare politieke leiders en regeringsvertegenwoordigers krijgt. Vanwege de corrupte politieke leiders is het politieke systeem van dit land aan het verbrokkelen en dat heeft grote invloed op het leven van het Nepalese volk. Dus is er behoefte aan leiders met visie om dit land te ontwikkelen: niet aan leiders die zichzelf centraal stellen.
Daarbij moet het Nepalese volk bedenken dat het voor de ontwikkeling van Nepal nodig is dat mensen hier blijven, en niet voortdurend naar het buitenland gaan. Wij, jonge mensen, zijn er erg goed in om de natie te beschuldigen, maar we gedragen ons ook niet als voortrekkers: we wijden onze jeugdige kracht niet aan het opbouwen van de natie. Dus Nepal heeft behoefte aan jonge, toegewijde leiders als voortrekkers in de maatschappij.
Er zijn al een aantal van die mensen werkzaam in de maatschappij die zich wijden aan hun eigen werkterrein. Bijvoorbeeld CNN Held 2010 uit Nepal: Pushpa Basnet. Zij is een jonge vrouw met visie op het opvangen van kinderen van gevangenen. De onschuldige kinderen werden gedwongen in de gevangenis te leven, of werden aan hun lot overgelaten. Zij heeft het lot van deze kinderen aangetrokken, en de moed gevonden om deze kinderen voor de gevangenis te behoeden en zorg voor hen te organiseren. Haar ontwikkeling als een Voortrekker startte op deze manier. Zij is één voorbeeld. Er zijn nog meer Voortrekkers en Veranderaars die hun eigenbelang opofferen door zich in dienst te stellen van de maatschappij.
We moeten dergelijke Veranderaars ondersteunen zodat ook andere

jonge mensen gemotiveerd en geïnspireerd raken door de daden van deze Veranderaars. Enkele van hen richten zich op het milieu: ook dat leidt tot een positieve verandering in de maatschappij. Omdat de meeste Nepalezen zijn opgegroeid in armoede vormt de bestrijding daarvan ook een inspiratie van Veranderaars. Armoede is altijd een onderwerp dat aandacht verdient. De jongeren van Nepal willen de natuurlijke hulpbronnen van Nepal inzetten om de armoede uit Nepal te verdrijven.

De conclusie van wat ik zie is dus dat Jong Nepal behoefte heeft aan Voortrekkers die niet op anderen wachten, maar zelf aan de slag gaan hoe moeilijk en uitdagend de situatie ook is. Dus laten we samen jongeren inspireren en motiveren om de rol van een Voortrekker op zich te nemen en zo van betekenis te zijn voor de maatschappij.

Ja: samen kunnen we dit mooie land omtoveren in een hemel op aarde dankzij Voortrekkers.

Samen kunnen we het.

(Masters in Anthropology gestudeerd aan Tribhuvan University en oprichter/president Saar Nepal)

2 Aagnya Chaulagain (1991)

Toekomst van vrouwen in Nepal

Wij zijn goed bekend met het spreekwoord 'Mannen en vrouwen zijn de twee wielen aan dezelfde kar'. Echter dit spreekwoord bestaat alleen in geschrift. Onze samenleving geeft bij wat voor arbeid dan ook meer prioriteit aan mannen dan aan vrouwen. Wanneer we de geschiedenis van Nepal beschouwen dan ontdekken we dat vrouwen als slaven van mannen zijn behandeld. Vrouwen moesten onder de mannen werken. Bovendien werden vrouwen om onnozele redenen gemarteld, maar in de huidige context van Nepal is deze tendens veranderd.

Tegenwoordig hebben vrouwen meer macht en zijn ze een van de belangrijkste bestanddelen van de maatschappij geworden. Tegenwoordig krijgen vrouwen het respect dat zij verdienen. Met het ingaan van de 21ste eeuw is het belang van vrouwen toegenomen. Het ongevoelige deel van de samenleving dat gewoon was het 'sati' systeem te volgen heeft een verandering ondergaan; het is weduwen nu wel toegestaan een eigen leven op te bouwen en opnieuw te trouwen.

Met de groei en ontwikkeling van de maatschappij is de positie van vouwen snel aan het veranderen. De vrouwen die vroeger altijd verachtelijk waren voor hogergeplaatsten zijn nu gaan werken op een ander terrein. Met het verstrijken van de tijd gaat de situatie veranderen net zoals onze samenleving is veranderd. In de huidige context hebben vrouwen al de gouden kans gekregen om ander werk te doen.

Zoals wij allen nu weten heeft men onderkend dat zelfs vrouwen in staat zijn een land te besturen, zo hebben we nu als president Bidhya Devi Bhandari. Zij is een levend voorbeeld van het gegeven dat zelfs vrouwen alles kunnen doen als zij dat willen.

In de loop der jaren is er ook een verandering gekomen in het denken van de mensen. Als deze tendens zich zo voortzet zal onze maatschappij ook aan vrouwen alle kansen geven. Zelfs de vrouwen krijgen macht, krijgen onderwijs en kunnen een wezenlijke rol spelen bij het ontwikkelen van de situatie van andere vrouwen. Ik denk dat in de

komende tijd ook de regering aan vrouwen dezelfde belangrijkheid zal toekennen als aan mannen. Vrouwen zullen in hun leven het recht op vrijheid krijgen zodat ze vol vertrouwen kunnen zijn in de nabije toekomst. Vrouwen kunnen het werk doen dat zij zelf wensen en zij kunnen succesvol in Nepal leven en hoeven niet uit te wijken naar vreemde landen.
(Masteropleiding maatschappelijk werk, Sri Lanka)

3 **Arbind Kumar Chaudhary (1990)**

Jongeren aan de vooravond van een veranderende samenleving

Nepal heeft, zoals ze altijd in het verleden heeft gehad, unieke mogelijkheden; momenteel heeft ons land Nepal met een demografische dividend (*economische groei t.g.v. stijgende bevolkingsgroei*) te maken. Volgens de Nationale Raad voor het Nepalese Jeugdbeleid valt ongeveer 20,8 procent van de totale bevolking van het land in de leeftijdsgroep 16-25 jaar en 40,7 procent van de bevolking in de leeftijdscategorie 16-40 jaar. Dit fenomeen, waar de jongeren het grootste deel van de bevolking van een land vertegenwoordigen wordt gedefinieerd als 'bevolking dividend' (*groei van de bevolking*) of zgn. 'youth bulge' (*groei van aantal jongeren en jong volwassenen door lagere kindersterfte en hoge geboortecijfers*). Dit is een uitgelezen moment voor een land zich verder te ontwikkelen. Het land bestaat uit een jonge bevolking en beschikt nu over jeugdige menskracht.

Het hoge percentage jongeren in een samenleving kan problematisch zijn als de samenleving de dynamiek daarvan niet begrijpt. Sinds 2010 zijn over de hele wereld ontevreden jongeren de kracht achter een groot aantal bewegingen: de Arabische Lenterevolutie in 2010, later in september van datzelfde jaar de rellen in Londen en de Occupy Wall Street-beweging in de VS van 2011.

Veel instellingen, met inbegrip van de IAO (*Internationale Arbeidsorganisatie van de VN*), hebben dit fenomeen bestudeerd en ontdekt dat landen waar hoger onderwijs niet is ontwikkeld, werkgelegenheid, onderwijs en opleiding op lager niveau naar verhouding de dupe zijn. De slachtoffers hiervan worden ook wel 'ontmoedigde jongeren' genoemd. Onderzoek toont aan dat het percentage NEET (*Not in Education, Employment, or Training*) van bevolking in Nepal ongeveer 15 procent is, dit zou veel meer zijn, als niet meer dan 80 procent van de jongeren in de informele sector werkzaam is.

Toch hebben Nepalese jongeren een belangrijke bijdragen geleverd aan alle politieke en sociale bewegingen en blijven zij hun economische bijdrage leveren. In het afgelopen jaar maakten Nepalese jongeren vanuit het buitenland ongeveer USD 770 miljoen naar Nepal over. De overgemaakte bedragen dragen bij de armoede te bestrijden, familieleden sociaal te ondersteunen en de ontwikkeling in het onderwijs te ondersteunen, waardoor veel gezinnen zich steeds gelukkiger zijn gaan voelen. Er bevinden zich momenteel ongeveer drie miljoen Nepalese jongeren in de Golfstaten en andere landen.

Van alle Nepalese huishoudens hebben ongeveer 55 procent ten minste één familielid in het buitenland wonen. Het overgemaakte geld komt direct ten goede aan hun gezinnen en aan de gemeenschap. Anderzijds heeft slechts één procent van de jongeren die in het buitenland werkt ervaring opgedaan of een opleiding gehad; ongeveer 24 procent van de jongeren die het land verlaten hebben hun opleiding niet afgemaakt en de meerderheid van hen, 75 procent, is ongeschoold.

Voor politiek hebben Nepalese jongeren altijd een uitzonderlijk belangstelling gehad, zowel tijdens als na het ontstaan van verschillende bewegingen. Maar, nadat ze zich ergens voor hebben ingezet, komen zij vrijwel niet in aanmerking voor een leidinggevende positie.

Wat de jeugd bezighoudt

Nepal heeft ook enorm geprofiteerd van haar 'youth bulge' tijdens en na de grote aardbeving.

Jongeren kwamen in actie en waren vastbesloten een belangrijke rol te spelen tijdens de reddings- en opruimingsoperaties. Alleen al in de hoofdstad werden meer dan 50.000 jeugdige vrijwilligers gemobiliseerd en nog veel meer waren er bezig met activiteiten in jeugdorganisaties van verschillende districten, met het schoonmaken van wegen, het bouwen van toiletten bij tijdelijke onderkomens en de distributie van medisch materiaal.

Nepalese jongeren wilden hun bekwaamheid en toewijding laten zien door zich tijdens de ramp te mobiliseren. Honderden informele groepen jongeren kwamen onmiddellijk in actie om de bevolking te helpen bij reddings- en opruimingswerkzaamheden. Jongeren waren in staat de bevolking te helpen toen die hulp nodig was en nog belangrijker, zij hielpen in gebieden waar de overheid het liet afweten. Zelfs groepen jongeren die niet meer actief waren geweest organiseerden zich weer en zetten zich in bij het redden van mensen in verschillende delen van Kathmandu en waren vrijwilligers bij de verzorging van gewonden in

de overvolle ziekenhuizen. Lokale jongeren organisaties zetten zich in bij het schoonmaken van de straten van Kathmandu om epidemieën te voorkomen.
Informele groepen jongeren zetten zich naar beste vermogen in door noodhulp (eerste levensbehoeften) te bieden in de getroffen gebieden, waarbij zij gebruik maakten van hun persoonlijke en professionele netwerken. De jongeren stoorden zich niet aan de vernielde wegen en gingen gewoon door met het bieden van hulp.
Jongeren blijven een belangrijke rol spelen bij het herstel en wederopbouw en bij het beschermen van levens van veel mensen die door de aardbeving zijn getroffen. Zo werden andere Nepalezen en buitenlandse studenten hierdoor aangetrokken en trokken er op uit om ook getroffen gemeenschappen met hulpgoederen te helpen.

Geef ze een kans
Nu, nadat de laatste naschokken van de aardbeving zijn verdwenen, is de enorme impact van het vrijwilligerswerk van de Nepalese jongeren in het hele land duidelijk waar te nemen. De bijdrage van de jongeren aan de gemeenschap en hun tomeloze energie is van essentieel belang geweest. Maar het sterke gevoel van nationale eenheid, wat voort kwam uit de gezamenlijke traumatische ervaring, is wel de belangrijkste oorzaak geweest voor het geweldige succes van de hulpverlening door de jongeren.
Met deze door de jeugd geleide hulpverlening, hebben de jongeren van Nepal laten zien dat ze bereid - en in staat zijn om Nepal op te bouwen. Ze zijn er klaar voor. Inderdaad, ze zijn nog maar net begonnen. In een land waar van kinderen wordt gehouden en waar volwassenen worden gerespecteerd, hebben gemotiveerde jongeren (hoewel zij worden genegeerd) een krachtig statement gemaakt en om zich bezig te gaan houden met de opbouw van Nepal.
Het ministerie van Jeugd en Sport heeft de beleidsnota 'Youth Vision 2025' bijna klaar en is bezig het nationale jeugdbeleid van 2010 te herzien. De rol van jongeren tijdens alle politieke bewegingen en de recente crises moeten door de overheid, donoren, samenleving en politieke partijen worden erkend. Jongeren moeten volwassen leidinggevende functies krijgen en organisaties die door jongeren worden geleid moeten de kans krijgen zich te ontwikkelen. In de komende beleidsplannen moeten duidelijk de visie en plannen van jongeren zijn te herkennen.
(Bachelor In Social Work And Rural Development)

4 Dev Raj Banjara (1983)

Waarom naar het buitenland gaan om te studeren?

In de wereld van vandaag is studeren aan hogescholen en universiteiten in het buitenland heel normaal geworden. Studenten verkiezen buitenlandse hogescholen en universiteiten om verschillende redenen, zoals het leren van een nieuwe taal, zichzelf te ontwikkelen en zich te verdiepen in verschillende culturen en tradities. Dus de belangrijkste redenen voor een student om te kiezen voor studeren in het buitenland is om kennis te vergaren, kwalificaties en ervaring op te doen in de mondiale situatie.

Er zijn zo veel dingen die studenten van thuis missen wanneer ze naar het buitenland gaan.
Ze missen familie, vrienden en een vorig studentenleven. Ze zijn enerzijds enthousiast over hun nieuwe leven, maar dikwijls zijn ze ook gefrustreerd door de nieuwe omgeving waarmee ze elk moment van de dag geconfronteerd worden; waaronder een nieuwe cultuur, mensen, communicatie, technologieën en systemen. In het algemeen zijn de studenten uit onderontwikkelde landen zoals Nepal, hoofdzakelijk gefrustreerd door de moeilijkheden om een parttime baan te vinden, omdat het elk jaar heel moeilijk is om het collegegeld van thuis te krijgen. Daarom zal de prioriteit van de studenten zijn een parttime baan te vinden.
Dus, de studenten moeten zich richten op het behalen van een diploma naast een parttime baan zodat ze hun huisvesting, voedsel en collegegeld kunnen betalen. Zodra ze een baan krijgen werken de druk van de werkplek en opleidingen en enkele beperkingen van de overheid altijd frustrerend, wat hen kan dwingen om te stoppen met de opleiding.
Alleen degenen met een sterke economische familieachtergrond of in het geval van bepaalde briljante studenten die een studiebeurs hebben, kunnen studeren zonder enige mentale stress.
Een ander obstakel waarmee de studenten worden geconfronteerd tijdens het studeren in het buitenland is discriminatie en minder gewaardeerd worden, omdat ze meestal worden toegelaten tot de lagere

betaalde banenmarkt, omdat het gastland alleen de studenten die technisch deskundig zijn, zoals een arts en een onderzoeker, waarderen.
Tot slot, als internationaal student zeg ik niet dat studeren in het buitenland niet goed is, maar ik stel voor dat studenten die als doel hebben in het buitenland te willen studeren, een duidelijke beeld voor ogen hebben.
Wat zal de volgende stap zijn na het studeren in het buitenland? Waar kom je vandaan? Wat is jouw verantwoordelijkheid ten opzichte van jouw land?
Verder wil ik er op aandringen bij de regering van het thuisland om hun studenten aan te moedigen door hen de mogelijkheden te geven om terug naar huis te gaan en gebruik te maken van hun kennis om hun land aan een betere toekomst te helpen!
Projecten met betrekking tot Agro Toerisme zijn hiervoor het meest geschikt in Nepal. Ik geef advies aan particuliere, nationale en internationale organisaties alsook aan personen om naar Nepal te verhuizen dat op dit vlak briljante mogelijkheden heeft.
En de studenten die hun studie in het buitenland hebben voltooid, moeten terug naar hun land met op zijn minst een idee, visie en missie.
Als voorbeeld!

Agro toerisme in Nepal
Landbouw is de belangrijkste pijler van de Nepalese economie, waar de arbeidskrachtbezetting 75% is. De belangrijkste factoren die leiden tot de lage groei en afnemende bijdrage van de landbouw aan het BBP als gevolg van traditionele landbouwmethoden zijn: het gebrek aan irrigatie, afhankelijkheid van de moesson, groeiend tekort aan arbeidskrachten op de boerderijen, gebrek aan kunstmest, politieke instabiliteit en de slechte toegankelijkheid van de markten, aldus CIA Factbook (2013).

Nepal is altijd al een favoriete bestemming van bergbeklimmers geweest. Toeristen komen hier voor een trekking, om te mountainbiken, bungeejumpen, raften, maken van bergvluchten, paragliden en bergbeklimmen.
Vanwege de geografische ligging van het land kunnen toeristen niet geïsoleerd worden van het agrarisch bedrijf in Nepal. Het merendeel van de toeristen moet de landbouw tegenkomen om hun doel te bereiken, hetzij voor onderzoek, educatie, recreatie, bedevaart of avontuur. Sinds het toerisme is gestimuleerd in Nepal, zijn internationale toeristen

altijd de landbouw van Nepal tegengekomen, waar ze de traditionele manieren van landbouw, cultiveren, opslaan, irrigatie, het koken en het behoud van de natuurlijke hulpbronnen hebben ervaren.
Waarom wordt Agro Toerisme gepromoot? Waarom zijn toeristen uit ontwikkelde landen al bij de landbouw in verschillende delen van Nepal betrokken geweest? Waarom worden toeristen uit verschillende landen en uit eigen land aangetrokken tot de landbouw van Nepal? Het enige antwoord is vanwege zijn geografische, culturele en ecologische diversiteit.
Toerisme is intensiever dan andere niet-landbouw sectoren die ongeschoolde en laaggeschoolde arbeidskrachten op de arbeidsmarkt gebruiken. Dus, agro-toerisme is een alternatieve oplossing voor de werkloosheid, de migratie naar stedelijke gebieden en stopt de doorstroming van de jeugd naar de internationale arbeidsmarkt. Maar de ontwikkeling van het agro-toerisme brengt niet alleen positieve effecten met zich mee. Het heeft ook een negatieve impact op het land, omdat het aanpassen van boerderijen voor toerisme in het algemeen, het veranderen van gebouwen (uitbreiding, versterking, renovatie) en van materialen vraagt.
Voorts middelen om toeristen te verzekeren van comfort (sanitaire installatie, huisvesting, koken en voedsel). Dergelijke operaties vergen meer investeringen, aldus A. Dinar en D. Zilberman (2009). Maar de echtheid van de traditionele landbouw en levensstijl zal veranderen en de identiteit blijft alleen over als geschiedenis voor de volgende generatie.
Maar de wereld van vandaag is divers, de eisen en de smaak van de mensen is veranderd, mensen vinden dagelijks nieuwe manieren van leven en ook de zorg voor de natuur en het behoud ervan. Ontwikkeling van de landbouw is misschien wel een andere manier van vrijetijdsbesteding. Agro Toerisme wordt ontwikkeld en gepromoot binnen verschillende kleine en grote landbouwbedrijven, zoals: biologische landbouw, verschillende veebedrijven, thee- en koffieboerderijen, Aloevera-boerderijen, bosbouw, visserij, et cetera. Ze zijn internationaal erkend, zodat de verschillende partners, sectoren en elk individu meer betrokken en enthousiast zijn over de ontwikkeling van het Agro Toerisme in Nepal.
Het elk jaar toenemen van de jongeren migratie naar de ontwikkelde landen voor een laag arbeidsniveau, duwt de landbouwtrend in Nepal terug naar een zwart gat. Daarom is het tijd om een alternatieve oplos-

sing te vinden om deze trend te stoppen. Het is een kans voor degenen, die in het buitenland studeren. Zij ervaren hoe de ontwikkelde wereld eruit ziet en werken in verschillende sectoren. Daarom moet, 'elke student die in het buitenland studeert een visie hebben op de ontwikkeling van een projectplan na voltooiing van zijn studie in het buitenland en terugkeren!'

(Anglia Ruskin University, London Collage of Business and Law, (MBA)
Master in Business and Administration
University of Sunderland, UK Msc in tourism and Hospitality)

5 Dikesh Maharjan (1989)

Nepal: een staat in overgang

Politieke onrust, economische achteruitgang, en een achtergebleven infrastructuur vormen de voedingsbodem voor socio-economische en politieke veranderingen in Nepal. De economische omstandigheden van een individu zijn van groot belang voor de totale ontwikkeling van dat individu. Daarbij vergroot het de kracht van iemand om zich breed te ontwikkelen. Daarmee wordt een basis gelegd voor een goed functionerende maatschappij.
Nepal is een mooi land. Grote natuurlijke rijkdom en culturele verscheidenheid dragen hieraan bij.

Nepal heeft de beschikking over verscheidene natuurlijke hulpbronnen die de economische ontwikkeling vaart kunnen geven. Waterkracht, toerisme, agrarische industrie, biologisch boeren, natuurvriendelijke vormen van technologie (briketten, biogas), kunst en ambacht enz. vormen de basis waarop Nepal kan floreren. Dus, als de regering een eerste prioriteit kan stellen, daarbij passende plannen en maatregelen kan formuleren en deze kan vertalen in samenhangende acties, dan zal het mogelijk zijn de droom van de Nepalezen die al zolang gekoesterd wordt te realiseren. Bovendien, Nepal zal dan inzien dat er een noodzaak is de socio-economische omstandigheden te verbeteren. Zo zal er een vruchtbare voedingsbodem ontstaan voor andere (aanverwante) sectoren om tot floreren te komen.

Toerisme kan gezien worden als het vooruitzicht van Nepal dat ontwikkeld kan worden, en dat tegen relatief lage kosten. Er is geen hoog ontwikkelde arbeid voor nodig. Men kan genieten van sightseeing. Mensen zijn onder de indruk van het panoramische uitzicht in de bergen. Bungee jumping, raften, kajakken en kanoën behoren allemaal tot de mogelijkheden. Er zijn vele mogelijkheden te realiseren voor het toerisme in dit geografisch gezien kleine land. Tegelijkertijd benadrukt zo'n ontwikkeling dat de natuurlijke hulpbronnen van dit land op een ecologisch vriendelijke manier gebruikt moeten worden. Dat heeft ook gevolgen voor de bouwactiviteiten: duurzaamheid is daar een belangrijk aspect van.

De productiviteit van de landbouw kan verveelvoudigd worden gezien de variatie in klimaat en grondkwaliteit: bergachtig, heuvelachtig en de Tarai regio. Daarbij komt dat biologisch boeren een belangrijker gegeven wordt in Nepal dat ook een steun is voor de landbouwkundige vooruitgang. Biologisch telen is succesvol in Nepal: koffie en thee worden nu al wereldwijd geëxporteerd.
Verder is het verstandig ook de energievoorziening d.m.v. waterkracht te ontwikkelen. Het land biedt veel mogelijkheden en is rijk aan watervoorraden. Deze energiebron is hernieuwbaar en vriendelijk voor de omgeving. En bovendien kan deze energiebron ook voorzien in de behoeften van industrie, landbouw, vastgoed, zakelijke activiteiten en dergelijke. Hydro elektrische energie kan verkocht worden voor buitenlandse deviezen. Er is het voordeel van twee dicht bevolkte buurlanden, die een grote afzetmarkt vormen. Als waterkracht als energiebron goed gaat draaien, dan komt de economische groei in een stroomversnelling.

Kort samengevat: wanneer er geïnvesteerd wordt in toerisme, landbouw en waterkracht dan kan elke Nepalees werk vinden en elk deel van Nepal dat nu nog niet op de kaart staat zal populair worden. Bovengenoemde sectoren zijn van cruciaal belang en de enigen die voor een lange periode belangrijk zullen zijn voor Nepal en winst zullen opleveren. En als dit inderdaad zo zal gaan dan zullen we niet meer in het buitenland hoeven te werken. Om dit te bereiken is politieke en infrastructurele stabiliteit fundamenteel.

(Master of Social Work [MSW]
Profession: Lecturer & Social Researcher)

(zie deel 4: Ouderen. Verouderingsproces en sociale bescherming. Bruggen slaan naar problemen van het premievrije pensioen in Nepal.)

6 Ganesh Budha (1989)

Nepals Perspectief!
Jeugdstrafrecht systeem in Nepal in de praktijk

Het jeugdstrafrecht houdt zich bezig met het het welzijn van degenen die er mee te maken krijgen. Het is gebaseerd op een lang bestaande filosofie van rehabilitatie (meer dat, dan op straffen): dat is een fundamenteel uitgangspunt. Het moderne jeugdstrafrechtsysteem is het resultaat van een wijdverbreide overtuiging dat kinderen anders zijn dan volwassenen en daarom hebben ze een speciale wettelijke bescherming en zorg nodig. Het uiteindelijke doel van de behandeling is om de kinderen te vrijwaren van de nadelige gevolgen van het strafrechtsysteem voor volwassenen en te zorgen voor een meer op hen toegesneden behandeling. Dit gebeurt over de hele wereld zo.
Kinderrechten worden echter op grote schaal geschonden, in tegenspraak met de wet. Dit heeft gevolgen voor de ontwikkeling van die kinderen. Daarom heeft Nepal ingezet op het jeugdstrafrecht.
Het jeugdrecht is in Nepal ingevoerd in het belang van kinderen die in conflict zijn met het recht.
Het doel van mijn onderzoek is helder te krijgen wat de feitelijke toestand is van het jeugdstrafrecht systeem in Nepal. De gegevens werden verkregen uit primaire en secundaire bronnen. De primaire gegevens werden verkregen via kinderen die een conflict hebben met de wet en sleutelfiguren in het jeugdstrafrecht. De kinderen die een conflict hadden leefden in een van de twaalf districten waar het jeugdstrafrecht functioneert. Zij verblijven in het tuchthuis van de staat in Bhaktapur.
De bevindingen laten zien dat de jeugdkamer van de rechtbank zich niet bezig houdt met de zaken van de kinderen wanneer er volwassenen bij betrokken zijn. De kinderen wordt in die gevallen geen recht gedaan. Hun zaak wordt behandeld volgens het strafrecht voor volwassenen. In de rechtbank wordt er maar een keer per week zitting gehouden voor jongeren: dat verlengt de procesperiode. De verlengde procesperiode voor kinderen is zorgelijk vanwege de gevolgen voor de ontwikkeling van deze kinderen in meerdere opzichten. Het gebrek

aan jeugddetentieplaatsen leidt er zelfs toe dat er kinderen in hechtenis blijven op het politiebureau of in de gevangenis.
De bevindingen laten zien dat er behoefte is aan beleid voor het jeugdstrafrecht. Ten gevolge van het ontbreken van beleid lijken alle genomen maatregelen en ingevoerde processen in het jeugdstrafrecht ineffectief. Er is dus behoefte aan beleid met betrekking tot het jeugd strafrecht. De andere opgave waar iets aan gedaan moet worden om tot een goede uitvoeringspraktijk te komen bestaat uit het formuleren van goede doelen, opleiding en motivatie bij degenen die binnen het systeem een rol vervullen. De betrokkenen zullen het belang van een kindgerichte benadering alleen inzien wanneer ze daartoe gericht opgeleid worden. Het is een urgente aangelegenheid, blijkt uit dit onderzoek.

Het is meer dan tien jaar geleden dat de rechten van het Kind door de Verenigde Naties van kracht werden verklaard. Ondanks dat en het uitgebreide internationale netwerk dat toezicht houdt op de toepassing van het jeugdstrafrecht en ondersteuning van kinderen die in conflict komen met de wet, is er nog steeds een groot tekort aan toezicht van deze netwerken op nationale en lokale beleidsplannen en programma's. De ervaringen van de kinderen maken dit duidelijk. (Save the Children UK, 2005).
Het jeugdstrafrecht – in het verlengde daarvan de kinderrechten in het algemeen – is een wereldwijde aangelegenheid. Het is een onderwerp dat de aandacht heeft van wereldleiders en internationale organisaties sinds tientallen jaren. Gedurende de laatste 25 jaar van de twintigste eeuw hebben politieke leiders, regeringen, uitvoerenden en Non Gouvernementele Organisaties (NGO's) een internationale blauwdruk ontwikkeld voor het jeugdrecht. De nieuwe aanpak zorgde voor veel aandacht voor de bijzondere behoeften van jongeren in de gehele wereld. Deze wereldwijde aanpak was nuttig voor experts om hun ervaringen en bevindingen te delen, maar ook liet het een verontrustend feit zien: namelijk dat veel kinderen op deze wereld ernstig verwaarloosd en mishandeld worden, en jeugdig wangedrag vaak voorkomt bij jongeren die opgroeien in een kind-vijandige omgeving. (Gus, 2005).
Zorg over het schenden van kinderrechten in de huidige wereld is groeiende. Het beleid en de uitvoeringspraktijk met betrekking tot het jeugdstrafrecht behoren tot de terreinen waarop zeer vaak kritiek geuit wordt door het Comité voor de Kinderrechten, het orgaan dat verantwoordelijk is voor het monitoren van de uitvoering van de besluiten

van de United Nations Convention on the Rights of Children (UNCRC) (Thapa, 2009).

Wat Zuid Azië betreft: daar heeft elk land wel een vorm van aparte procedures voor kinderen die betrokken zijn bij het uitvoeren van misdaden, maar tot op heden is er geen land in deze regio dat een geheel op kinderen ingericht systeem heeft die in conflict geraakt zijn met de wet, dat garandeert dat deze kinderen in elke processtap anders behandeld worden dan volwassenen. In de meeste landen zijn er wel wat stappen gezet in de richting van gespecialiseerde jeugdpolitie eenheden of het invoeren van speciale procedures bij het arresteren van kinderen, alsook van aparte procedures in de rechtbank. Maar: de invoering van deze speciale maatregelen ter bescherming van jeugdigen is absoluut niet alom de regel. Het komt voor dat kinderen nog steeds onderworpen zijn aan willekeurige arrestatie door de politie vanwege landlopen, prostitutie of andere vergrijpen tegen de openbare orde. En klachten over mishandeling van kinderen door de politie blijven bestaan. Met uitzondering van de Malediven en in mindere mate Afghanistan moet het concept van alternatieve straffen en herstellend recht nog wortel schieten in zuid Azië. In het algemeen is er onvoldoende gedaan, noch in de wetgeving, noch in de praktijk, aan de introductie van alternatieven voor het formele justitiële systeem of aan de verandering van het fundamenteel vrijheidsberovende karakter van het gehele jeugdstrafrecht. Op dit moment eindigen de meeste kinderen die in conflict komen met de wet in hechtenis, gevangenissen, heropvoedingsinstituten voor kinderen of onderkomens voor daklozen. Op elk moment in het strafproces is opsluiting de gemakkelijkste oplossing, en zelfs wanneer er alternatieve mogelijkheden in theorie bestaan dan zijn de procedures en infrastructuur die nodig zijn voor het uitvoeren van die alternatieven onvoldoende ontwikkeld. Er zijn belangrijke aanpassingen nodig in de hele regio om tot overeenstemming te komen met de richtlijnen van de UNCRC en UN (UNICEF, 2006).

Nepal is lid van de UCRC en van het merendeel van andere internationale en regionale Mensenrechten instituten die zich richten op de rechten van het kind in het algemeen, en op de rechten van het kind dat in conflict is geraakt met de wet in het bijzonder. Met de Kinderwet, in 1992 door Nepal ingevoerd is het wetgevende kader geschapen na de ratificatie van het verdrag van de UNCRC in 1990 waarmee de deelnemende staten aan de UNCRC zich verplichten de verantwoordelijkhe-

den ten aanzien van de bescherming van de rechten van het kind na te leven.
Deze Kinderwet bevatte ook enkele voorzieningen voor het beschermen van de rechten van kinderen die in conflict zijn geraakt met de wet. Maar er bestaan nog steeds schendingen van de rechten van het kind omdat er gaten bestaan in de invoering van wetgevende maatregelen en het wetgevende kader ontoereikend is om de rechten van het kind voldoende te beschermen en te bevorderen.
Nepal heeft op dit moment geen veelomvattend jeugdrechtssysteem. Ondanks het bestaan van de Kinderwet uit 1992 die een kader biedt om procedures in de omgang met kinderen in conflict met de wet en kinderen die bescherming behoeven te regelen, is de wet maar gedeeltelijk ingevoerd in de praktijk. Kinderen worden niet systematisch gescheiden gehouden van volwassenen gedurende alle proces stappen, en het jeugdrecht wordt niet gezien als een geheel afgescheiden en zelfstandig systeem. (UNICEF, 2006).

Ik concludeer dat Nepal een ondertekenaar is van verschillende internationale standaarden en verklaringen. Om de algemene ontwikkeling van kinderen die in conflict zijn geraakt met de wet te waarborgen zijn er ook nationale standaarden vastgesteld. De jeugdrechtspraak is in een opstartfase en de uitvoeringspraktijk in trage beweging.
De leeftijd van kinderen in conflict met de wet waarop ze verantwoordelijk gehouden kunnen worden voor de wet, is in overeenstemming met internationale en andere standaarden.
Volgens internationale standaarden hoort de omgeving gedurende een justitieel onderzoek kindvriendelijk te zijn vanwege de algemene ontwikkeling van kinderen die in conflict zijn geraakt met de wet. Maar het jeugdrechtsysteem van Nepal is niet in staat om gedurende het justitiële onderzoek een kindvriendelijke omgeving te garanderen. Het politionele subsysteem is niet in staat een kindvriendelijke omgeving te realiseren. De kinderen worden inhumaan en gewelddadig behandeld gedurende het onderzoek. De politie is ook niet in staat de standaarden, regels en procedures te volgen die ingevoerd zijn ten bate van kinderen die in conflict zijn geraakt met de wet, waaruit de ineffectiviteit van de jeugdrechtspraak blijkt.
Het gescheiden houden van de kinderen van volwassenen en ze niet in bewaring nemen is van groot belang in een jeugdrecht systeem, maar er worden nog veel kinderen in bewaring genomen en ook nog met vol-

wassenen samen. Detentie is niet het laatste redmiddel in de Nepalese context wat het wel zou moeten zijn volgens internationale standaarden.

De jeugdkamer van een rechtbank komt bijna niet in aktie in Nepal. De jeugdkamer is dan ook niet effectief in het ervoor zorgen dat alle kinderen recht gedaan wordt. De jeugdkamer heeft geen rol wanneer er in het proces ook volwassenen betrokken zijn. En zo worden deze kinderen onderworpen aan het strafrecht voor volwassenen. Dus heel veel kinderen wordt geen recht gedaan. De jeugdkamer kan er dan ook niet voor zorgen dat het 'concept van jeugdrecht' uitgevoerd wordt. Ook is de jeugdkamer niet in staat er voor te zorgen dat zittingen achter gesloten deuren plaatsvinden. Dat is een belangrijk uitgangspunt om zaken vertrouwelijk te kunnen behandelen zonder dat dit invloed heeft op de ontwikkeling van het kind of op zijn toekomst.

De lange procesduur heeft er ook toe geleid dat veel kinderen een lange tijd opgesloten worden in een politiecel. Ten gevolge van deze lange periode van opsluiten heeft het kind niet alleen te maken met de omgeving van een politiecel, maar er is ook sprake van psychologische druk en angst van de kinderen over hoe het vonnis zal luiden.

Er is gebrek aan toezicht door de bevoegde instanties op de diverse onderdelen van het jeugdrechtsysteem om helder te krijgen of de voorschriften en procedures die bestaan wel gevolgd worden. De enige jeugdgevangenis in Nepal voldoet niet aan de standaarden en de kinderen zijn daar verstoken van de voorzieningen die een jeugdgevangenis zou moeten hebben.

De mogelijkheid van taakstraffen wordt niet gepraktiseerd in Nepal. Dat is een van de redenen dat het jeugdstrafrecht systeem niet goed functioneert. Terwijl andere landen er wel in geslaagd zijn om via het systeem van bijvoorbeeld taakstraffen kinderen die in conflict zijn geraakt met de wet in verschillende omstandigheden via een alternatieve weg tot resocialisatie te brengen.

Humane journalistiek en maatschappelijk werkers hebben een verantwoordelijkheid voor het jeugdstrafrecht in Nepal. Nepal staat nog aan het begin en doet het nog niet beter wat betreft het jeugdstrafrecht. Maatschappelijk werkers hebben de taak om goede burgers te vormen uit de jeugdige delinquenten en achtergestelde kinderen. Zij worden genoemd in de jeugdstrafrecht wet, 2063. We hebben veel verantwoordelijkheden voor de kinderen die in conflict zijn geraakt met de wet in Nepal. (CICL: children in conflict with the law). Als beschaafde burgers

in een geglobaliseerde wereld zijn we verantwoordelijk voor behoeftige kinderen. Het jeugdstrafrecht systeem in Nepal is zwak. De jeugdstrafrecht wet, 2063 kan niet voldoen aan de eisen van de UNCRC vanwege het gebrek aan middelen in Nepal. Dus; kinderen die in conflict zijn geraakt met de wet verkeren in een crisis met betrekking tot hun rechten, noden, sociale integratie, levensonderhoud en welzijn. Zij worden geconfronteerd met grote problemen. The United Nations Convention on The Rights of the Child 1989 hebben heropvoedingsmethoden ter beschikking, maar Nepal onderneemt te weinig om deze methoden toe te passen. Kinderen leiden een erg moeilijk bestaan in de gevangenis of in een jeugdgevangenis. Zij hebben geen toekomst. Zij zouden moeten studeren, sociale vaardigheden leren, voorbereid moeten worden op hun toekomst. Maar zij hebben geen toekomst om van te dromen. Zij hebben zich tot de maatschappij gewend, maar de maatschappij doet niets in positieve zin voor hen. Het resultaat is dat zij opnieuw misdaden begaan. De meeste van hen hebben onder zeer armoedige omstandigheden geleefd. Zij hebben geen andere optie dan de misdaad. Straatkinderen begaan misdaden omdat er voor hen geen andere mogelijkheid is. Armoede is de echte veroorzaker van misdaad in Nepal. Als een wereldburger en sociaal werker doe ik een beroep op alle beschaafde mensen om deze kinderen te ondersteunen. Op zijn minst kunnen we met uw steun voldoen aan de standaarden van de UNCRC, 1989. We kunnen een toekomst maken voor deze kinderen.
CICL's zijn betrokken bij illegale en immorele activiteiten. Daarbij leren ze veel van films: geweld, moord, roof, verkrachting, en andere negatieve activiteiten. Die films zijn niet verboden voor kinderen en ze zijn niet kindvriendelijk. Kinderen kunnen er niets positiefs uit halen.
De risico factoren voor CICL's zijn de volgende:

- de maatschappij biedt geen mogelijkheid tot resocialisatie,
- gebrek aan vaardigheden en opleiding, werkloosheidsprobleem,
- onzeker en angstig leven, geen bestaanszekerheid,
- groepsdruk die leidt tot hernieuwd crimineel gedrag.

CICL's hebben geen toekomst omdat ze langere tijd verblijven in de jeugdgevangenis en daar weinig opleiding krijgen. Zij leven daar als in een gewone gevangenis. Zij leren er meer op het gebied van de misdaad door voorbeeldgedrag van groepsgenoten. Dus als we vorderingen willen maken op het gebied van menselijk gedrag zullen we correctieve methoden moeten gebruiken die ook tegemoet komen aan eisen op het

gebied van het welzijn van de kinderen. Dat moeten we kunnen. In Europa bestaan goede methoden om goede burgers te vormen. CICL's krijgen daar in een gunstige omgeving opleiding, familie ondersteuning, en dat alles gericht op hun toekomst. Daarbij worden de UNCR 1989 minimumstandaarden in acht genomen. In Nepal is er sprake van schelden, slaag, geestelijke marteling, misbruik en ander beschadigend gedrag tegenover deze kinderen. In zo'n omgeving kunnen CICL's hun gedrag, houding en criminele activiteiten niet veranderen.
Het belangrijkste wat er moet gebeuren is het aanpakken van de armoede waarmee deze kinderen te maken hebben. Wanneer de CICL's geen toekomst ervaren, zullen ze in crimineel gedrag blijven hangen. De meeste straatkinderen begaan misdaden. Straatkinderen hebben een heel moeilijk leven. Zij leven op straat, zijn dakloos, en zij zien geen uitweg, geen toekomst. Zij begaan misdaden: diefstal, roof, moord, verkrachting, vechten en zijn betrokken bij illegale activiteiten. Wanneer straatkinderen een opleiding krijgen, beschutting, een huis, liefde, zorg en andere faciliteiten dan stoppen ze met hun criminele gedrag. De meeste CICL's zijn afkomstig van arme families. Zelden zijn ze afkomstig van rijke families. Dus Nepal heeft deze problemen vanwege het bestaan van de armoede. Behoeftige mensen raken makkelijk verzeild in illegale activiteiten. De straatkinderen, de kinderen uit de sloppenwijken, kindarbeiders, dakloze kinderen, kinderen met verslavingsproblemen: zij komen tot illegale activiteiten. CICL's leven onder erbarmelijke omstandigheden in Nepal. Deze kinderen hebben het recht om als kind behandeld te worden en daarom moet er gedurende de procesgang maatschappelijk werk zijn en kinder- psychologische ondersteuning. In de huidige praktijk worden ze alleen als volwassen crimineel behandeld.

Jeugdstrafrecht beleidsveranderingen

De kinderwet, 2063, is door de regering van Nepal ingevoerd, en de regering heeft internationale verdragen getekend die gaan over de rechten van kinderen en jeugdstrafrecht. Maatschappelijke actie kan steun opleveren om de wet door te voeren ten gunste van jeugdigen en jeugd delinquenten.

Opleiding gericht op het jeugdstrafrecht

De studie beveelt sterk aan dat er een samenhangend scholingsprogramma komt dat in heel Nepal doorgevoerd gaat worden. Dit zal alle belanghebbenden en betrokkenen helpen het belang in te zien van het jeugdstrafrecht en dat zal ten goede komen aan de CICL's.

Oprichting van een heropvoedingsinstelling (Correction home)
Uit het onderzoek volgt dat er in alle districten van Nepal een instelling moet komen voor heropvoeding om de kinderen uit hun omgeving te halen en buiten de politionele hechtenis te houden. Deze instellingen moeten vallen onder de supervisie van het District Child Welfare Board (DCWB) van elk district.

Zorg voor Monitoring en Evaluatie
Er moet een voortdurende Monitoring en Evaluatie plaatsvinden van de prestaties van elk deelsysteem van het jeugd strafrechtsysteem.

Jeugdstrafrechtkamer
De studie beveelt ook sterk aan dat de zaken van kinderen waar ook volwassenen bij betrokken zijn behandeld worden door de jeugdstrafrechtkamer. Een andere aanbeveling is dat deze kamer niet slechts een dag per week bijeenkomt voor jeugdzaken. De zaken moeten behandeld worden naar de ernst van de zaak.

Ontwerpen van een jeugdstrafrecht beleid
De regering van Nepal moet samen met belanghebbenden een jeugdstrafrecht beleid ontwerpen. En de regering hoort dit beleid voorrang te geven via een nationaal actieplan.

Gemeenschaps-Heropvoeding
De praktijk van heropvoeding in de gemeenschap moet in dit beleid worden meegenomen. Andere naties hebben voordeel van deze mogelijkheid zoals alternatieve strafvormen en rechtspraak gericht op herstel van de verhoudingen in de gemeenschap. Deze andere aanpak kan ook bijdragen aan het versterken van het jeugdstrafrecht systeem in Nepal.

(Professional social worker, visionary leader for Global movement. Bachelor: Kadambari Memorial college of science and management, Purbanchal University. Master: Tribhuwan University Kathmand)

7 Janak Tamang (1989)

Tamangs en de uitdaging van de moderne tijd

In het kleurrijke aantal culturen en etnische groeperingen van de heterogene bevolking van Nepal, vallen de Tamangs op door hun rijkdom en culturele tradities.
Volgens antropologisch en archeologisch onderzoek, worden de Tamangs tot de oudste bewoners gerekend in het gebied vanaf Mongolië tot aan Tibet en het gehele gebied van de Nepalese Himalaya. Oorspronkelijk komen zij uit het gebied dat ligt te midden van het heuvelachtige en bergachtige gebied van de Kathmandu vallei of nog nauwkeuriger: de zogenaamde 'Tamsaling'. Dit is het gebied tussen de rivier de Budhigandaki en de Liku-rivier. De Tamangs zijn één van de belangrijkste Tibeto-Birmaanse sprekende gemeenschappen. Ze wonen in de districten Rasuwa, Nuwakot, Dhading, Makawanpur, Sindhuli, Ramechhap, Dolakha, Lalitpur, Sindhulpalchok en Kavrepalanchok.
Tegenwoordig echter, wonen zij als gevolg van de toenemende migratiestroom, in heel Nepal maar ook in Birma, Bhutan en de gehele Himalaya-regio van India. Volgens de volkstelling van 2001 wonen er ongeveer 1,3 miljoen Tamangs in Nepal en vormen zij 5,6% van de totale bevolking van Nepal.
Met de vorming van de Nepalese staat en hindoenationalisatie van het land, zijn Tamangs met andere gemeenschappen in de regio geassimileerd, en daardoor steeds in aantal verminderd. Veel land van hen is verloren gegaan aan nieuwe machthebbers in de regio, die dit land weer hebben herverdeeld. In het opgelegde kaste-systeem zijn Tamangs in vrijwel de laagste kaste ingedeeld. De leiders in Kathmandu vonden de positie van de Tamangs te sterk en probeerden deze te verzwakken door hen onder centraal gezag te stellen en hen uit te buiten zodat zij zich niet meer als aparte gemeenschap zouden herstellen. Om aan deze onderdrukking te ontkomen, besloten sommige Tamangs hun naam te veranderen en zich aan te sluiten bij andere kasten en etnische groepen. Het is hierdoor waarschijnlijk dat hun aantal bij de volkstelling

veel hoger is geweest dan de 5,6%.
Traditioneel werd het bestaan van de Tamangs geleid door een lokaal bestuurlijk systeem, genaamd 'Choho'. Volgens dit systeem is er een stamleider, genaamd Choho, gekozen door leden van de gemeenschap welke later met erfelijke opvolging werd gekozen. De leider in deze samenleving heeft de plicht recht te doen en de vrede te handhaven maar ook om de oorlog te verklaren wanneer dit nodig is. Mensen die menen dat zij onterecht zijn behandeld moeten hun recht bij de Choho halen door hem een fles wijn en soms een kop van een geofferd dier te schenken. De Choho vervult meerdere rollen in een Tamang gemeenschap, waaronder die van bewindvoerder, rechterlijke macht en spiritueel leider. Suhil Tamang, een leraar van de school voor basisonderwijs in Dhunche, is van mening dat 'een dergelijk rechtssysteem democratischer, sneller, goedkoper en duurzamer was. Het was een model voor democratie, autonomie en zelfbestuur.'
Het Choho-systeem werd echter afgeschaft door de hindoeïstische machthebbers, maar was nog vele jaren een manier waarop sommige kleine dorpen zich organiseerden. Sommige kenmerken zijn nog steeds in de samenleving te herkennen.
Traditioneel was de Choho de enige leider in de Tamang samenleving, en werden de machtsposities verdeeld onder mensen met zeer afgebakende functies en bekwaamheden. Andere belangrijke leiders in de Tamang samenleving zijn de Tamba, Ganba, Labonbo, Bombo en Lama, maar alleen de laatste twee spelen tegenwoordig nog een rol van betekenis.
De Lama's houden zich bezig met alle boeddhistische activiteiten, maar de grootste spirituele rol is die van de Bombo. Hij heeft de rol van de traditionele sjamaan die begiftigd is met goddelijke inspiratie en krachten. Zijn taak is het met het zingen van mantra's, bellen te luiden en wierook te branden, mensen met zijn kracht te genezen. Volgens Tamang sjamanistische traditie is de oorsprong van alle pijn de zogenaamde 'Gos', een kwade kracht die de mensen binnenkomt.
De Lama's zijn bijzonder van belang bij de uitvoering van religieuze rituelen, met name de Ghewa: het ritueel rond de dood. Dit is een reeks van rituelen die na de dood van iemand wordt uitgevoerd en waarbij wordt geloofd dat het uitvoeren de redding vormt van de overleden persoon. De Ghewa vindt plaats in een periode variërend van één tot drie dagen waarin de familie alle bekenden uitnodigt om deel te nemen in de ceremonie.

Ghewa worden beëindigd op de 49e dag na iemands dood. Op het ritme van trompetten en het rinkelen van bellen brengen mensen fruit en ander voedsel en zelfs geld op de crematieplaats waarop de as van overledene ligt. Zoals bij een processie, bidt de Lama en loopt hij rond de crematieplaats. Slechts een paar dragen daarbij nog een masker die de verschillende gedaanten van God voorstelt of de gedaante van demonen die de geest van de overledene een verkeerde richting willen insturen. De ceremonie wordt opgevrolijkt door de rol van de joker, die zowel de aanwezigen als de dode geest vermaakt, terwijl hij geld inzamelt voor de familie van de overledene. De mensen geloven niet dat de geest van de dode zonder het voedsel en geld van de ceremonie kan reïncarneren. Volgens Tamang overleveringen vertrekt de ziel naar het paradijs of de hel. Daar blijft hij voor een onbepaalde periode voordat hij terugkeert naar de aardse wereld als mens, als hij terugkomt uit het paradijs of als een dier, als hij terugkomt vanuit de hel. Als de Ghewa met succes en juist is uitgevoerd, kunnen mensen onmiddellijk en rechtstreeks reïncarneren. Interessant is het dat je ziet dat de Tamang het Ghewa ritueel een sociaal gebeuren kan worden, waar stelletjes worden gevormd om met elkaar te trouwen.

De Tamangs zijn volgelingen van de Tibetaans boeddhistische Nyingmaschool, de oudste van de vier scholen[1]. Hun traditionele sjamanisme en het al eeuwenoude volgen van de tantrische Boeddhistische school van Bön[2], verklaart hoe belangrijk voor hen het geloof in de kracht van de natuur is. Het leven van de Tamang is rechtstreeks verbonden met de natuur. Ze hebben nooit geprobeerd om zich boven de natuur te stellen, maar altijd een manier gevonden om hiermee in harmonie te leven. De aarde is als een moeder voor hen, en dient te worden gerespecteerd, met de gedachte dat de mens slechts een deel van het ecosysteem is. De Tamang gelooft dat elke natuurlijke bron, zoals het bos, de bomen, de stenen, de aarde en het water een intrinsieke betekenis heeft. Over elk van deze elementen hebben de Tamangs een verhaal. De zon, genaamd Dini, is de belangrijkste bron en de moeder van alle bij de Tamang aanwezige kennis.

Karsenam is een 66-jaar oude Bombo die in de bergen van Langtang[3] woont. Zijn vader, grootvader en al zijn voorouders waren ook Bombo's. Hun mystieke krachten zijn met de generaties steeds sterker geworden. Alleen een zoon van een Bombo kan de krachten van zijn

vader ontvangen. Karsenam reist dorpen af om de 'Gos' uit te bannen, de boze geest die wordt verondersteld de oorzaak te zijn van het lijden van de meeste mensen.
Als hij als Bombo optreedt draagt hij traditionele kleding, met belletjes die al zijn bewegingen laat horen en zijn komst aankondigt op weg naar hen die in de ban van 'Gos' zijn. Hij geneest mensen met een speciale ceremonie: met het zingen van mantra's, roken van wierook en het tikken op bellen. Niet iedereen die hij behandelt wordt genezen, soms moet hij mensen in acute gevallen naar het ziekenhuis sturen. Dat is niet eenvoudig voor degenen die in bergachtige gebieden wonen. Karsenam leeft van wat hij zelf verbouwt en van de inkomsten die hij heeft van een klein appartement.
Hij wordt door de mensen niet voor zijn diensten als Bombo betaald maar hij accepteert soms wel giften. Alle Tamang Bombo's hebben een goeroe, die beschouwd wordt als een soort super Bombo, welke over een nog grotere spiritualiteit beschikt. Een andere Bombo in Tatopani [4]) is Tabcha Lama. Hij heeft twee zonen, maar geen van hen is geïnteresseerd om zijn spirituele krachten over te nemen. Zij geven er de voorkeur aan een regulier leven te leiden in het hedendaagse Kathmandu. Op zo'n manier verdwijnt er een groot stuk Tamang traditie.
De impact van het moderne leven en de toegankelijkheid van inheemse gebieden zijn de grootste bedreigingen van oude culturele Tamang tradities. De jonge generaties wordt steeds meer aangetrokken door de mogelijkheden die steden zoals Kathmandu, of zelfs New Delhi, hen bieden. Veel mannen uit een gezin zoeken werk buiten Nepal, om geld te kunnen verdienen waarmee ze hun gezin thuis kunnen onderhouden. Een groeiend aantal mannen vertrekt naar één van de Golfstaten om daar in de bouw te werken, met contracten die 20 maanden duren en zij niet thuiskomen om hun familie te bezoeken.

De drie belangrijke religies: hindoeïsme, boeddhisme en toerisme.
'Ik heb mijn vader al een jaar niet meer gezien ' vertelt me een klein meisje, in de bus van Dhunche naar Chillime, de laatste stad die nog bereikbaar is met het openbaar vervoer in de bergen van Ladakh. Het enige alternatief die de mensen hebben voor vertrek naar het buitenland is om in het bergachtige gebied de kost te verdienen met het houden van wat dieren en het toerisme. Er is een populair gezegde in Nepal dat zegt dat het land drie belangrijke religies kent: hindoeïsme, boeddhisme en toerisme. Met de intentieverklaring de economie te

stimuleren voor de mensen die in de meest afgelegen gebieden wonen, is de 'Tamang erfgoed trail' ontstaan. Het voert toeristen langs een pad door de traditionele Tamang dorpen. Het gevolg hiervan is dat de meeste families bedrijfjes aan huis hebben en het aantal pensions zich sterk heeft uitgebreid. In één van de dorpen van Thulo Shiabru, met ongeveer 40 huizen, zijn meer dan 20 huizen omgebouwd tot lodges. Het toerisme heeft een aantal Tamang gemeenschappen gezondheidszorg, onderwijs en elektriciteit gebracht, maar over het algemeen heeft het een verwoestende werking voor het lokale milieu. Grote delen van de bossen zijn verwoest door brand om nieuwe pensions voor toeristen te kunnen bouwen. Als gevolg daarvan, wordt de Himalayavallei door de moessons totaal verwoest. Ontbossing is één van de belangrijkste oorzaken van de aardverschuivingen die jaarlijks de prachtige bergen van Ladakh teisteren. Bovendien brengt een veranderend klimaat in de berggebieden de productie van de toch al schamele landbouw in gevaar. De opbrengsten zijn gedaald. De neerslag in de laatste decennia is steeds meer onvoorspelbaar geworden en na periodes van zware regenval volgen perioden van droogte.
Modernisering en globalisering sinds de oprichting van de Nepalese staat hebben de Tamangs niet veel goeds gebracht. In 1992 schreef Parshuram Tamang, die toen het hoofd van de Tamangs was, het artikel 'Tamangs Under the Shadow', waarin de Tamangs 50% van alle kruiers – vrijwel alle riksjatrekkers – en degenen met de minste baantjes in het trekking toerisme zijn. De vrouwen zijn kwetsbaar en kunnen makkelijk worden misbruikt, zij komen in grote aantallen als prostituee en als danseres in de nachtclubs van Kathmandu terecht. Aan de andere kant geven de recente ontwikkelingen de nieuwe Tamang generatie de mogelijkheid zich opnieuw als Tamang te profileren. Op zowel persoonlijk als lokaal niveau dienen zich nieuwe mogelijkheden aan om hier invloed op uit te oefenen. Onder invloed van de democratische bewegingen in Nepal, heeft de etnische identiteit zich een plaats verworven in de nationale politieke organisatie. De Tamangs zijn in de totstandkoming daarvan een sterke partij geweest. De jongere generatie die niet meer in de culture tradities is opgegroeid zijn weer geïnteresseerd geraakt hoe hun cultuur is ontstaan en ontdekken waar zij van afstammen waardoor weer een gevoel van saamhorigheid te ontstaat.

(*Universal College, Maitidevi-Kathmandu Universal College, Maitidevi-Kathmandu English Literature*)

1 Wikipedia: De Nyingma is de oudste traditie binnen het Tibetaans boeddhisme. Het is een van de *vijf* hoofdscholen binnen het Tibetaans boeddhisme. De andere vier zijn Kagyü, Sakya, Gelug en Jonang.

2 Wikipedia: De Bön is een vorm van boeddhisme die is ontstaan naast en onderscheiden moet worden van alle vormen van het Tibetaans boeddhisme.

3 Regio in Nepal ten noorden van Kathmandu en aan de grens met Tibet

4 Tatopani is een dorp in Sindhulpalchok district in de Bagmati zone. Het ligt tegen de grens van Tibet.

8 Nalindra Nyaupane (1989) and Rita Nyuaupane -Ghimire (1995)

Een nieuwe generatie in Nepal

Een nieuwe generatie moet Nepal nu veranderen en ontwikkelen. De jeugd is de opdrachtgever om Nepal te ontwikkelen naar de toekomst, maar niet alle jeugd is verenigd, zij zijn verdeeld of wonen in verschillende delen, dus deze situatie is niet goed voor hun land.
In gedachten is de jeugd plannen aan het maken om hun land te ontwikkelen, maar die gedachten geven hun geen oplossing hoe ze dat moeten doen.
In de huidige situatie van Nepal, kan de jeugd geen banen vinden die passen bij hun vaardigheden. Daarom werken ze hard in het buitenland of studeren en ontwikkelen hun vaardigheden verder.
Er is veel gecultiveerd land in Nepal, maar het is niet klaar om te bewerken.
Op iedere plaats en in iedere sector zijn banen nodig. Maar eerst moeten de jongeren wachten of ze geselecteerd en gekozen worden voor een baan en tot die tijd kunnen ze niet plannen wat ze willen doen.
In elke sector willen jongeren werk met gelijke kansen.
Iedereen wil een veilig en zeker leven en alle jeugd wil zijn persoonlijke vrijheid om de baan te vinden die past bij zijn vaardigheden.

Study Sanjiwani Collage, Dhulikhel, bachelor.English language. (Rita)
Farmer (Nalindra)

9 Pema Gyalsten Gurung (1991)

Onderwijs is de oplossing om armoede te verslaan

Hoog in de Himalaya, op een zeer afgelegen plek in een primitief dorp, Dolpa genoemd, werd ik geboren in het westelijk deel van Nepal, waar de mensen leven als nomaden. Het is zeer moeilijk daar te overleven en je kunt het niet vergelijken met het leven in de stad. Mijn ouders zijn erg arm en leven nog steeds daar hoog in de bergen.
Vanwege armoede en ziekte waren mijn ouders gedwongen mij naar de hoofdstad Kathmandu te brengen voor een behandeling in een van de minst dure ziekenhuizen. Toen zij de kosten van de medicijnen niet konden betalen, moesten ze gaan bedelen op straat. Maar het heeft niet zo lang geduurd tot zij het kindertehuis ROKPA ontdekten. (ROKPA betekent 'HELP' in het Tibetaans). ROKPA is een internationaal NGO die de meest kansarme mensen in Nepal helpt.
Ik heb veertien jaar van mijn kindertijd doorgebracht in dat kindertehuis waar goed voor mij werd gezorgd en ik woonde er met vijftig andere 'broers en zussen'.
Elke keer als ik de kans krijg om over mijzelf te praten, voel ik me erg blij het doen en laten van ROKPA uit te dragen, in de hoop dat zo ook andere kinderen geholpen kunnen worden naar een betere toekomst.
In 2010 heb ik mijn Highschool afgemaakt en ik was van plan naar een College te gaan om mijn studie voort te zetten. In datzelfde jaar waren mijn ouders ook in Kathmandu om mij te bezoeken zoals ze elke winter deden. Niettemin kwamen ze deze keer met een onverwacht bericht. Als enige zoon van de familie moest ik een lokaal meisje trouwen en voor het land in het dorp gaan zorgen. Maar ik wilde verder studeren en carrière maken en mijn dromen achterna gaan. Onze pogingen ten spijt slaagden we er niet in tot wederzijds begrip te komen, met als resultaat dat het een groot knelpunt werd tussen mijn ouders en mij.

Ik voelde me onder druk gezet en ook schuldig omdat ik niet kon beantwoorden aan de verwachtingen van mijn ouders.
Ik hield altijd contact met mijn zus die geadopteerd is en in Nederland woont sinds haar zesde jaar. Gelukkig bood haar adoptiemoeder mij de gelegenheid om in Nederland te komen studeren, toen ze hoorde van de druk van mijn ouders op mij om te trouwen en om zo aan de huwelijksstress en mijn schuldgevoel te ontkomen. Ik ben altijd nog zeer dankbaar voor wat zij voor mij heeft gedaan. Al bijna vijf jaar lang woon en studeer ik nu in Nederland. Op het ogenblik zit ik in mijn laatste jaar van mijn Bachelor Business Administration in Tourism Management.
Na de voltooiing van mijn studie, hoop ik een vaste baan te vinden en een lange tijd in Nederland te blijven. De reden waarom ik in Nederland wil blijven is, dat ik geloof dat dit de beste manier is om mijn ouders en zussen te steunen en met het sturen van geld ze een comfortabelder en voorspoedig leven in Nepal te geven.
Behalve de ondersteuning van mijn ouders, wil ik een maatschappelijke activist zijn om het onderwijs- en gezondheidssysteem in mijn geboorteplaats, Upper Dolpa, hoog in de Himalaya, te verbeteren. Ik geloof sterk dat onderwijs de oplossing is om armoede te verslaan. Ik wil me sterk maken voor dit geloof en proberen het in de nabije toekomst voor mijn land in praktijk te brengen.

(Bachelor Tourism Management, SAXION Hospitality Business School of Applied Sciences in the Netherlands .
Volgt studie master in tourism destination management bij NHTV, Breda)

10 Pradeep Raj Giri (1987)

Een kennismaking met Nepal

Ik twijfel er over hoe ik mijn land zal voorstellen, misschien als het trotse land waar Boeddha geboren werd; het land dat ongeveer dertig jaar geleden in de wereld bekend stond als symbool van vrede. Of misschien als een land dat al meer dan 10 jaar in de slechtste staat ooit verkeert en waar vrede negen jaar na aanvang van het vredesproces ver te zoeken is.
Voor mij is het voorstellen van mijn land een uitdaging. Hoewel je op dit moment zou kunnen denken dat er zo veel manieren zijn om Nepal te introduceren wil ik het anders aanpakken. Ik wil mijn land voorstellen zoals het hier nu is, met de dingen zoals die de laatste tijd in het nieuws waren zodat het me er aan helpt denken dat er nog steeds zoveel is dat er moet gebeuren.

Het land Nepal is de wereld bekend door de hoogste berg ter wereld, de Mt. Everest en de geboorteplaats van Boeddha. Maar in de laatste jaren is het ook bekend geworden als een land dat al jaren geteisterd word door gewapende conflicten.
Het is een land waar de *Constitutional Assembly Election* in 2013 voor de tweede keer moest worden gehouden omdat de eerste geen nieuwe grondwet kon voortbrengen. Persoonlijk zou ik er de voorkeur aan hebben gegeven de *Constitutional Assembly Election* desnoods nog 8 jaar langer te laten duren, als dat er toe zou leiden dat de CA-leden zich zouden focussen op het schrijven van de grondwet. Maar het lijkt er nu toch op dat we binnenkort weer een nieuwe grondwet zullen krijgen, hoewel de vraag open blijft of het gericht zal zijn op de mensen of op hun leiders.
Nepal is een land waar politieke leiders de hulpgoederen bedoeld voor de slachtoffers van de aardbeving voor hun eigen gerief gebruiken. Het is een land waarvan de leiders eerst aan zichtzelf denken en dan pas aan hun mensen.
Het is een land waarvan de leiders naar het buitenland gaan voor ge-

zondheidsbehandelingen maar de mensen vergeten die het volledig zonder toegang tot gezondheidsinstellingen moeten stellen. Als mensen hun weg al vinden naar het ziekenhuis is dat vaak om er achter te komen dat deze is gesloten omdat er een doorlopende staking aan de gang is.
Het is een land waarvan studenten een hele bibliotheek afbranden om persoonlijke meningsverschillen. Een bibliotheek die in 1990 volledig werd vernield en waarbij zo'n 2000 boeken en een grote hoeveelheid scripties tot as vergingen. Studenten die ook niet aarzelen om het vuur te openen om een geschil over een bod voor de bouw van een campusgebouw.
Het is een land waarvan de ouders van een vermoorde zoon in hongerstaking moeten voordat er een rechtszaak komt tegen de schuldige. Ze vastten 47 dagen en stopten pas na de garantie van de overheidsvertegenwoordiger dat de zaak zou worden onderzocht. Helaas moesten ze hun staking later, na bijna een jaar te hebben gewacht waarin niets wat beloofd was gebeurde, hervatten. Hierbij overleed de vader.
Het is een land waar een persoon gevangen gehouden wordt voor het slaan van een politieke leider. Maar waarbij dezelfde zogenaamde leiders onaangedaan lijken als personen de verantwoordelijkheid nemen voor terroristische aanslagen, gooien van petroleum bommen in publieke vervoermiddelen en dreigen niet deel te nemen aan de verkiezingen.
Het is een land waar mensen niet aan de rechterkant of aan de linkerkant van de weg rijden, we rijden letterlijk overal. Mensen dragen helmen op hun motoren en autogordels, niet voor de veiligheid maar om verkeersboetes te voorkomen. Als er een dag niet bekeurd zou worden weet ik zeker dat 99% van ons helm- en gordelloos zouden rijden..
Ik kom uit een land dat zich uitsluitend mooi aankleed als er hoogwaardigheidsbezoekers op visite zijn. De kuilen in de wegen worden dan opgevuld, straten worden geveegd, gebouwen gerepareerd, bloemen langs de kanten van de weg geplant enzovoort. Het lijkt wel alsof we zelf van een niet schoon land houden. Ik zou willen dat we zulk hoog bezoek maandelijks hadden!

Met het introduceren van mijn land aan de hand van bovenstaande incidenten en situaties probeer ik de positieve dingen die in Nepal gebeuren niet te ondermijnen. Ik ben me er sterk van bewust dat er een aantal positieve acties gaande zijn ondanks alle uitdagingen waarmee we te maken hebben. Maar door mezelf aan de negatieve punten te herinneren zet ik mezelf aan het denken over alle dingen die ik kan doen om het beter te maken.

(Masters in Conflict, Peace and Development Studies Tribhuvan University, Nepal and University of Ruhuna, Sri Lanka)

11 Prakash Pandey (1988)

Het leven betekent

Het leven betekent verschillende dingen voor verschillende mensen. Toen ik ging zitten om dit artikel te schrijven, overpeinsde ik een tijdje hoe ik zou beginnen. Ik heb nog nooit iets over mezelf geschreven. Het voelde vreemd aan omdat ik altijd degene ben geweest die voortdurend over het leven nadenkt. Denken over het leven en de mysteries ervan zijn een groot deel van mijn bestaan geweest net als rechtvaardig zijn. Maar soms was ik de betekenis van rechtvaardigheid aan het verliezen wanneer ik de toestand in de wereld bekijk.

Ik ben als tweede kind in een heel arm gezin geboren. Ik moest vechten voor elk stukje plezier dat gemakkelijk aan anderen werd verschaft. Wanneer ik terugkijk, zie ik me staren naar het volle bord eten dat indrukwekkend voor andere kinderen werd neergezet, terwijl het mijne leeg was. Oude, gescheurde kleren; vele keren dichtgenaaid werden overschaduwd door de elegante kleren van de kinderen van de buren. Zelfs nu nog maken deze levendige beelden mij weer emotioneel.

Wij waren een gezin van vijf personen; vader, moeder, oudere zus, jongere broer en ik en we hadden nooit dat gevoel van geluk gekend. Wij waren somber en triest. Vijf mensen gepropt in één kamer die ook een keuken, slaapkamer en studeerkamer was. Het was voor ons de enige keuze. Hoewel ik klein was, kon ik doorzien dat dit niet juist was. Mijn moeder was pas 19 jaar oud toen zij trouwde met een man die 18 jaar ouder was. Dit huwelijk was door mijn vader geregeld, dus had zij er niets over te zeggen. Mijn vader, een man van bijna 40 jaar oud, had geen geweten. Hij was een dronkaard en een gokker. Wij werden door hem misbruikt, werden vaak geslagen voor onze fouten. Al zijn dagen bracht hij door met gokken en de avonden werden gevuld met drank. We hadden altijd te weinig eten en kleren. Speelgoed, vakanties, feesten waren gewoon vergezochte weelde. Met het minimale inkomen van mijn moeder overleefden we de dag.

Mijn zus kreeg de kans op school aan een studieproject Spaans mee te doen. Mijn kans om onderwijs te krijgen was heel klein aangezien het beleid bij dat project was dat per gezin slechts één student zich kon inschrijven. Mijn zus, omdat die ouder was, werd ingeschreven. Ik keek

toen altijd vol ontzetting toe als zij naar school ging. Vaak ging ik naar haar school en zag dan met verbazing dat al die kinderen eten hadden en met hun speelgoed speelden. Vele keren kwam ik dan heel verdrietig thuis.
Het was in die speciale zomer, ik was toen pas 8 jaar oud, dat het leven besloot mij te testen. Of was het alleen maar een werkelijk tragische grap? Ik kreeg een verkeersongeluk en verloor mijn linkerbeen. Volgens de herinnering van mijn moeder was mijn eerste vraag na drie dagen in coma: 'waar is mijn been?' Vele maanden gingen voorbij en het waren gewoonweg donkere tijden. Ik had mijn kinderjaren verloren waarin ik zou spelen, rennen als een normaal kind.
Die goedaardige Spaanse mensen konden mijn toestand gewoonweg niet negeren, dus besloten zij uiteindelijk om mij voor hun school in te schrijven. Als zij dat niet gedaan hadden, zou ik nooit de kans hebben gehad naar school te gaan. Ik liep toen altijd op mijn krukken helemaal naar school. De mensen keken naar mij alsof ik geen mens was en plaagden mij veel. Hoewel naar school gaan mijn grootste wens was, kon ik niet goed presteren. Het ontbrak mij aan motivatie ofschoon ik goed in leren was. De dingen om me heen waren aan het veranderen, maar mijn situatie bleef hetzelfde.
Toen raakte mijn moeder geestelijk gestoord. Ze werd volledig krankzinnig. Kreeg medische behandelingen. Toverdokters werden opgeroepen, maar het was allemaal vergeefs. Mijn zus gaf haar studie op en ging werken. We werden steeds armer. Er gingen veel dagen voorbij met slechts één stevige maaltijd.
Ik ging echter door met school. Het leven had nog steeds geen plan om mijn reis makkelijk te maken; het was zelfs vastbesloten het erger te maken. De school die ik bezocht ging failliet, als gevolg van corruptie en gebrek aan behoorlijk beheer. Ik was weer helemaal terug bij af. Dankzij enkele verwanten slaagde ik erin mijn school af te maken tot en met de 10de klas en ging toen werken aangezien onze economische toestand verergerde. Ik was pas zestien. Ik ging privé onderwijs geven. Het was echter niet genoeg. Mijn zus verliet ons en trouwde met iemand die al een ander gezin had. Mijn vader begon ons nog meer te folteren. Steeds kwam hij overdag dronken thuis en schold mijn broer en mij dan uit. Soms sloeg hij ons en ook mijn moeder. Ik had echter een baantje; maar de omstandigheden werden er geen zier beter op. Ik ging naar het hoger onderwijs dankzij een organisatie die mensen met een beperking helpen. Maar ik kon niet studeren aangezien het groot-

ste deel van mijn tijd aan mijn baantje werd besteed, en ik verliet de school vroegtijdig. Weer verloor ik de kans op een betere toekomst!
Ik was bang. Er gingen veel nachten voorbij zonder enige slaap, sommige nachten gevuld met tranen. Soms ging ik midden in de nacht ergens heen in de hoop dat een of andere goddelijke tussenkomst zou plaats vinden die mij verlossing zou bieden uit deze ellende, maar er gebeurde niets. Langzamerhand verloor ik het geloof in de goden. Ik voelde me in de steek gelaten, gedoemd om dit leven te leiden. Maar ik kon niet opgeven. Ik had nog steeds mijn minderjarige broer en zieke moeder te voeden. Dus hield ik me sterk elke morgen om mijn familie wat hoop te geven. Toen kreeg ik een baan bij een organisatie die voor weeskinderen werkte. De beloning was karig maar nog altijd beter dan niets. In tussentijd kregen we weer met pech te maken. Mijn broer, hij zat in de 7de klas, ging van school weg. Ik was het daar niet mee eens. Hij begon aan een baantje als schoolschoonmaker.
Later werd mij een onderwijsbaan in dezelfde school als waar mijn broer werkte aangeboden, en ik nam de baan aan. Sinds die tijd zit ik in het onderwijs. Ik hou van lesgeven omdat ik de juiste kennis aan jonge geesten kan geven. Ik vertel hun hoe belangrijk het is om eerlijk te zijn, en het land lief te hebben. Ik leer ze over de waarde van hard werken. Geleidelijk aan verbeterde de situatie.
Op een dag tijdens de pauze kwam mijn broer met een emmer om de kopjes te verzamelen waaruit wij leraren thee dronken. Hij moest het lege theekopje pakken waaruit ik mijn thee had gedronken; dit zou hem misschien pijn gedaan hebben. Later die avond kwam hij naar me toe en vertelde me dat hij zijn studie wilde voortzetten. Ik herinner me dit bijzondere moment nog steeds; ik stortte tranen van geluk. Ik denk dat toen het één van de weinige gelukkige momenten van mijn leven was. Ik liet hem onmiddellijk weer in de school toe. Maar de reeks tegenslagen liet zich niet afweren. Mijn zus werd gezegend met een dochter. Haar echtgenoot was niet beter dan mijn vader. Hij gaf niet veel om haar. Ik bracht haar thuis en zorgde voor haar.
Uiteindelijk verscheen een straaltje hoop ook in mijn leven en leerde ik dat het leven niet zo slechts is als ik had bespeurd. Via mijn nicht, die ik niet genoeg kan danken, ontmoette ik Linda; stichter van Maha Mata Nederland. Via haar organisatie bood Linda mij hulp en verschafte mij een prothese, wat later het gereedschap bleek te zijn om mijn toekomst vorm te geven. Het hielp me in veel opzichten weer zelfstandig op te staan en ook om op mijn twee benen te staan, wat in de laatste 12 jaar

niet meer gebeurd was. Het overbrugde een kloof, en in het bijzonder een psychologische kloof in mijn geest, die mij altijd, elke seconde, een stekende pijn had bezorgd. Linda begreep mijn behoefte. Sinds de eerste prothese die Maha Mata verschafte, heeft Linda mij gemotiveerd om sterk te blijven en mij doen geloven dat leven toch niet zo slecht is. De manier waarop zij als een goede vriendin om me gaf, soms als haar kind, deed mijn leven veranderen van donker naar licht. Ik ben Maha Mata en haar grote dank verschuldigd.
De situatie veranderde enorm. Ik hielp mijn zus en broer hun hoger onderwijs af te maken. Mijn zus is nu in Dubai aan het werk. Haar kind gaat naar een goede school. Met goede medicatie gaat het met mijn moeder nu ook veel beter. Ik ben bezig voor mijn baccalaureaat maatschappijleer en computerkunde af te studeren.

In de lente van 2015, net voordat de aardbevingen plaats vonden, ontmoette ik veel leden van Maha Mata, die een reisje door Nepal maakten. Ik kwam in contact met een aardige man, Frank, die aanbood mij te helpen met mijn afstuderen, maar dit was alleen mogelijk als mijn broer voor werk naar het buitenland zou gaan (waarmee hij instemde). Ik ben aan Frank veel dank verschuldigd en zou hem niet genoeg kunnen danken. In feite is de laptop waarop dit artikel heb geschreven door hem aangeschaft.
Na al mijn worstelingen, ellende en momenten waarin ik een hekel aan mezelf had, is nu het een en ander veranderd. Ik krijg hulp van aardige mensen. Het vormde mij tot een totaal andere persoon. Dat had ik nooit eerder kunnen bedenken. Ik heb nu een vast vertrouwen in de mensheid en een sterk verlangen om voor mensen en mijn land dienstbaar te zijn. Ik heb de kans gekregen biografieën van veel grote mensen en leiders te lezen; Mandela, Mahatma Gandhi, Che Guevara en vele anderen die hun persoonlijk leven opofferden voor het verbeteren van de wereld als geheel. Zij inspireren mij erg om iets goeds voor de mensen om me heen en mijn land te doen: Nepal, een mooie hemel, zetelend in de schoot van de Himalaya en omgeven door twee sterke economische reuzen: China en India. Het is een spiritueel land, net zo spiritueel als de prediker voor wereldvrede, Gautam Buddha.
Nepal is een land dat een verbazingwekkende schoonheid aan natuur is geschonken. De hoogste bergen van de wereld liggen hier, waarvan Mount Everest de hoogste is. Hoge heuvels en groene wouden zijn er in

overvloed. Landschappen die iedereen makkelijk zouden kunnen verlokken.
We verkeren in een overgangssituatie. Grote politieke veranderingen voeden het geweten van de mensen. De burgeroorlog van Maoïsten en de politieke onrust hebben heel wat schade veroorzaakt. Maar mensen zijn nu meer bewust van hun rechten. Sommige etnische groeperingen verlangen nu hun eigen staat en politieke identiteit. De onderdrukten roepen nu luid om hun rechten.
Nieuw is de grondwet op het punt van bekendmaking. Ik hoop dat het voor iedereen van betekenis zal zijn en alle problemen en bezwaren van de vorige grondwet zal aanpakken. Ik hoop dat dit voor de mensen enige motivatie geeft om te voelen dat ze bij de natie horen en dat ze samen zullen werken aan het opbouwproces van de natie.
Wat mij betreft zal deze grondwet de kalmte zijn na een grote storm, een blijvende vrede na een grote chaos, een heldere ochtend na de eindeloze donkere nacht van armoede, onderdrukking en analfabetisme. Het zou voor alle Nepalese mensen het volmaakte begin moeten zijn om de natie naar ontwikkeling te leiden zowel materieel als spiritueel gezien.

In dit scenario wil ik mezelf zien als een sociale en politieke denker. Voor de regering wil ik na mijn afstuderen werken als economisch ontwerper. Ik geloof dat een goede economische planning en implementatie, een correct gebruik van zowel natuurlijke als menselijke hulpbronnen zal helpen om het probleem van werkloosheid en armoede op te lossen, aangezien deze twee de elementen zijn die meer sociale problemen veroorzaken en de ontwikkeling belemmeren.
Ik wil mijn leven leiden op een ideale manier. We hebben zo weinig mensen die zich door idealen laten leiden. De mensen hollen alleen maar achter geld en zelfvervulling aan. We hebben meer mensen nodig die nadenken over de samenleving en de natie. Ik weet dat de belangrijke dingen in het leven alleen kunnen worden bereikt met absoluut hard werken en grote offers. Tot nu toe heb ik altijd geleerd om offers te brengen voor het grote goed. Ik heb geleerd gelukkig te zijn door te geven aan de mensheid en die lief te hebben, en daarmee van de wereld een betere plaats te maken om te leven.

'Two roads diverged in a wood,
I took the one less and I-traveled by,
And that has made all the difference.

Twee wegen ging uiteen in een bos,
en ik nam de weg die men minder aflegde,
En dat heeft al het verschil uitgemaakt.

Net zoals in deze regels van Robert Frost, heb ik mezelf gereed gemaakt voor eventuele moeilijkheden, mijn rationele geest en hulpmiddelen gebruikt om de verschillen te maken in het leven van mensen. Dus kon ik een glimlach aanbrengen in het gezicht van mensen en het belang van het leven ervaren in deze ongelooflijke reis die het Leven heet.

(Baccalaureaat Leraar maatschappijleer en computerkunde)

(zie ook deel 4: Economie. Prakash Pandey: De Nepalese Economie: verleden, heden en toekomst. Historische achtergrond.)

12 **Sushant Sigdel (1993)**

Jongeren en Nepal

Nepal is één van de ontwikkelingslanden. Het is een uitgestrekt land van 147.181 km^2 wat door India in het oosten, westen en zuiden wordt ingesloten en in het noorden aan China grenst. Hoewel Nepal het op twee na grootste land is met watervoorraden, grenst het niet aan de zee en wordt het volledig door land ingesloten. Het hoogste punt van de wereld, de Mount Everest (Sagarmatha, 8848 m.) ligt in het Sagarmatha district van Nepal. Er zijn verschillende bergtoppen met een hoogte van ca. 8.000 meter. Met een grote verscheidenheid aan natuurlijke hulpbronnen, cultuur, etnische groepen, traditie, klimaat en vele meer, is Nepal één van de favoriete bestemmingen voor toeristen uit de gehele wereld. Elk jaar bezoeken meer dan 800.000 toeristen Nepal, daarom is het toerisme één van de belangrijkste economische factoren van Nepal.

Voortdurend is de regering bezig dit verder te ontwikkelen. Elke dag zien we buiten dat er door mannen aan de wegen wordt gewerkt om deze beter en mooier te maken. De Nepalese regering begroot elk jaar een record bedrag aan onderwijs en infrastructuur. Zij werkt aan langlopende ontwikkelingsplannen.
Net zoals in het menselijk lichaam de ruggengraat een belangrijke rol speelt voor het evenwicht en goede structuur is voor de jongeren van elk land het welzijn van het land van vitale belang. De jongeren van Nepal zijn de energieke en vaderlandslievende burgers. De meesten van hen hebben een goede opleiding genoten maar zijn vertrokken naar verschillende landen over de gehele wereld, ieder met een eigen bedoeling.
De jongeren zijn zich bewust van de achteruitgang in ontwikkeling in verhouding met andere landen en proberen hier wat aan te doen. De jeugd in Nepal heeft het niet makkelijk. Er is heel veel werkeloosheid in Nepal. Veel van de jongeren gaan tegenwoordig naar het buitenland

voor een goede baan. Nepal is tot op heden er niet in geslaagd om dit probleem het hoofd te bieden. Elk jaar studeren duizenden jongeren af maar hebben geen zicht op een baan. Dit voelt bij hen erg teleurstellend aan.
Vanuit de hele wereld wordt Nepal hulp geboden. Tegenwoordig rekenen jongeren niet meer op de overheid om werk te krijgen. Zij proberen hun probleem zelf op te lossen. Of ze vertrekken naar het buitenland of zij beginnen op eigen kracht een bedrijf. Er zijn momenteel al veel particuliere ondernemingen gesticht, wat betekent dat jongeren niet meer op de overheid wachten voor werkgelegenheid, maar het heft in eigen handen nemen.
Eerder hebben we kunnen horen dat er ongelijkheid tussen mannen en vrouwen bestaat. Als tegenwoordig goed opgeleide jongeren kunnen we dit niet laten voortbestaan. De vrouwenemancipatie laat veel van zich horen. Er is nu een concurrentie tussen man en vrouw, maar we kunnen nog steeds zien dat mannen worden bevoordeeld. Ze krijgen meer kansen.
De jongeren zijn tegenwoordig erg bezig om hun land te verbeteren. De wereld schenkt veel geld aan Nepal, maar de jeugd vraagt naar hulp en niet naar geld. We roepen: biedt ons de mogelijkheden, het geld kunnen we zelf verdienen. Elke dag zien we dat we het beter doen. De regering is bezig een nieuwe grondwet te realiseren en we hopen dat deze het land meer kansen biedt en dat het zich ontwikkelt. Wij zijn doeners en wij geloven door hard te werken ons doel te bereiken. Het duurt wat lang, maar op een dag zullen we het voorbeeld voor de wereld zijn.
Onze voorouders (de Gurkhas) zijn de geschiedenis in gegaan als moedige mensen en nu zullen wij geschiedenis schrijven door in de korte tijd ons totaal te ontwikkelen. Nepal richt zich op om het beste land van de wereld worden.

(Bachelor in BCIS.Pokhara University)

13 Yogesh Nepal (1993)

Het verhaal over Nepal

De geschiedenis van Nepal wordt door haar ligging in de Himalaya en door haar twee buurlanden, India en China, tot op de dag van vandaag bepaald. Door eeuwenlange komst van verschillende kolonistengroepen van buiten Nepal is het nu een multi-etnisch, multicultureel, multireligieus land waar diverse talen worden gesproken. Centraal Nepal bestond vanaf de 15e tot de 18de eeuw uit drie koninkrijken, en werd verenigd onder het bewind van de Sjah monarchie. De nationale en meest gesproken taal van Nepal is het Nepalees.
Nepal heeft in de 20^e eeuw strijd moeten leveren voor de invoering van democratie. In de 90-er jaren van de vorige eeuw tot 2008 was het land in een burgeroorlog verwikkeld. In 2008 werd de vrede getekend en nog datzelfde jaar werden verkiezingen gehouden. In een historische stemming bij de verkiezing van de grondwetgevende vergadering in juni 2008, stemde het Nepalese Parlement voor afschaffing van de monarchie. Nepal werd een Federale Republiek en werd officieel uitgeroepen tot de Federale Democratische Republiek Nepal.

De Nepalees burgeroorlog (door de Maoïsten een volkerenoorlog genoemd) was een gewapend conflict tussen de regeringstroepen en de maoïstische rebellen in Nepal die van 1996 tot 2006 duurde. De oorlog ontstond op 13 februari 1996 doordat de communistische partij van Nepal (Maoïsten) deelname aan nationale verkiezingen werd ontzegd. De belangrijkste doelstellingen van de partij was het omverwerpen van de Nepalese monarchie, het opheffen van de discriminatie t.g.v. het kastenstelsel en de vriendjespolitiek, bestrijding van de corruptie, het ongerechtvaardigde toeslagenrecht en de oprichting van een volksrepubliek. De burgeroorlog eindigde met de ondertekening van het vredesakkoord op 21 november 2006. Maar hier ging veel aan vooraf.

Meer dan 15.000 mensen werden door de overheid in de burgeroorlog gedood (waarvan 10.500 burgers en 3.000 Maoïsten) en naar schatting 100.000 tot 150.000 mensen raakten ontheemd ten gevolge van dit conflict. Dit conflict verstoorde de belangrijke ontwikkeling van het platteland en heeft tot een hecht samengesteld links front geleid, wat samen met het Nepalese Congrespartij de basis van een brede beweging vormde voor democratische veranderingen. Communistische groeperingen waren het echter niet eens met de verbinding tussen de ULF (*United Left Front, red.*) waardoor er een tweede groepering werd gevormd: de United National People's Movement (UNPM). De UNPM riep op voor verkiezingen van een grondwetgevende vergadering en verwierp de compromissen die door de ULF en Congrespartij met het koningshuis waren gemaakt.

In november 1990 werd de communistische partij van Nepal (United Centre - Het Verenigde Midden) opgericht waarin belangrijke elementen van wetgeving waren te herkennen van de UNPM. De nieuwe partij hield haar eerste congres in 1991, waar een strategie werd aangenomen van een langdurig gewapende strijd op weg naar een nieuwe democratische revolutie. De partij zou illegaal blijven. In de aanloop naar de komende verkiezingen richtte de CPN (UC) de Samyukta Jana Morcha (SJM) beweging op met als leider Baburam Bhattarai. Na de verkiezingen van 1991 werd de SJM de op twee na grootste macht in het Nepalese parlement. Echter er ontstonden al snel meningsverschillen binnen de partij over de te volgen strategie. Een deel pleitte voor een onmiddellijk gewapende revolutie terwijl anderen (waaronder de oudere leiders, zoals Nirmal Lama) beweerden dat Nepal nog niet rijp was voor een gewapende strijd.

In 1994 splitste de CPN (UC)/SJM zich op in tweeën. De militante factie veranderde later haar naam in Communistische Partij van Nepal (Maoïsten). De Maoïsten beschouwden de regering als een 'feodale macht'. En ook de monarchie en de heersende politieke partijen kregen dit verwijt. De gewapende strijd begon kort daarna met gelijktijdige aanvallen op buitenaf gelegen politiebureaus en districtskantoren. Aanvankelijk mobiliseerde de regering de Nepalese politie om de opstand in bedwang te houden. Het koninklijke Nepalese leger was niet betrokken bij de gevechten, omdat werd gevonden dat het conflict door de politie onder controle moest worden gehouden. Uiteindelijk groeide de weerstand tegen het leger omdat zij de politie niet bijstond in de afgelegen gebieden tijdens de aanvallen van de opstandelingen. De door het volk gekozen eerste minister bood vervolgens zijn ontslag aan, toen het koninklijke leger weigerde aan het conflict deel te nemen. Deze situatie veranderde drastisch toen in 2002 de eerste ronde van vredesbesprekingen mislukte en de Maoïsten een legerkazerne aanvielen in het Dang District, in het westen van Nepal. 's Nachts, trok het leger op tegen de opstandelingen met zowel tanks als artillerie. Onder de noemer van de mondiale strijd tegen het terrorisme en door te beweren dat een 'disfunctionele staat' de bron van regionale en internationale instabiliteit kan worden, hebben de Verenigde Staten, de Europese Unie en India en andere landen omvangrijke militaire en economische steun aan de Nepalese regering verstrekt. De materiële steun aan de Nepalese regering hield op nadat koning Gyanendra in februari 2005 grip op de situatie kreeg en voor eens en altijd van de burgeroorlog af wilde komen. Het aantal doden in december 2004 was toen al tot 200 gestegen en de hevige gevechten en burgerlijke ongeregeldheden zetten zich voort in 2005. Omdat de relatief democratische regering niet bij machte was de orde te herstellen nam op 1 februari 2005 koning Gyanendra de macht over en verkondigde hij: 'Democratie en vooruitgang gaan niet met elkaar samen ... Om vrijheid te verkrijgen, moeten we een belangrijk aspect in ons gedrag nooit vergeten, namelijk discipline.'

Op 22 November 2005, gaf de gezamenlijke vergadering van de CPN(M) en het Verenigd Volksfront in Delhi een resolutie met 12 punten uit, waarin werd verklaard dat zij '...volledig onderschrijven dat de autocratische monarchie de belangrijkste hindernis is'. Het belemmert de realisatie van 'democratie, vrede, welvaart, sociale vooruitgang en een vrij en zelfstandig Nepal.' Bovendien, 'het is duidelijk dat zonder de invoering van de absolute democratie er geen mogelijkheid is voor vrede, vooruitgang en welvaart in het land. Er zal een einde aan de autocratische monarchie moeten komen.'

Het was duidelijk geworden dat absolute democratie alleen kon worden gerealiseerd door met vereende krachten een aanval op de monarchie in te zetten waarmee een landelijk beweging van democratische protesten zou ontstaan. Dit betekende dat een eerder standpunt van de CPN(M), die tot dan toe fel gekant was tegen dit geleidelijke proces van democratisering, maar ook door de UPF werd verdedigd, werd verlaten.

Als gevolg van dit alles had de grootste bron van inkomsten voor Nepal, de toeristenindustrie, aanzienlijk onder de burgeroorlog te lijden. De reisorganisatie *iExplore* gepubliceerde een ranglijst van de meest populaire toeristische bestemmingen op basis van verkoop, deze gaf aan dat Nepal vanuit de top tien van meest populaire avontuurlijke bestemming, naar de zevenentwintigste plaats was gezakt.

Het conflict dwong jongeren, die daartoe in staat waren, in het buitenland werk te zoeken. Zo ontkwamen zij de schendingen van mensenrechten door de regering en het geweld van de Maoïsten. Zij vonden voornamelijk werk in de Golfstaten (Qatar, Saoedi-Arabië, enz.) en Zuidoost-Azië (Maleisië enz.). De geldstroom die zo door de arbeiders naar Nepal op gang werd gebracht heeft voorkomen dat het land in een ernstige economische crisis of in een faillissement terechtkwam.

De economie van Nepal is sterk afhankelijk van inkomsten van de arbeiders in het buitenland (vergelijkbaar met de economische situatie in Libanon ten tijde van de Libanese burgeroorlog).

(Bachelor in BCIS (Pokhara University)

14 **Rajin Rijal (1993)**

Wat geven we het land terug dat ons een identiteit heeft gegeven en een trots gevoel van Nepalees zijn
De stem van een student in het buitenland

Het is kwart voor twee in de ochtend en ik begin dit artikel te schrijven omdat ik het lang geleden al had beloofd. Sinds een paar maanden ben ik zo druk dat ik het maar niet voor elkaar kon krijgen. Ik ben blij dat ik dit artikel nu in bed kan schrijven. Over 8 uur moet ik opstaan om naar college te gaan en daarna direct door naar mijn werk en om vervolgens thuis te komen op bijna dezelfde tijd als nu en dat herhaalt zich telkens weer. Mijn wens is, dat ik een pauze van een paar dagen zou kunnen houden of maar van een paar uur. Maar ben ik wel in staat dat te doen? De tijd vliegt en ik kan het niet stoppen, het gaat in een oogwenk voorbij. En het is aan ons om die goed te gebruiken en er goed mee om te gaan.

Ik zit nu in het tweede jaar van mijn bachelors en ik vraag me af: 'Wat ga ik doen na mijn afstuderen?'

Er zijn nu duizenden Nepalese studenten net als ik in Melbourne en nog meer in Australië en nog veel meer in andere landen van de wereld. En net als ik hebben ze Nepal verlaten om een hogere opleiding te volgen. Ik kwam hier in 2013 en ik was toen twintig jaar. Ik heb alleen echte vrienden in Nepal, ik herinner me de klas van 2012, mijn vriendenkring bestond uit een dozijn vrienden. We spraken er met elkaar over wat we zouden gaan doen na Highschool. Binnen een paar maanden vloog Aasia naar Brisbane in Australië en een paar weken daarna vloog Anjan naar Nieuw Zeeland en ik vloog naar Melbourne. Twee andere vrienden Pramod en Rabin arriveerden in Brisbane op dezelfde dag en om dezelfde reden. Suraj is onlangs in Sydney aangekomen. Een paar anderen, Jeshu, Krish en Sujan gingen in Nepal verder studeren en denken er nu ook over naar het buitenland te gaan. Dit was zo maar een voorbeeld van wat Nepalese studenten doen na Highschool.

Studenten in het buitenland moeten veel opofferen om hun doel te bereiken dat is om een graad te halen. Iedereen droomt ervan onafhankelijk en rijk te zijn of een goeie baan te krijgen. En ja er zijn kansen om dit helemaal alleen voor elkaar te krijgen. Ik herinner me een van

mijn neven die een graad had behaald en terugging naar Nepal. Ik respecteer hem en ik houd echt van hem, maar is hij daar echt gelukkig om de eerste paar jaren werkloos te zijn? Wanneer iemand teruggaat en een goeie baan vindt, is zijn salaris gemiddeld 20000 roepies per maand (dat is ongeveer 300 AUD) veel minder dan een gemiddeld weekloon van een minst betaalde baan hier. En het is een nogal harde competitie en je moet er helemaal voor gaan. Maar hoe belangrijk is één mens op de honderd?
Het is erg moeilijk voor Nepal om investeerders binnen te halen zowel buitenlandse als lokale. Bijna 85% van de bevolking is betrokken bij de landbouw. Mensen uit andere delen van de wereld zouden misschien denken dat het land daar zijn geld mee verdient, door dat voedsel te verkopen. Maar dat is niet zo. Hoewel de meerderheid van de mensen in de landbouw werkzaam is, moeten we nog steeds voedsel uit India, Bangladesh en andere landen kopen.
De belangrijkste inkomsten komen uit het overmaken van geld door de mensen die in het buitenland werken. Tweederde van de overzee werkende mensen zitten in het Midden-Oosten en Maleisië.
De tweede belangrijke inkomstenbron is het toerisme. De recente aardbeving heeft veel tegengehouden want er zijn nu weinig rondtrekkende toeristen te zien. Het zal zeker een aantal jaren duren voordat we het vroegere aantal terugkrijgen.
Er zijn veel talentvolle en intelligente mensen in Nepal. Het ontbreekt niet aan natuurlijke schoonheid en prachtige geologische locaties. Ik denk dat de mensen in staat zijn om met de huidige markt te concurreren. Al wat het land nodig heeft is ons, jonge Nepalezen, wij zijn de pilaren van Nepal. Het lot van het land wordt bepaald door ons. Wij wonen in het buitenland en willen natuurlijk terugkomen als er mogelijkheden voor ons zijn. Wij praten er met respect en trots over om gewoond te hebben in een land dat ons vertrouwd is met familie en vooral zelfrespect.
Helaas zie ik echter nu geen reden om terug te gaan en wil ik zo lang mogelijk in het buitenland blijven. De dingen die me bezighouden zijn simpele vragen: Wat ga ik doen, waar ga ik na mijn studie werken? In het land waar ik ben geboren of het land dat mij kansen heeft gegeven? En de belangrijkste vraag nu is: Wat geven we het land terug dat ons een identiteit heeft gegeven en een trots gevoel van Nepalees te zijn.

(Melbourne Institute of Technology. Melbourne, Australia)

15 Rishi Achaya (1989)

Ik, mijn verhaal en mijn land

In elk individu is er een verhalenverteller verborgen die ernaar snakt naar buiten te komen. Die daarbij een minder betreden pad langsloopt maar die feitelijk niet de bedoeling heeft een geliefd berijmd gedicht te missen en niet altijd van zins is keuzes te beëindigen. Het niet uitkomen van de dierbaarste droom betekent niet dat het werkelijke doel van het leven uitblijft. In plaats daarvan is het leven helemaal een kwestie van vallen en opstaan en waar je al struikelend en per abuis een nieuwe wereld binnentreedt, die de beste plaats kan zijn die de aarde ooit heeft laten zien. Dat het leven deze les heeft gegeven kan wel of niet waar zijn, maar het is mij overkomen. Het verhaal waar ik het over ga hebben is, om er een zinvolle lijn in aan te brengen, vanuit drie invalshoeken geschreven.

Droom versus noodlot

Wat een blauwe nacht! Een donkere en toch onbevlekte lucht, vol rusteloze sterren, koudere koele lucht, maar wat te denken van de hoge berg die stil voor me staat, zo dichtbij, hoewel die toch ver van me vandaan lijkt te zijn, altijd glimlachend, even grillig als het onvermurwbaar lijkt; hij heet Machhapuchhre.

Pokhara schijnt zich zoals altijd klaar te maken om vroeg te gaan slapen. Anders dan mensen in steden in de wereld, gaat ze graag vroeg slapen alsof ze het te druk heeft om al die ingewikkelde momenten, seizoenen, en jaren te herstellen.

Koelere nacht! Een eenzame man raakt verloren tussen onophoudelijke series herinneringen van de maan! O ja, alleen gelaten in dit terrasland van iemand die daar een huis bezit, is er iets dat slechts aan mij toebehoort, mijn herinneringen!

De herinneringen zelf voeren mij ongeveer 20 jaar terug toen het levenspad voor ons gezin zeker geen rozengeur en maneschijn zou gaan

inhouden. Ons gezin huisde op het platteland op een uithoekje van de derde wereld.
We leidden een gewoon dorpsleven daar in Syangja, sociaaleconomisch achtergesteld. Maar, eerlijk is eerlijk, we kregen op de dorpsschool gedegen onderwijs. We kregen potloden (balpennen werden er in onze tijd niet gebruikt) en wat vellen papier en bovendien enkele gratis boeken van de regering . 'Bibliotheek' was voor ons geen bekende term en op de muren van de school was geen enkele kaart gepind en het was niet ongewoon dat de dorpsonderwijzers om boeken vroegen om daar les uit te geven. Engels was in het begin van de 21ste eeuw het overheersende communicatiemiddel waarvan wij het basis alfabet pas begonnen te leren na klas 3 op tienjarige leeftijd.
De beschikbare infrastructuur en ontwikkeling waren bepaald niet toereikend genoeg om tegemoet te komen aan de vooruitgang van onze tijd en toch waren die veel beter dan het leven dat geleid werd in vele andere uithoeken van de derde wereld. Bovendien was die vooruitgang natuurlijk beter dan die van de vorige generatie.

Onze generatie werd groot gebracht precies na de geboorte van de democratie met veel partijen. De grootouders waren de vertellers voor hun familie – de verhalen over het Rana staatsbestel, het ontluiken van de democratie, de opkomst van het Panchayat regime en de val ervan, de herinvoering van de democratie. Deze verhalen werden onthouden en van generatie op generatie doorgegeven. Ons gezin stond niet bekend om z'n rijkdom en macht. Het beschikken over middelen voor progressieve maatregelen, om tegemoet te komen aan de afspraak / opdracht van een 'Nieuw Nepal', was ingeprent in de gedachten van mijn vaders generatie. Voor men het besefte moest Nepal de Maoïstische opstand onder ogen zien. Onze generatie groeide op in die donkere dagen verduisterd door bommen en kruisvuur. Ondanks dat alles zagen we in ons dorp nooit hongerdood, niet de pijn van marteling, geen sterfgevallen van kinderen als gevolg van ondervoeding, geen vroegtijdige dood van vrouwen in verwachting omdat ze verstoken waren van gezondheidscentra, geen kruisvuur in ons dorp maar wel veel andere kleinigheden die werden gekoesterd.
Alle ouders hunkerden naar een gedegen onderwijs voor hun kinderen. Iedereen die een beetje onderwijs had genoten had in zijn algemeenheid respect voor onderwijs. Onderwijs bracht mensen voort die een belangrijke invloed konden hebben op de generatie van mijn ouders en

natuurlijk ook op de jonge generatie. Dokters, ingenieurs, en bureaucraten van de gemeenschap behoorden tot de leiders van een onzichtbare campagne voor de kwaliteit van het onderwijs. Onderwezen zijn betekent meer kwaliteit van leven, veel respect in de samenleving en in het bezit komen van de enige sleutel om de vreselijke ketenen, die het gevolg van armoede zijn, los te maken.
Ik droomde ervan om een universitaire graad in medicijnen te halen, hoewel ik niet wist wat de wetenschappelijke lessen toen voor mij zouden betekenen en ik voorts geen idee had hoe dit mijn leven richting zou kunnen geven. Voor onze bourgeois kringen was dokter zijn niet gewoonweg bedoeld om patiënten te behandelen. Het betekende voor ouders iets meer; een dokter kon een zeer bevoorrecht leven met maatschappelijk prestige leiden en kon zijn familie vanuit analfabetisme en armoede naar het voordeel van het genieten van onderwijs voeren. Alle ouders hebben een droom voor een betere toekomst voor hun kinderen. Maar ik weet nu beter; alleen dromen zullen de hoop van ouders niet vervullen dat hun zoon op een dag de verantwoordelijkheid voor de familie, de stam en de geboorteplaats op zich zal nemen. Als oudste zoon had ik veel verplichtingen ten opzichte van mijn familie. Onbewust was wetenschap studeren al in mijn hart zonder dat ik er al iets van wist. Het was altijd al in mijn geest geprent en onbewust in een hoekje van mijn hart geslopen. De droom om dokter te worden was het dierbaarst voor mij.

Ik stond op het punt mijn eindexamen te doen. Ik naderde de dagen dat mijn droom zou uitkomen omdat ik na een goed resultaat de lessen natuurwetenschap zou gaan volgen. Maar voordat ik het goed en wel besefte, nam mijn leven plotseling een andere wending. Net nadat ik de school had voltooid was mijn grootmoeder ziek geworden. De diagnose gaf een ernstige ziekte aan waar zij acht jaar mee kampte tot het einde van haar dagen op deze gewijde aarde. Men had ons al duidelijk gemaakt dat ze niet helemaal genezen kon worden; de enige keuze was haar leven te rekken met dagelijkse medicatie. De kosten van deze behandeling zouden onze draagkracht te boven gaan; toch hadden we gekozen voor deze oplossing. Wij konden haar niet vaarwel zeggen om gewoon zelf een beter leven te hebben. De liefde die verankerd zat in elke hoek van ons hart liet dat niet toe. Nu besef ik dat wij van alle keuzemogelijkheden de beste keuze hebben gemaakt. We hadden geen andere vaste bron van inkomen dan het seizoengebonden verkopen

van graansoorten, aardappelen en fruit. Dus namen we een hypotheek op ons land om wat geld over te houden. Ons gezinsinkomen moest geïnvesteerd worden om haar behandeling te bekostigen. Nog afgezien van deze tegenslag in mijn familie waarmee we moesten leven, ging mijn droom neerkomen op een molensteen om de nek van mijn familie. Mijn deelnemen aan de dure natuurwetenschappelijke colleges was nu echt een droom geworden.
De uitslagen van het schoolexamen werden gepubliceerd en ik was met lof geslaagd, maar de droom om een universiteitsgraad in natuurwetenschappen en technologie te halen was tot stilstand gekomen. Vanwege mijn goede prestatie op school was ik in feite volledig voorbereid om mijn droom werkelijkheid te laten worden. Nu had dit goede resultaat al z'n typische aroma zoals van een bloem verloren, omdat er geen mogelijkheid was om dit te bereiken. Ik moest mijn weg naar Pokhara afleggen, waar ik naar werk moest zoeken om in onze levensbehoeften te voorzien. En indien mogelijk naar college te gaan opdat mijn dierbaarste droom zou uitkomen, de grootste ironie in mijn leven. Met de opdracht om geld te verdienen en eventueel te studeren ging ik naar Pokhara.
Met een waardigheid geschraagd door hoop en vrede, ging ik vanuit mijn dorp de weg af.

Verhalen versus worstelingen
Ik probeerde in de stad levensonderhoud te vinden en dat was helemaal niet romantisch voor mij, omdat ik over onvoldoende geld beschikte om een beschaafd leven te leiden. Bovendien kon ik mijn behoefte om te studeren niet zo gauw opgeven na het fiasco om me aan een studie natuurwetenschappen te wijden. Per slot van rekening waren er andere studieobjecten en in één opzicht kwamen die overeen met de studie natuurwetenschappen, namelijk het betreft allemaal onderwijs. Dus besloot ik een studieobject, dat op Janapriya Campus beschikbaar was, aan te pakken. Ik koos voor management omdat het goedkoper was en de campus ermee instemde mij een 50% korting op het collegegeld te gunnen. Bovendien kon ik op zoek gaan naar een baantje na de lessen die in de ochtend waren. En dat zou niet mogelijk geweest zijn als ik natuurwetenschappen zou zijn gaan volgen. Lessen 's ochtends en de hele dag op zoek naar werk zou de dagelijkse routine worden, wat uiteindelijk eindigde met werk in een autogarage, waar ik een motormonteur moest helpen. Werkelijk, het was het godvergeten

deel van mijn droom, hoezeer het ook een kwestie van trots was dat ik in Pokhara in mijn levensonderhoud kon voorzien en tegelijk ook kon studeren.
Het werk in de garage was nu mijn obsessie geworden. Ik begon me te realiseren dat er meer levens zijn dan die van academici, hetgeen ik me nooit verbeeld had. Het was een les voor mijn leven. Ondertussen ging de tijd voorbij. De garageeigenaar vroeg me of ik zijn kinderen thuis les zou kunnen geven. Ik nam dat gelijk aan omdat dat baantje met onderwijs te maken had. Nu had ik 's avonds nog een baantje dat mij kon helpen wat geld te sparen en dat naar huis te sturen. Later ging ik weg bij de garage en voegde me bij het Sahara Children House, waar ik privéleraar was voor de thuisloze kinderen die in het huis onderdak kregen. Het was geweldig om deze eenzame verwaarloosde kinderen te helpen en nu had ik een beter begrip van de reden waarom ik werd geholpen door anderen, toen ik me eenzaam voelde na die talloze hulpeloze worstelingen. Ik werd geholpen door anderen om anderen te helpen; het was weer een les in mijn leven. Van dageraad tot schemering bracht ik elke dag door met 's ochtends lessen te volgen, overdag bij Sahara onderwijs te geven en 's avonds privéonderwijs en de rest van de tijd besteedde ik in de bibliotheek tot 11 uur 's avonds. Ik was nu in staat in de stad in leven te blijven en wat geld te sturen voor de uitgaven van mijn familie en het onderwijs van mijn zus. Zo ging mijn leven gedurende twee hele jaren en ik slaagde voor de hogeschool zonder enige vertraging. Nu kon ik beginnen aan de basisstudie management; wat een prestatie!

Nu waren er andere dingen in het leven die ik moest aanpakken. Ik had me ingeschreven voor de studie Bachelor in Business (BBS) in Janapriya met dezelfde voorziening die ik had gekregen op het vorige niveau. En ik was begonnen aan het project genaamd 'Supported accomodation trial-A' bij 'Hoop voor Himalaya' jongeren. Mijn rol daarbij was eenzame kinderen advies te geven, te begeleiden, te motiveren en hun geschikt te maken voor de maatschappij. De meeste van deze kinderen waren thuisloze straatkinderen, sommige weeskinderen en sommige hadden een verwaarloosde maatschappelijke achtergrond. Terwijl ik dit alles deed, begon ik te beseffen waar mijn leven mij heen ging voeren. Zou het even waardevol zijn als ik me dat van een dokter had voorgesteld? Ik wist dat het iets meer was; het leven van die mensen veranderen was iets meer dan wat ik kon doen, nadat ik mijn graad in

medicijnen zou hebben behaald. Echt, het was de beste plaats om daar te staan in dat vroege stadium van mijn leven.
Ons project was succesrijk; niet alleen kwam er verandering in het leven van die kinderen, maar ook in dat van mij. Ik ging bij APC werken. Ik gaf wederom adviezen aan straatkinderen en fungeerde als opvoeder. Ik had in een eerdere organisatie al succes gehad, dus was de taak een beetje gemakkelijker en was ik nu meer ervaren. Bovendien was het een deeltijdbaan. Ik benutte de overgebleven tijd door bibliothecaris op Shishu Niketan Hogere Voortgezet Onderwijs School te worden. 's Morgens was mijn collegetijd, overdag mijn baan bij APC en Shishu Niketan, terwijl de avond voor privéonderwijs was en de late avond voor zelfstudie. Zo ging mijn leven voor de volle drie jaar van mijn studie. Ik slaagde meteen voor BBS, terwijl het slagingspercentage van de studenten onder de 15% lag. De baantjes die ik had aangenomen gaven zoveel nieuwe kracht aan mijn solvabiliteit dat ik al mijn schulden afloste en thuis al het land teruggaf waarop hypotheek had gezeten. Mijn grootmoeder was er nog steeds met haar 'toegevoegde' leven; misschien was het de kaars in de wind die wij niet lieten uitdoven en die tot de dag van vandaag ons kleine huis verlichtte. Anders zou die in de sombere leegte binnen de vier muren verloren zijn geraakt. We hadden het besluit genomen er een thuis van te maken, een lief thuis, en uiteindelijk werkte het. Naar die tijd terugkijkend haal ik het me weer voor de geest hoe waardig het is om humaan te zijn, meer dan wat dan ook in het leven.
Ik was in alles geslaagd. Ik feliciteerde mezelf met deze prestaties, met het voorrecht humaan te zijn! Na mijn bachelors studie nam ik me voor een academische graad in Marketing te behalen en dat deed ik. Ik was opnieuw naar Janpriya gegaan. In mijn afstudeerperiode was ik al gaan werken bij Namaste Community Foundation met verantwoordelijkheid voor Namaste Children House. Dat gebeurde vlak na mijn BBS eindexamen. Ik bracht drie jaar bij deze stichting door, waar ik dezelfde verantwoordelijkheden had als die bij HFHK en APC en natuurlijk genoot ik van mijn tijd bij Namaste. In dezelfde tijd had ik een deeltijd verbintenis met Child Welfare Australia en was ik parttime manager voor HFHK. Wat later ontwikkelde ik weer mijn interesse in de wetenschap. Dat begon met lesgeven aan marketing klassen aan studenten op de hogeschool. Ik gaf 's morgens aan hen les, de middag was voor Namaste en de avond voor mijn favoriete baantje als privéleraar en de rest voor zelfstudie. Ondanks het strakke tijdschema was ik

bij het eerstejaars eindexamen eerste in mijn groep geworden. En dit was het gevolg van mijn grote interesse om een universitaire graad in marketing te behalen. Net nadat ik aan het eindexamen van het tweede jaar had meegedaan, verliet ik Namaste om bij Avia Club Nepal te gaan werken; dit was mijn eerste stap in marketing toerisme in Nepal. Ik was daar twee jaar lang werkzaam als senior assistent manager. Het was een nieuwe ervaring en het hield verband met de universiteitsgraad die ik zou halen. De baan zelf was een mijlpaal in mijn carrière in de toerisme industrie. Ik sta levenslang bij Avia in het krijt voor die ervaring. Daarna ging ik een half jaar als deskundige werken bij Blue Sky Paragliding. De uitslagen van het tweede jaar werden gepubliceerd en ik was opnieuw de eerste in mijn groep. De opdracht om dit succes op de universiteit te verwezenlijken was nu dichtbij. Ik kan dit alles niet onder woorden brengen, maar talloze mensen ben ik dankbaar voor dit succes in mijn leven. Ik besef wel aan wie ik oneindig veel dank verschuldigd ben. Nu ben ik CEO bij United Nepal Multipurpose Cooperative en lector marketing op diverse colleges voor voortgezet middelbaar onderwijs. Binnen deze gouden tijden steeg ik van het puin naar het hogere gebouw; mijn verhalen en worstelingen vatten het hartzeer en de hoop samen die ik in deze tijd heb gehad.

De toekomst

Het is nog steeds een droom en een ideaal om op een buitenlandse universiteit af te studeren. Nu ik onlangs op de enige staatsuniversiteit, Tribhuvan University, in marketing ben afgestudeerd, ga ik me inschrijven voor de PhD op een of andere gerenommeerde Europese of Amerikaanse universiteit.

Terwijl ik dit artikel schreef ben ik wat emotioneel geworden omdat we net de tragedie van die verwoestende aardbeving hebben meegemaakt. En over een paar dagen gaat mijn land een nieuwe grondwet vaststellen. Daarin de overeenkomst van het vredesproces na een decennilange opstand gevolgd door bijna tien jaar politieke overgang. Een zucht van voldoening slakend dat eens hongersnood, afhankelijkheid, vernietiging van cultuur en demoralisatie van de mensen, die kwaadaardige wortels, uitgeroeid zullen worden, ben ik aan het worstelen bij deze opdracht om de dromen zichtbaar te maken die generaties lang onzichtbaar waren. Ik weet dat deze droom niet alleen mij toebehoort en ook niet alleen aan onze generatie. Integendeel, de droom van een 'Nieuw Nepal' is al een ideologie die al sinds onheuglijke tijden tot op vandaag heeft bestaan. Die droom is niet uitgebroed in een betonnen gebouw van vele verdiepingen, en ook niet tijdens een esthetische slaap 's nachts. De droom werd uitgebroed in het ouderwetse gebouw ontworpen door proletarische zielen. Koning Prithvi Narayan Sha was het die het begon door de verdeelde nationale staten te verenigen tot het moderne hedendaagse Nepal. Maar dat was louter een geografische vereniging. Maar de afspraak om het ontwikkelde Nepal zichtbaar te maken moest nog worden gerealiseerd. De generatie vlak na de vereniging groeide helemaal met deze droom op en gaf die door aan de volgende generatie en nu is die verplichting overgelaten aan mijn generatie. Ik weet dat het niet in één enkele nacht kan gebeuren en ik kan het ook niet alleen klaarspelen, maar wat ik wel alleen kan doen is de zoektocht van mijn leven. Het is altijd mijn droom geweest aan die grootste levende droom bij te dragen al zou het maar een greintje zijn. Om mijn opdracht te vervullen moet ik allereerst een academisch profiel opstellen. Dat is de reden waarom ik solliciteer naar een plaats op een prestigieuze universiteit met een luisterrijke geschiedenis van meer dan een drie-en-een-halve eeuw. Geboren als ik ben in een lage middenklasse gezin en in een onderwijskundig minder bevoorrechte uithoek van de derde wereld, is mijn reis vanaf de doodgewone dorpsschool naar een universitaire graad geen pretje geweest. En ik bezit een nog grotere ontwikkelingsmogelijkheid in de toekomst als mij die gelegenheid wordt geboden. Ik koester niet zo'n grote droom na het behalen van mijn graad; ik wil mijn mensen gewoon uit die armoede sleuren naar het voordeel van onderwijs dat hun lot verlicht. Deze mensen verlangen nog steeds naar een onderwijsniveau waar ze nu nog ver vandaan zijn. Ik zal er beslist toe bijdragen om de mensen naar het voor hen bestemde pad te voeren nadat ik beloond ben met de zo door mij gewenste universitaire graad.

Ik heb een sterke verplichting om vooral de mensen in het dorp van dienst te zijn. Een dorp dat nog zal worden verbonden met de 'global village' met de moderne informatie technologie, de ontwikkeling van de handel en het handelsverkeer die alle vormen van armoede zal uitroeien. Zoals de befaamde Indiër APJ Abdul Kalam het zei, 'dit is de wereld waar alleen sterkte sterkte respecteert en zelfrespect samengaat met onafhankelijkheid. Dus teneinde het huidige Nepal te ontwikkelen moeten we uitmunten in onze kernbekwaamheden en die benutten als belangrijkste ontwikkelingsstrategie. En ongetwijfeld is het toerisme er één van en het tijdperk toerisme marketing is in Nepal net pas begonnen. En wat ons betreft zijn de mensen in de stad niet de enige mensen in Nepal. Er zijn andere zaken die we in gedachte moeten houden voordat we een visie voor het 'Nieuwe Nepal'ontwerpen. Het propageren van het toerisme in midden en westelijk Nepal is het ultieme doel van deze visie. Tijdens mijn hele studie zal ik ruimschoots informatie vergaren over wat ik met mijn leven ga doen. Ik weet dat er honderden Rishi Acharyas bestaan, aan hun lot overgelaten, in de steek gelaten na een heleboel worstelingen, zoals ik die in mijn carrière heb meegemaakt. Er zijn kinderen die nog steeds verstoken zijn van hun grondrechten aangezien zij geen toegang hebben tot de basisvoorzieningen en het recht op onderwijs en gezondheidszorg voor hen nog ver weg is. Dit zijn de mensen die leven in kwetsbare gemeenschappen en in gebieden die ook nog een decennium lang te lijden hadden van oproer. Dit heeft de ontwikkeling van deze gemeenschappen nog verder verslechterd. Het bevorderen van verschillende types toerisme', en die een vaste plaats geven in deze regio's, zal helpen om werkgelegenheid te scheppen zodat het leven van die Rishis niet tevergeefs is. Zo'n functie voor het toerisme legt verder de basis voor andere lokale industrieën. Op zijn beurt zal dit voor brood en beleg zorgen voor de mensen uit deze regio's. Ondanks deze geweldige kans voor het toerisme daar, is men bezig van deze gebieden de slechtste plaatsen in Nepal te maken. Dit is onrecht en mijn visie is om dat onrecht te bestrijden.

(Master's degree in Management from TU. College Topper)

16 Roshan Sigdel (1997)

Actie ondernomen door Nepalese bevolking, Regering, Ngo's en Ingo's

Voor zover ik weet hebben individuele mensen niets gedaan om het lot van de mensen te verlichten. Alle mensen hebben te lijden en zij zijn niet in staat anderen te helpen.
Over de regering gesproken, de regering van Nepal heeft iets geprobeerd om hulp te bieden in plattelandsdorpen, maar die hulp is niet genoeg. Ze delen alleen maar noedels, snacks en wat rijst uit. Laatst kregen we vier pakjes crackers en twee pakjes noedels en een zaklamp als steun/troost. Behalve dat kregen we niets. Momenteel hebben we geen gebrek aan voedsel, maar we willen een plek om te wonen, we hebben een huis nodig. Wij willen dat onze regering ons helpt een huis te bouwen. Onlangs zag ik veel voertuigen uit China en India op de wegen in Nepal rijden met voedsel voor de aardbeving slachtoffers. De regeringen van China en India hebben veel hulp geboden in andere getroffen gebieden, maar niet in ons gebied. Ik weet dat er veel geld aan ons dorp is gegeven, maar een corrupte vertegenwoordiger van een politieke partij heeft al dat geld ingepalmd en ons in paniek achtergelaten. Wiel, je weet dat ons huis een eind van de stad is gelegen. Hulptransporten komen alleen in het stadsgebied zodat alleen de mensen die in de stad wonen elke keer hulp krijgen, maar wij niet. Geen enkele regering stuurt mensen om onze nood te verlichten. Misschien heb je dat gezien op de televisie van Nepal: heel veel geschonken tenten, voedsel en geld zijn opgeslagen in de regeringskantoren van Nepal. Maar dat is niet verspreid onder de mensen die lijden onder de aardbeving. Ik weet niet waarom ze dat allemaal in die kantoren bewaren … misschien maken ze er misbruik van.
Laatst hoorde ik over een schandalig nieuwsbericht. Enkele Ngo's en Ingo's hadden geld gegeven om tenten te kopen om dit als steun onder de mensen te verdelen. Maar een politiebeambte en een burger uit India misbruikten dat geld en verkochten de tenten aan de mensen voor een bedrag dat twee maal zo hoog was als de tenten echt kostten. Wij

haten deze mensen die de giften en ondersteuning misbruiken. Zij worden door alle Nepalese mensen vervloekt.
Ngo's en Ingo's hebben veel gedaan om de nood te verlichten. Maar zij richten hun aandacht alleen op voedselpakketten en niet op de huisvesting. Wij verblijven buitenshuis. Soms zien we tijgers, soms komt er een dief en zijn wij bang. Ik wens dat de regering en de niet-gouvernementele organisaties ons helpen om een huis te bouwen waar wij in kunnen wonen. Ik wil dat politici ophouden met hun corruptie en de burgers gaan helpen in deze rampzalige tijd. Ik zou willen dat alle mensen zich verenigen en gaan strijden tegen de regering die geen geld of giften voor haar burgers heeft vrijgemaakt.
Ik zou wensen dat we een huis hadden, een eigen huis, zonder leningsbedrag… .
Wiel, ik was ontzettend bedroefd en vertwijfeld toen ik dit artikel voor je schreef. Ik voel me gefrustreerd over de regering en diens vertegenwoordiger.
Blij je te helpen.

(Pokhara University Kathmandu, bachelor economics)

17 Sabin Rijal (1997)

En ik ben daar één van

Nepal is één van de ontwikkelingslanden. Nepal kent veel meer dorpen dan steden. Ongeveer 85% van alle mensen woont in dorpen en ik ben daar één van.

Ik woon in klein maar mooie dorp. Het is gelegen in het district Makawanpur. De naam van het dorp is Basamadi. Het ligt 6 km. van Hetauda, de hoofdplaats van Makawanpur en één van de industrieel ontwikkelde steden in Nepal. Hoewel mijn dorp een klein gebied beslaat is het dichtbevolkt. Mijn dorp heeft ongeveer *10.500* inwoners.
Meer dan 50% van de inwoners heeft een opleiding genoten. Betonijzerproductie, opwekking van elektriciteit, een gezondheidspost, scholen, een postkantoor, vracht – en vervoersfaciliteiten *(vlg. Importer Security Filing)*, communicatie- en drinkwatervoorziening brengen het dorp tot ontwikkeling. Maar de meeste inwoners hebben een boerenbedrijf. Ze kweken verschillende soorten gewassen zoals: maïs, rijst, tarwe, gierst, tomaten, aardappels, gember, graan, bonen en soja. De inwoners van mijn dorp zijn eenvoudige, vriendelijke en hardwerkende mensen. Ze zijn erg sociaal en helpen elkaar waar mogelijk.
In de zomer is het erg warm in mijn dorp en in de winter erg koud. Er wonen veel religieuze mensen in mijn dorp. De meeste zijn Hindoe, anderen Boeddhist of Christen.

(Makwanpur multiple Campus, Hetauda)

18 Srawan Pariyar (1994)

De jeugd is sterk in beweging

Nepal is een land bij de Mount Everest en staat bekend als een plaats van Lord Buddha. In de Tweede Wereldoorlog werd een nieuwe naam, 'Bahadur Gorkhali', aan de Nepalezen gegeven. Ons land ligt tussen twee grote landen, China en India, en de oppervlakte beslaat 147.151 km^2. De volkstelling in 2011 heeft aangetoond dat de totale bevolking 26.494.504 is. Er zijn ongeveer 125 verschillende 'kasten' en etnische groepen en er worden behalve de Nepalese taal ongeveer 123 moedertalen gesproken. Nepalezen volgen ook verschillende culturen en tradities en al die maatschappij groeperingen hebben hun eigen sociale normen, waarden en maatschappelijke gelaagdheid.
Het volkstelling verslag geeft aan dat de leeftijd van de arbeidende bevolking ligt tussen de 15 en 59 jaar. Bij de volkstelling van 2001 bleek dat slechts 54% van de totale bevolking werknemers waren (12.310.968), maar de volkstelling van 2011 geeft aan dat ongeveer 57% van de totale bevolking werknemers zijn. (Bron: Nationale bevolkingen huisvesting telling 2011, pagina iii)

Aangaande de geschiedenis van Nepal: de bijdragen van de Nepalese jongeren aan het democratiseringsproces is enorm. In het afzetten van het Rana regiem in 2007 heeft de jeugd van Nepal een vitale rol gespeeld en heeft voor het eerst in Nepal democratie gebracht. Die studentenbeweging van 1979 tegen het Panchayat regiem resulteerde uiteindelijk in een landelijk referendum. De volksbeweging van 1989 en de april opstand van 2006 zijn in dit opzicht klassieke voorbeelden. In tegenstelling daarmee zijn opeenvolgende generaties van Nepalese jongeren door de politici en de heersende elite gebruikt en misbruikt om eigenmachtig hun eigen doelen te bereiken.

Het wordt algemeen gesteld dat jongeren de sleutel vormen voor sociale verandering. Maar niemand kan precies helder maken wie of wat die jongeren zijn. Sommigen zeggen dat het personen zijn die de moed hebben en de capaciteiten om hard te werken alsmede de toewijding om gewenste veranderingen in de samenleving aan te brengen. Deze worden beschouwd als jongeren, ongeacht hun leeftijd. Men kan dit een uitstekende definiëring noemen daar waar jongeren hun verantwoordelijkheden om de samenleving te veranderen vergeten zijn en de mensen van middelbare leeftijd die verantwoordelijkheden feitelijk hebben genomen. Hoewel zij niet jong zijn qua leeftijd merkt men dat hun geest jong is; hun harde werken toont aan dat zij nog steeds jong zijn. Als dit zo is, waarom erkennen we die mensen van middelbare leeftijd niet als jeugdigen? Maar er zijn zoveel wijze geesten die de jeugd hebben gedefinieerd op basis van leeftijd.

In de Nepalese context tonen gegevens aan dat jongeren veel zelfstandiger worden vergeleken met de gegevens van de volkstelling uit 2001. Maar nogal wat Nepalese jongeren worden vanwege armoede werknemer in verschillende Golfstaten. Nepal wordt geconfronteerd met een armoede probleem. Jongeren krijgen geen geschikt onderwijs. Een gezegde luidt dat onderwijs het derde oog van een mens is, omdat het ons helpt ons gedrag te leiden. Een onontwikkeld persoon kan onhandelbaar gedrag vertonen. Maar het onderwijs is de sturende factor die ons beschaafd maakt. In de Nepalese maatschappij worden zij die anderen onderwijzen beschouwd als meer gerespecteerd dan hun vader of moeder. Dus diegenen die je helpen kennis te vergaren en je leren hoe je kunt overleven in deze concurrerende wereld na je geboorte, zijn werkelijk eerbiedwaardig. In de wereld van vandaag is onderwijs alles. Dus wordt onderwijs het sterkste wapen van een wijs persoon genoemd. Na de revolutie van 2004 zijn er veranderingen aangebracht in het onderwijs aan jongeren en eveneens aan hun bijdrage aan de samenleving. Tegenwoordig krijgt de jeugd beter onderwijs dan voorheen. Het ministerie van onderwijs van Nepal probeert ook de jeugd praktisch onderwijs te bieden. Iedereen denkt dat de jeugd alleen maar nuttig is om op straat te protesteren of om een revolutie te ontketenen. Maar dit is een van de foute praktijken die zijn toegepast door diverse politieke partijen in Nepal. Jongeren kunnen ook iets goeds doen voor de natie en voor het gezin als ze het juiste podium krijgen. Maar vandaag is de tijd gekomen om de oude, traditionele opvattingen over de jeugd te verbranden en om moderne ideeën over de jeugd in de Nepalese samenleving vast te stellen. Maar makkelijker gezegd dan gedaan. Dus er moeten moderne inzichten omtrent activiteiten voor jongeren gecreëerd worden liever dan machteloze woorden. Alle mensen weten dat je gezag moet grijpen; niemand geeft het je als je het vraagt. Dus acties door jongeren wijzen jongeren de weg om zowel verantwoordelijkheid als gezag te krijgen. En dan alleen kan de samenleving in Nepal veranderd worden.

Ik heb het er al over gehad dat de meerderheid van de Nepalese jeugd voor werkgelegenheid naar het buitenland gaat om met het oog op een betere woonsituatie van hun familie geld te verdienen. De meeste jongeren hebben vanwege armoede geen goed onderwijs genoten. De hiërarchische positie van de jeugd in de Nepalese maatschappij is niet zo sterk. Het betekent dat de jongere ook zijn eigen sociale plaats en sociale rol heeft. De jeugd in Nepal beschermt ook de Nepalese cultuur en tradities omdat Nepal trouw blijft aan zijn eigen cultuur en tradities. Wij hebben verschillende 'kasten' en etnische groepen en die hebben hun eigen cultuurvormen en tradities. Al deze cultuurvormen en tradities horen bij Nepal; dus om die te beschermen zijn jongeren bezig verschillende culturele organisaties te stichten. De jeugd is de vastberaden steunpilaar van Nepal.
Nepal heeft momenteel te maken met hoogtepunten en dieptepunten in politieke, economische en sociale vraagstukken. Elke moeilijkheid, goedkeuring, afkeuring of schending van de wet door een regerings- of non-gouvernementele organisatie wordt getart door felle straatprotesten. Het zijn hoofdzakelijk jongeren die aan deze protesten deelnemen of de leiding ervan hebben en die protesten tonen de grootste zorg over de staatszaken aan. Het weerspiegelt duidelijk hun woede over de politiek. En er zal heel wat bekwaamheid nodig zijn om over het gelijk of ongelijk van de jeugd te oordelen. Al deze activiteiten beïnvloeden de politieke partijen om veranderingen in de politiek aan te brengen.
Dat de jeugd in Nepal sterk in beweging is werd duidelijk bij de hulp aan de slachtoffers van de aardbeving. De zeer forse 7.8 aardbeving die Nepal trof op 25 april 2015 heeft een humanitaire crisis van ongekende omvang veroorzaakt. Toen kwam de jeugd sterk in beweging. In elke sector waren Nepalese jongeren bezig met vrijwilligerswerk zelfs wanneer hun eigen huizen verwoest waren. Dat was de grootse tijd voor wat betreft de inzet van de jeugd. De jongere generatie voelt beter aan wanneer zich als patriot te gedragen en is beter onderlegd vergeleken

met de generatie die eindeloos lang het roer van het bestuur in handen heeft gehad en tot talloze politieke bewegingen in het land heeft geleid. Deze jongere generatie kan voorzien in de behoefte die ontstaat door eigentijdse factoren zoals globalisatie en de verborgen effecten ervan die men aantreft in elke sector van de macht.

(Bachelor2e jaar, NIMS College, Lalitpur, Sociaal werk)

19 Sujana Luitel (1986)

De toekomst van Nepal

Nepal is een van de ontwikkelingslanden van Azië. Het wordt beschouwd als de klem tussen India en China. Het is geheel door land omgeven en een onafhankelijke staat in Zuid Azië, in het noorden grenzend aan China en in het zuidwesten en het westen aan India. Het heeft een oppervlakte van 147.181 km² (56.827 mijl²), gelegen langs de Himalaya. Volgens de volkstelling van 2011 is de totale bevolking van Nepal ongeveer 27 miljoen. Nepal is in oppervlakte op 92 landen na het grootste land en op 40 na het dichtstbevolkte land ter wereld. Nepals oppervlakte beslaat slechts 0.03 % van de wereld en 0.3 % van het continent van Azië. Nepal is verdeeld in 75 districten, 14 gebieden en 5 ontwikkelingsregio's om het ontwikkelings- en administratieve werk effectief en efficiënt uit te voeren. Nepal is een onafhankelijke, ondeelbaar, soevereine, seculiere, democratische, op socialisme georiënteerde, federale democratische republikeinse staat overeenkomstig de huidige grondwet van Nepal die op 20 september 2015 van kracht werd en waarbij de voorlopige Grondwet van 2007 vervangen werd. De grondwet werd ontworpen door de Tweede Constituerende Assemblee die volgde op het mislukken van de Eerste Constituerende Assemblee om een grondwet te produceren in de opgedragen periode. De grondwet is de fundamentele wet van Nepal. Die definieert Nepal als een land dat multi-etnische, meertalige, multiculturele kenmerken heeft met gemeenschappelijke aspiratie van mensen die leven in verschillende geografische regio's en die zich inzetten voor en verenigd zijn met een band van getrouwheid voor nationale onafhankelijkheid, territoriale integriteit, nationaal belang en voorspoed van Nepal, waarbij alle Nepalezen gezamenlijk de natie vormen.

Op een vergelijkbare manier is Nepal ook verdeeld in drie geografische of fysieke regio's: Bergen, heuvels en Terai. Nepal kan in het berggebied specialiseren in het hoeden van schapen en het bergtoerisme bevorderen. De hoogste berg van de wereld is daar de Mount Everest. Tuinbouw en fruitteelt in de heuvelachtige gebieden en voedsel en

groenten gewassen in de Terai regio.
Landbouw is Nepals voornaamste economische activiteit; 70 % van de bevolking is daarin werkzaam en levert 37 % van de bruto binnenlandse productie. Het is belangrijk voor Nepal het organisch verbouwen van groenten, fruit, kruiden, enz. te promoten. Evenzo zou de regering klimaatbestendige oogsten voor de boeren moeten bevorderen. Meer dan tweederde van de bevolking is voor zijn werkgelegenheid daarvan afhankelijk. Echter, de regering is er niet in geslaagd een soepele aanvoer van kunstmest, zaden en bestrijdingsmiddelen te garanderen, landbouwleningen te verstrekken en agrarisch onderzoek uit te voeren voor het welzijn van de boeren. Het landhervormingsprogramma is op de agenda van politieke partijen gezet, maar speelt alleen in verkiezingstijd een rol om macht te verkrijgen. Het BNP van Nepal is sterk afhankelijk van de overgemaakte bedragen van arbeiders in het buitenland. Ongeveer 25 % van de economie draait op deze overschrijvingen. IJverige jongeren zien zich genoodzaakt naar het buitenland te gaan. Nepal is niet in staat hen werkgelegenheid te verschaffen. Maar Nepal heeft wel het enorme potentiele vermogen van waterkracht en toerisme. Het heeft 83.000 milliwatt aan theoretische en 43.000 mw. aan technisch/financieel levensvatbare hydro-elektrisch potentieel; echter, de totaal geïnstalleerde capaciteit is momenteel slechts 730,47 mw. Het is ironisch dat de mensen nog steeds geconfronteerd worden met het probleem van het uitvallen van de elektriciteit. Nepal kan waterkracht opwekken en de elektriciteit aan zijn buurlanden verkopen om een welvarend land te worden. Het toerisme kan ook een belangrijke factor worden voor economische ontwikkeling. Toerisme helpt ook om vreemde valuta te verkrijgen. Toerisme is voor de welvaart van Nepal een belangrijke factor geworden.
Nog een factor die verantwoordelijk is voor de ontwikkeling van Nepal is de ontwikkeling van transport voorzieningen. Er is geen enkele wegverbinding in het Humla en Dolpa district van Nepal. Als gevolg van het gebrek aan een vrije stroom van interregionaal transport, rotten appelen in de Himalaya regio terwijl we tegelijkertijd grote hoeveelheden van dat fruit uit onze buurlanden importeren.
Het belangrijkste dat kan helpen Nepal welvarend te maken is zijn menselijke hulpmiddelen. Die maken de rijkdom van de natie uit. Ongeveer 57 % van de Nepalese bevolking is economisch actief. Die kunnen een actieve bron van productie en ontwikkeling zijn. Op een vergelijkbare wijze zou de regering jongeren kunnen aanmoedigen ondernemer

te worden door een gunstige omgeving en politieke stabiliteit te creëren. Nepal zou verschillende werkwijzen moeten starten om ondernemerschap te bevorderen. Evenzo is politieke stabiliteit een vereiste om rechtstreekse investering vanuit het buitenland aan te trekken. Maar het tempo van de ontwikkeling hangt af van de kwaliteit, de capaciteit en de vaardigheden van de bestaande arbeidskrachten. Nepal dient organische verbouw van groenten, fruit, kruiden, enz. te bevorderen door een gunstige werkomgeving voor jongeren te creëren die nu genoodzaakt zijn naar de Golfstaten te gaan. Het is evenzeer belangrijk voor bevoegde en opgeleide arbeidskrachten te zorgen voor de ontwikkeling van het land. De regering moet onverwijld starten met het aanbieden van technisch beroepsonderwijs dat kan bijdragen aan het ontwikkelen van het toerisme, de industrie en waterkrachtvoorzieningen. Evenzo behoort Nepal de jeugd aan te moedigen mee te doen aan organisch boeren, liever dan te gaan werken in een land van de Golfstaten. Hiervoor zou de overheid met funcionarissen van de agrarische sector zich moeten richten op het welzijn van boeren. De regering zou een soepele voorraad kunstmest, zaden, en bestrijdingsmiddelen moeten garanderen om klimaatbestendige oogsten te bevorderen, aangezien Nepal kwetsbaar is in verband met de opwarming van de aarde. Voorts de boeren van de benodigde leningen voorzien. Ook zou de regering meteen moeten beginnen met het wetenschappelijke landhervormingsprogramma in plaats van dat te doen als het verkiezingstijd is. Ook moet er overeenstemming zijn tussen het manifest ten tijde van de verkiezingen en de activiteit na het winnen van de verkiezingen. Een stabiel, sterk en efficiënt bestuurlijk apparaat is even belangrijk voor de tenuitvoerbrenging van ontwikkelingsplannen. Een sterk, bekwaam en niet-corrupt bestuur is een allereerste voorwaarde voor succesvolle planning. Nepal is onderontwikkeld als gevolg van ambtelijke vertraging, bureaucratie en corruptie, misleiding en gebrek aan effectieve werkwijzen om onregelmatigheden en de directe bemoeienis van politieke partijen met het bestuur te ontmoedigen. Evenzo dienen vakbekwame en bevoegde arbeidskrachten zoals technici, bedrijfsleiders en bestuurders zich te ontwikkelen met het oog op de ontwikkeling van Nepal. De regering van Nepal behoort verschillende mechanismen te starten om ondernemerschap te bevorderen en te stimuleren. Nepal heeft ook te maken met een te lage productiviteit, hetgeen te wijten is aan de onmacht om moderne technologie die beschikbaar is in de wereldmarkt te gebruiken. De regering van Nepal moet zich concentreren op het technische onderwijs en het beroepsonderwijs die kunnen helpen bij de economische en infrastructurele ontwikkeling van het land. Rechtstreekse investering uit het buitenland kunnen een belangrijke bron voor buitenlandse technologie zijn. De voornaamste oorzaak dat Nepal niet in staat is rechtstreekse buitenlandse investeringen aan te trekken is gelegen in politieke instabiliteit en corruptie. Research heeft aangetoond dat vermindering van corruptie helpt om die investeringen aan te trekken. Politieke stabiliteit schept een gunstige voorwaarde voor het implementeren van plannen en projecten.

Na het winnen van de verkiezingen hebben de politieke partijen de macht om het beleid van de regering te maken, maar alle politieke leiders zijn tot nu toe druk met het veilig stellen van hun positie. Zij slagen er niet in het land te besturen zoals de mensen het verwachten. Ze zijn altijd geïnteresseerd in hun eigen belang. Men zegt dat de belangrijkste problemen niet opgelost worden vanwege het gebrek aan inlevingsvermogen en wegens egoïstische motieven. Er moet een harmonie zijn tussen de woorden en de activiteiten van de politieke leiders om het land te ontwikkelen. Nepal had zich voorgenomen te promoveren van LDC (laag ontwikkeld land) naar DC (ontwikkeld land) in het jaar 2022, maar Nepal wordt geconfronteerd met moeilijkheden door een gebrek aan visionaire leiders. Onze leider ontbreekt het aan empathie, passie, mededogen, sturende visie, altruïsme en onkreukbaarheid. Door het gebrek aan visie en missie zijn zij niet in staat vakkundig beleid voor de lange termijn of korte termijn te maken. In de politiek laten zij zich leiden door samenzwering om hun partij te leiden en gevestigde belangen te bevredigen. Zij namen geen besluiten toen er besluiten genomen moesten worden. Zij zijn niet in staat de aan hen toegewezen verantwoordelijkheid na te komen. Zij zouden de kracht van het begrijpen en het vindingrijk invoelen van de jongeren moeten hebben. Die voelen zich genoodzaakt te vertrekken naar de Golf staten om daar het vieze, moeilijke en gevaarlijke werk te doen voor een schamel salaris door de politieke instabiliteit in hun eigen land. Ze zouden de situatie van de slachtoffers van de aardbeving moeten begrijpen. Ze behoren voor alle mensen dezelfde zorgzaamheid te hebben als ze voor hun eigen kinderen hebben. Zij moeten zich inspannen voor het beste belang van de mensen. Ten behoeve van een welvarend Nepal heeft Nepal evenzo behoefte aan empathische leiders met visie in de wetgevende-, uitvoerende-, ambtelijke- en veiligheidsmachten. Als zij zich niet op tijd

verbeteren zullen Nepalese mensen hun nooit vergeven. Als zij zich wel verbeteren en de hun toegewezen plichten vervullen, zal de toekomst van Nepal er stralend uitzien. Voor een voorspoedig Nepal behoren de burgers van Nepal ook toegewijd, eerlijk en vol inlevingsvermogen te zijn.
Name: Sujana luitel, Date of birth:1986, June 11

(Education: Master in sociology. Work: Educational counselor at Nayan educational consultancy)

20 Umesh Bomjan (1989)

Bezoek Nepal

Nepal is een natuurlijk een prachtig/mooi land en heeft enorme natuurlijke schoonheden weten te behouden. De mensen hebben niet veel schade toegebracht aan de natuurlijke structuur van Nepal. Veel gezinnen in Nepal leven/wonen zelfstandig en ze werken in hun kleine boerderijen om hun brood te verdienen. Wat interessant zou zijn voor de toerist is, om het leven te ervaren in het afgelegen dorp, zonder contact via wegen of met grote steden. Mensen van Nepal zijn meestal warm, gastvrij en vriendelijk. De Nepalezen hebben geleerd om de gasten/mensen, welke hen in hun huizen bezoeken, in elke situatie te respecteren. Kinderen in het gezin zijn altijd enthousiast om nieuwe mensen te zien komen en die bij hen in hun huizen verblijven, zelf nieuwe dingen te leren maar ook graag nieuwe mensen helpen. Er zijn vele etnische en religieuze groepen die in Nepal leven in vrede en harmonie. We kunnen de eenheid in verscheidenheid in Nepal zien. Er zijn vele toeristische gebieden te bezoeken. Je kunt eenvoudig plekken vinden om te bezoeken in Nepal via Google. Er zijn vele gebieden voor toeristen om veel plezier te hebben. Er zijn vele sportieve activiteiten in Nepal. Er zijn veel plaatsen nog niet ontdekt in Nepal. Nepalesen hebben geen vakantiecultuur, gaan niet zelf op ontdekking, zelfs niet in hun eigen land.

Als u geïnteresseerd bent om de meest afgelegen gebieden van Nepal te bezoeken, is dat ook mogelijk; boek uw reis met een aantal reisorganisaties in Kathmandu, laat hen de kaart of de locatie die u in Nepal wilt bezoeken zien. Om uw reis goedkoper te maken is samenwerking met studenten in Kathmandu, afkomstig uit verschillende delen van Nepal, een mogelijkheid om een gratis gids te te nemen, welke u door zijn of haar dorpen gidsen. Nepalezen zijn blij om toeristen te zien in Nepal. Ze weten dat het toerisme ook helpt met de economische groei van het land. Dus bezoek Nepal, de Nepalezen zullen de bezoekers met respect en liefde ontvangen. Als tegenprestatie; respecteer Nepal, zoals zij dat doet met u, respecteer de cultuur en de religies van de Nepalezen. Als u toerist bent; wees dan echt een toerist. De Nepalezen beginnen te begrijpen, wat er moet veranderen en hoe ze hun land duurzaam kunnen ontwikkelen. Jongeren beseffen nu wat het beste is voor hun land. Er zijn veel dingen die u misschien niet graag in Nepal ziet; probeer dat niet te veranderen, de Nepalezen moeten de veranderingen zelf realiseren. Je moet als toerist genieten. Geniet van een goede vakantie in Nepal.

(Université Rennes 2 Haute Bretagne (master social work))

21 **Mukunda Budha (1989)**

heel alert aangaande de politiek.

Waarschijnlijk als iemand mij die vraag zal stellen zal ik antwoorden dat Nepal het mooiste en kleinste land is waar u kunt genieten van de natuurlijke schoonheid en ongereptheid. De plaats waar Boeddha werd geboren, de plaats waar de mooiste Sagarmatha is verdwenen. En de plaats met veel culturele diversiteit, waar sprake is van een religieuze tolerantie, waar de mensen coöperatief zijn (samenwerken) en je hun gastvrijheid nooit zult vergeten. Maar naast alle schoonheid zijn er steeds meer problemen die maken dat Nepal steeds achteruitgaat. Ik zal aan de toeristen vertellen dat Nepal een onderontwikkeld en arm land is. En hen ook vertellen dat Nepal een capabel land is, maar er zijn een aantal signalen/tekenen die Nepal onbekwaam maken. Het eerste en belangrijkste punt de politieke impasse. Nepal is een land waar in de praktijk altijd een verkeerde politieke structuur heerst. De bewoners van het land zijn ongeschoold, maar ze zijn heel alert aangaande de politiek. Ze zijn vrij goed op de hoogte van de politiek en zijn in staat om hun leiders te kiezen. Maar het grootste probleem zijn de politici zelf die altijd vuile politiek beoefenen. De politicus of belangrijkste leider van Nepal is altijd afhankelijk van het buitenland (vooral India en China). India en China spelen een cruciale rol in de Nepalese politiek. Politici van Nepal zijn altijd onbekwaam gebleken om het politieke geschil op hun eigen wijze op te lossen. En een ander belemmerend punt in Nepal is de corruptie. Corruptie staat hoog in het vaandel in Nepal. In Nepal kan je niets doen zonder corruptie. Corrupte mensen worden in Nepal zeer gewaardeerd in plaats van gestraft. Het is beschamend te zeggen, maar er moet ook vertelt worden dat regeringsautocraten /-leiders de meest corrupte mensen zijn in Nepal. Eigenlijk hebben we wel een goede wettelijke straf voor corrupte mensen, maar de wettelijke regels worden niet strikt opgevolgd. Dus Nepal is nog onderontwikkeld en het zal nog lang duren om ontwikkeld te worden. Maar uiteindelijk zal ik wel tegen

de toerist zeggen ‘hoewel Nepal onderontwikkeld en een arm land is, Nepal wel het mooiste land is’.
Zo heb ik geprobeerd om enkele woorden te schrijven, maar ik neem aan dat het niet voldoende voor jou is, Wiel. Maar goed, ik zal mijn best doen.
Als ik meer ideeën heb zal ik je het laten weten. Of ik zal je schrijven.

(Kadan automotive technical college, Universiteit Sendai, Miyagi, Japan (master automatisering)

Deel 3

Dichterbij

De zon en de maan

Zolang de zon en de maan opgaan boven Nepal,
zal Nepal blijven bestaan.
(uit het Volkslied van Nepal).

Zij zullen U vrezen, zolang de zon en maan zullen zijn,
van geslacht tot geslacht.
(uit psalm 72).

Het beeld van zon en maan die blijven opgaan en schijnen zal beslist vaker worden genoemd in de literatuur. Het bracht mij tot een reeks van beelden en gedachten die mij ver weg voerden, tot over de grens van de zichtbare wereld tot diep in de vrije wereld van de fantasie, daardoor extra gevoed na de kennismaking en het lezen van het boek 'De vergeten jaren van Jezus in India en Tibet. Het evangelie van Issa'. (Paul van Oyen).
Op de vlag van Nepal staan de twee koninklijke symbolen, de zon van het koninkrijk Mustang (een autonoom koninkrijk binnen Nepal tot 2008) en de maan van de Rana dynasty (tot 1961). De twee koninklijke symbolen vertegenwoordigen de hoop dat Nepal zal blijven voortbestaan zolang de maan en de zon zullen schijnen.

'Zij zullen U vrezen, zolang de zon en maan zullen zijn, van geslacht tot geslacht' (psalm 72 vers 5).
Deze psalm wordt toegeschreven aan koning Salomon. Het wordt ook wel gezien als een gebed van David voor zijn zoon Salomon. Zijn naam betekent 'vreedzaam' of 'vredig'.
In die psalm zien sommigen ook een verwijzing naar de Messias, Jezus.

Anders en in diepzwarte tinten schildert de profeet Ezechiël de hemellichamen als hij het einde van het tijdperk, de wereld, voorspelt: 'Als jouw licht gedoofd wordt / zal ik de hemel bedekken / en de sterren verduisteren / de wolken zullen voor de zon komen / en de maan zal niet langer schijnen' (32:7-8).

Waarom deze drie teksten aangehaald, willekeurig en op het eerste gezicht wat ver gezocht?
Omdat de zon en de maan hun licht zullen laten schijnen over alle volkeren hoe ook geschiedenis, godsdienst en cultuur ze inkleurt. Ik zie wel de tegenstellingen, maar ook de onderlinge verbanden zodat die tegenstellingen te overbruggen zijn. Ik bedoel dus: bruggen die de overloop naar elkaar mogelijk maken, vrij verkeer van personen met hun hele culturele en geestelijke bagage.
Met deze visie kan ik goed overweg als we in Nepal praten over gelijkheid, vrijheid, religie en kaste.
Om deze gedachte nog meer fundament te geven las ik 'De vergeten jaren van Jezus in India en Tibet'.
Hoe dichtbij komt dan die ander?
Ergens las ik: 'De mens is op zoek naar de reden van zijn bestaan.'
Die vraag is van alle tijden en van alle culturen. De zoektocht naar het 'waarom' is al duizenden jaren geleden begonnen en nog steeds niet ten einde. Verschillende culturen ontwikkelden een idee over de wereld achter de zichtbare dingen, maar helemaal afzonderlijk van elkaar ging dat niet. De culturen stonden met elkaar in verbinding, door verhalen die de wereld over gingen. Ideeën verspreidden zich op die manier over de wereld en passeerden grenzen. In de loop van de tijd werden ervaringen opgenomen in de verhalen, ervaringen van afzonderlijke mensen en ervaringen van volken. De verhalen die mondeling werden overgeleverd werden na verloop van tijd op schrift gesteld waardoor er mondelinge bronnen en schriftelijke bronnen ontstonden. Niet elke cultuur overleefde en daardoor gingen er ook weer verhalen verloren.'

Er is een eeuwenoude en nog levende mondelinge traditie in India en in de Himalaya 's die zegt dat Jezus in deze periode in India, Nepal en in Tibet verbleef om er te studeren. Veel geleerden hebben regelmatig gewezen op de overeenkomsten tussen de boodschap van Boeddha, van Krishna en van Jezus.

In 1887 werd in een klooster in het grensgebied tussen India en Tibet een opzienbarende tekst ontdekt. Deze tekst bevatte het levensverhaal van Jezus (in de tekst 'Issa' genoemd), gebaseerd op informatie van kooplieden langs de zijderoute tussen China/India/Tibet en het Middellandse Zeegebied. De tekst gaat vooral over de achttien 'vergeten' jaren van Jezus – tussen zijn twaalfde en dertigste

– waarover de bijbel geen enkele informatie geeft. Deze tekst, het Evangelie van Issa, zo wil de overlevering, vult dit hiaat aan. Hierin staat dat Jezus op zijn dertiende op reis ging naar India, om daar verder te studeren bij volleerde yogi's en bij Vedische Schriftgeleerden. Hij bleef er zes jaar, vertrok vervolgens naar het Himalaya-gebergte en bestudeerde het Boeddhisme. Ook die leerperiode nam zes jaar in beslag. In de derde periode van zes jaar preekte hij daar en in het huidige Noord-India en Pakistan. Toen keerde hij via Afghanistan en Iran terug naar Palestina, ongeveer op zijn dertigste jaar. Ook daar begon hij te prediken. Jezus was in India en Tibet een volleerde schriftgeleerde geworden in zowel de Joodse, de Vedische als de Boeddhistische traditie. Ook had hij zich in die periode de speciale yoga-kwaliteiten (*siddhi's* genaamd) eigen gemaakt die hem in staat stelden wonderen te verrichten. Tot op de dag van vandaag zijn deze technieken bekend in kringen van volleerde yogi's.'
Zijn alle godsdiensten gelijk? Christenen zullen zeggen: nee. Veel hindoes zeggen: ja. Dat maakt het onderlinge gesprek lastig. Want wat de één uniek noemt, vindt de ander hetzelfde alleen in andere bewoordingen.
In gesprekken ben ik altijd duidelijk: alle godsdiensten hebben hetzelfde ijkpunt: Jahweh, God, Allah, Brahma of onder welke namen dan ook.Theologisch zal er wel van alles op deze zienswijze aan te merken zijn. Ik wil hiermee alleen tegengas geven tegen het altijd aanwezige missionerende deel van onze christenbroeders en – zusters.

Reisbureaus, websites met verhalen van reizigers en recensies van boeken willen ons doen geloven hoe vol van mystiek Nepal is. Men bedoelt dan de natuur, de tempels en waarschijnlijk ook het geheimzinnige dat als een sluier over dit land ligt. Misschien ook door de hindoe godsdienst, die we nauwelijks kennen en laat staan begrijpen.
Nepal, het land van de vriendelijke en mooie mensen, zoals zo vaak gezegd wordt, heeft prachtige godsdiensten; het hindoeïsme en het boeddhisme. Om het volk beter te begrijpen en meer te zien dan alleen decorstukken in een overweldigende natuur zou het ook voor de toerist een verrijking zijn zich ook in deze godsdiensten te verdiepen.

Durbar Square Patan: luisteren naar voorbije eeuwen

'Waarom sta ik 's morgens op. Om mijn taak te vervullen.'

De taxi hobbelt en schommelt over de smalle weggetjes van Kathmandu naar Lalitpur, het vroegere Patan, op Kathmandu en Pokhara na de grootste stad van Nepal. Daar is de Durbar Square met zijn tempels, godenbeelden en het paleis van koningen uit een ver verleden. Ik blijf toch toerist, ook al bezoek ik Kathmandu al jaren. Voor mij is het namelijk een elk jaar terugkerende activiteit, die zo langzamerhand begint te lijken op een bedevaart. Er is ook zoveel te zien en ook te leren over het land, al gaat het hier om een koninkrijk uit lang vervlogen eeuwen, toen Nepal nog bestond uit talrijke koninkrijkjes.

Durbar Square wordt vaak gebruikt als ontmoetingsplek en het is dan ook een komen en gaan van pelgrims, straatverkopers en toeristen. Maar hoe was dat voordat Nepal rond 1950 zijn grenzen openstelden voor toeristen? Ik loop over de pleinen en door de smalle straatjes en ik verras mezelf door te weten dat ik nu loop waar honderden jaren karavanen trokken van en naar India en China. Hier ergens is ooit het eerste huis gebouwd met het hout van een enkele boom. Hier in de buurt woont Kumari, de levende godin.
Een reuzenhand zet me terug in de tijd, oppassend voor het verkeer, dat hobbelend en hotsend zijn weg zoekt. Op het einde van de straat word je, zo lijkt en voelt het, door een reuzenhand opgenomen en neergezet in die andere tijd en bij het wakker worden voel je dat je in een geestelijke spagaat gezet bent die spieren en pezen tot het uiterste uitgerekt hebben. Inderdaad, mijn fantasie kent nauwelijks nog grenzen, opgeslurpt als ik word door dit land, waarvan ik het bestaan misschien alleen wist van Hergé's Kuifje in Tibet.

Dan, na jaren van dromen en schrijven over deze tempels, paleizen, huizen en straatjes, terug te vinden op de UNESCO lijst van Werelderfgoed word ik geconfronteerd met die vermaledijde aardbeving die ook deze eerbiedwaardige glorie door elkaar gehusseld heeft.

Ik ga even zitten op een van de trappen van deze mishandelde markante gebouwen, gehavend.
Hoor ik het goed? Wat roepen ze me toe: 'Het komt goed, we zullen herrijzen.'
Ik glimlach. Alleen Nepal kan me zoiets toefluisteren, mysterieus vanaf het moment dat het me in 2010 zo gastvrij ontving.
Mijn dromen keren zich naar de realiteit.
Hoe kan dit prachtige land met zijn rijke cultuur en gastvrije bevolking behoren tot een van de armste landen van de wereld.? Ik vraag me af hoe Nepal leefde en werkte voordat het haar grenzen opende en wij, toeristen en goeddoeners, het land bestormden.

Er verschijnt veel literatuur over ontwikkelingswerk en over het gevecht tegen de armoede, over de gezondheidszorg, werkgelegenheid, corruptie en het bestuurlijke gehalte van Nepal.
Op de lijst van Fragile State Index, die jaarlijks verschijnt, staat Nepal op de zesendertigste plaats van de 178 landen. Volgens de lijst van 2015 wordt blijkbaar op alle fronten vooruitgang geboekt.
(Ter vergelijking: Nederland staat op plaats 166. Het beste land om te leven is Finland).
Maar in die lijst was de aardbeving nog niet verwerkt.
Gastvrijheid vraagt geen tegenprestatie, ik weet het. Maar een bloemetje voor Nepal is op zijn plaats.
Onderzoekers op het wereldspeelveld van ontwikkelingswerk spreken elkaar tegen. Zo dringt Jeffrey Sachs, indertijd adviseur van de Verenigde Naties in zijn boek 'Het einde van de armoede' er op aan wel buitenlandse hulp te generen waardoor ze productiever worden. Economen als Dambiso Moyo beweren het tegendeel. Ontwikkelingshulp doet meer kwaad dan goed. Het belet mensen om zelf oplossingen te zoeken. Volgens Moyo is het voor de arme landen het beste de vrije markt haar werk te laten doen. In 'Arm & Kansrijk' vragen Esther Duflo en Abhijit Banerjee zich af wie ze nog geloven moeten. 'Degenen die ons vertellen dat hulp de zaak erger maakt? Of degenen die ons vertellen dat hulp het probleem kan oplossen? We komen er niet uit als de discussie abstract blijft en niet op harde feiten is gebaseerd.
Aan voorbeelden verpakt in spannende verhalen geen gebrek. Er is altijd wel een verhaal te vinden waarmee men een bepaald standpunt kracht kan bijzetten.

Het zal er op neer komen dat er een omwenteling zal plaats vinden, niet zoals de maoïsten dat in 2001 probeerden, maar op basis van een geleidelijke ontwikkeling. De oudere generatie zal gevoed worden door de nieuwe die gretig zoekt naar mogelijkheden een nieuw Nepal te scheppen.
Wie de bijdragen van de jonge generatie in dit boek goed leest voelt een tinteling, die, hoe prematuur ook, iets heeft van een op handen zijnde omwenteling.
Kleine stichtingen als Hatemalo Nepal kunnen daarin een eigen weg gaan en een balans zoeken in de hulp die ze willen bieden. Een regelmatig terugkerend zelfonderzoek is dan wel geboden.
Ik ga nog even terug, ga zitten op één van de tempeltrappen en somber een eind weg.
Hoe kan een land zo geplaagd worden?
'Het gebied rondom Nepal is nooit rustig, het is zelfs één van de gevaarlijkste gebieden ter wereld. Grofweg elke 75 tot 80 jaar komt er een grote beving. De voorlaatste vond in 1934 plaats, waardoor het wel logisch is dat er een volgende zat aan te komen. De locatie kon worden voorspeld omdat onderzoekers tijdens bodemonderzoek ontdekten dat een bepaald bodemsegment ongeveer 700 jaar niet was verschoven. De laatste keer dat het wel verschoof was in 1344, 89 jaar nadat een stuk van een breuklijn ten oosten van Kathmandu was verschoven – net als in 1934, 81 jaar geleden.
Omdat de seismologen niet verwachten dat de beving van 7.8 genoeg zal zijn geweest om alle spanning te laten ontladen, waarschuwen ze voor een grote aardbeving ten westen en zuiden van het getroffen gebied in de komende decennia.'
Ik kijk om me heen. Het lijkt of al die gebouwen even schudden, alsof ze willen zeggen: 'Nee, dat willen we toch echt niet meer meemaken.'
'Dat ligt dan wel een beetje aan degenen die jullie opknappen', kan ik niet nalaten terug te roepen.

Saroj, de meest vrolijke en vriendelijke Nepalees die ik ontmoet heb met rododendrons

Dekens geschonken door vrienden van stichting Hatemalo twee dagen na de ramp

Op weg naar het volgende dorp. Ik liet me elk keer maar verrassen waar ik terechtkwam

Kathmandu. Een straatverkoper uit India op het pleintje bij mijn kamer

Afscheid bij het vliegveld. Deze foto is van 2014. Rajin zal ik pas in 2018 terugzien. Hij studeert in Sidney

Het Frans Hamershuis of MENTALLY Challenged Rehabilitation Center, MCRC
Voor jong mensen met een ernstige verstandelijke beperking. We gaan een nieuw huis bouwen, nadat de aardbeving ook de tijdelijke behuizing vernield had. Snoep, fruit en vooral het zakje chips! Sushant deelt uit

Een van de gevolgen van de oliecrisis: overvolle bussen en levensgevaarlijke toestanden

Zwerfkinderen in Kathmandu

Kamal, een van de straatkinderen krijgt een fiets van Umesh en Mukinda van de Nepalese stichting Little World Nepal

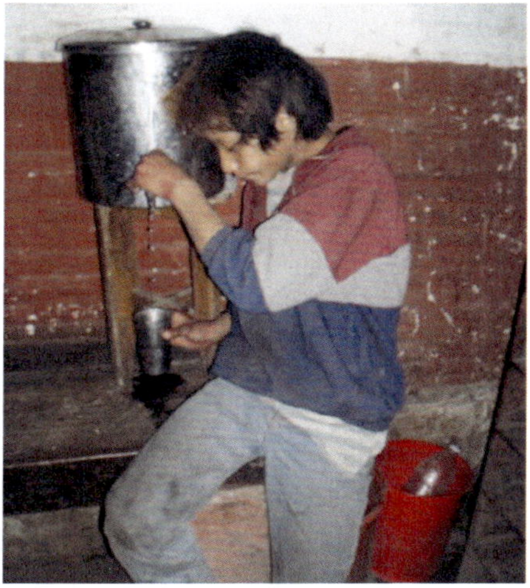

Bloemen: een teken van welkom, vriendschap. Al gaan die kransen om je nek al snel broeien

Studenten sociaal werk, verenigd in de stichting Little World Nepal
Van links naar rechts: Dikesh Maharjan, Mukunda Budha, Umesh Bomjan, Ganesh Budha

Hier word ik door de moeder van Sushant welkom geheten.

'Let's create a reason for serve'
Leden van de Leoclub of Kathmandu Horizon , de jongerenclub van de Lions

Dev Banjara met Annelies Huis in 'Veld en Wim 't Hart bij mij thuis. Wim is onze eerste scout. Dev was er zeer gelukkig mee

Burgemeester Jos Penninx en mijn trouwe metgezel in 'overzeese aangelegenheden' Bert Jansen bij de start van de grote actie 'Koop een kip' voor ons project in Tusal

Dit was het huis van de familie Sigdel. Sushant staat op de plek waar mijn kamer was

De kippenschuur in aanbouw

Nalindra en ik bespraken in Kathmandu de kansen voor zijn kleine champignonkwekerij. Hij droomt over een groentekas

Goed onderwijs, een gelukstreffer?

Zoals de Grote Oceaan slechts één smaak heeft: die van zout; zo heeft ons onderwijs ook slechts één smaak: die van vrijheid. (Boeddha)

- Als jullie me niet hadden geholpen zou ik niet kunnen gaan studeren.
  Verbazing. Ik logeer een paar dagen bij de familie Sigdel in Tusal. Het is een arme familie. Sushant windt er geen doekjes om. Als ik hun inkomen leg op de schaal die de Wereldbank hanteert van ongeveer 2 euro per dag, dan zal er geen geld zijn voor een studie.
- Hoe had je leven er dan uitgezien?
- Dan had ik zoals mijn vader nu mijn hele leven op dat stukje land moeten werken.

Ergens lees ik: 'Aan het begin van de 21ste eeuw kan een groot deel van de Nepalese bevolking niet lezen en schrijven'. Ik heb ouders van onze studenten ontmoet die nauwelijks konden lezen en al helemaal niet schrijven. Het valt me op dat jongeren dit zonder enige gêne vertellen. 'Per jaar wordt slechts 24 euro per kind aan onderwijs uitgegeven. Dit is zelfs in vergelijking met de omringende landen zeer weinig. Volgens de statistieken van de UNESCO wordt de totale Nepalese bevolking geschat op bijna 26 miljoen inwoners van wie er 10,3 miljoen onder de 16 jaar oud zijn. Dit betekent dat 40% van de bevolking bestaat uit kinderen. Hoewel de afgelopen jaren vooruitgang is geboekt is nog steeds 35% van alle jonge kinderen in de basisschoolleeftijd thuis om te werken.'

'De kwaliteit van het onderwijs in Nepal laat veel te wensen over. In Nepal is geen beroepsopleiding nodig om voor de klas te mogen staan. Hierdoor hebben veel leraren geen onderwijskundige achtergrond. Het aantal leerlingen per klas is vaak te hoog en meestal is er een groot gebrek aan leermiddelen. De schoolgebouwen verkeren in slechte staat met onverwarmde lokalen en nauwelijks daglicht door gebrek aan ramen. De regering bepaalt hoeveel geïnvesteerd wordt in onderwijs en andere sectoren. Als ontwikkelingsland probeert Nepal meer te investeren in onderwijs om gratis educatie tot middelbaar niveau toegankelijk te maken.

Het door de regering beschikbaar gestelde bedrag is niet genoeg om lerarensalarissen te betalen, laat staan om de schoolgebouwen te verbeteren. De gemeenschappen moeten zelf bijdragen aan de faciliteiten. De meeste scholen beschikken niet over het benodigde lesmateriaal, zoals boeken, schriften en educatief documentatiemateriaal.
Naast geldgebrek om lesmateriaal aan te schaffen, blijkt tevens ook de beschikbaarheid van tekstboeken een knelpunt te zijn omdat het materiaal niet geleverd wordt. Vooral in afgelegen gebieden is dit een serieus probleem'.
Niet zo'n florissant beeld wordt hier geschetst.

Ik ga mijn licht opsteken bij Dev Banjara.
- Kunnen alleen kinderen van rijke ouders studeren voor arts of advocaat?
- Kent Nepal het systeem van studiefinanciering?
- Dus als je arm bent kun je niet studeren aan een universiteit?

Dev: 'Als kinderen drie of vier jaar oud zijn kunnen ze al naar school. Voor kinderen van rijke ouders is er de Kindergarten. Kinderen van armen gaan direct naar een staatsschool, omdat ze de bijdrage voor de Kindergarten niet kunnen betalen. Na de basisschool gaan veel kinderen werken. Het geld is nodig voor het gezin. Anderen gaan naar het voortgezet onderwijs. Soms naar een andere plaats omdat daar het onderwijs beter is. Voor het hoger onderwijs zullen jongeren naar de steden moeten verhuizen bijvoorbeeld naar Kathmandu.
Als de familie hun opleiding niet kan betalen gaan ze werken in hotels, scholen of op kantoren'.
Dev schrijft over zijn eigen schoolperiode: 'Mijn basisschool lag in mijn woonplaats Butwal, een centrumgemeente in het westelijk deel van Nepal. Ik kreeg de kans om daar middelbaar onderwijs te volgen op een middelbare particuliere school (Deze scholen worden door de ouders of de gemeenschap onderhouden, anders dan de staatsscholen, waar het onderwijs gratis is). Mijn leraren wisten niet hoe met leerlingen om te gaan. Ze kenden ook geen methodes hoe effectief te leren'.

Ik ga ook mijn licht opsteken bij Dikesh Maharjan, maatschappelijk werker. Aan zijn antwoorden hecht ik ook veel gewicht.
Ik stel hem de volgende vragen.

- In ons land wordt gezegd dat het onderwijs in Nepal slecht is. Waarom zeggen ze dit?
- Is geld in alle gevallen belangrijk om te gaan studeren.
- Als je arm bent is het dan mogelijk om medicijnen of rechten te studeren?
- Betaalt de overheid mee aan de studie?

Dikesh: 'Ja, ik ben het eens wat sommige mensen in Nederland over ons onderwijs zeggen. In het kort moeten we eerst begrijpen hoe het onderwijssysteem in Nepal in elkaar zit. We hebben twee soorten scholen; overheids- of openbare scholen en particuliere scholen. Het onderwijs in de scholen van de overheid is niet van hoge kwaliteit, terwijl het onderwijs in particuliere scholen beduidend beter is. De mensen hebben duidelijk een voorkeur voor de particuliere scholen. De aanleiding hiervoor kan verschillend zijn. Aanvankelijk was de reden van deze voorkeur dat in de scholen van de overheid middelmatig onderwijs wordt gegeven (particuliere scholen gaven les in het Engels terwijl in de overheidsscholen alleen Nepalees werd gesproken, behalve tijdens de Engelse les). Langzamerhand werd het Engels steeds meer populair en groeiden de particuliere scholen explosief. Scholen van de overheid worden door de regering niet zo goed gecontroleerd en leerkrachten legden steeds minder verantwoording af van wat zij hun studenten leerden. In tegenstelling tot regeringsscholen staan particuliere scholen onder streng toezicht van de overheid. Er zijn nu veel organisaties die aan de verbetering van het onderwijs in de scholen van de overheid werken door het niveau van de leraren en het beheer van de scholen te verbeteren. Langzaam wordt het onderwijs op de overheidsscholen verbeterd.

De regering geeft studiebeurzen aan veelbelovende studenten. Maar het zijn er maar een paar die tot de gelukkigen behoren.

In principe is het onderwijs gratis voor iedereen. Onderwijs werd op school tot niveau 10 (*basis onderwijs)* gegeven, maar een maand geleden heeft de regering een wetswijzigingen in het onderwijs doorgevoerd en het onderwijsniveau opgetrokken tot 12 (*voorgezet onderwijs*), wat betekent dat het onderwijs tot niveau 10 gratis zal zijn. Dit is alleen van toepassing op de scholen van de regering en niet op de particuliere scholen. In verhouding betaalt men veel meer voor particulier onderwijs.

Na het voltooien van het onderwijs op school biedt de regering de mogelijkheid om op technische scholen verder te leren in technische

vakken zoals algemene techniek, landbouw, timmeren en andere richtingen. Ook dit onderwijs is gratis, maar het heeft slechts een beperkte capaciteit. Studenten vinden dit echter van minder belang.
Ook voor arme studenten is het mogelijk om arts te worden. Na de middelbare school is het mogelijk, mits je aan een aantal voorwaarden voldoet, aan de medische faculteit van de regering gratis te studeren. (Er wordt alleen een éénmalig bedrag van NPR 500 geheven). Maar ook dit is slecht voor enkelen weggelegd. Hetzelfde geldt als je rechten wilt studeren. Je kunt in zeer beperkte mate rechten studeren met een studiebeurs aan een opleidingsinstituut van de overheid of tegen zeer geringe kosten, die aanzienlijk lager zijn dan aan een instelling voor particulier hoger onderwijs. Ook studenten die iets anders willen studeren dan rechten of medicijnen kunnen tegen een geringe vergoeding aan een universiteit van de overheid studeren.
Kortom, de regering verstrekt subsidie of een studiebeurs voor zowel rechten-, medicijnen- als nog veel meer andere studies. Het aantal beschikbare plaatsen is echter zeer beperkt waardoor de meerderheid van studenten een bepaald bedrag voor hun opleiding moet betalen. Als je de mogelijkheid hebt om aan een universiteit van de overheid te studeren is dat vrij goedkoop; anders moet je behoorlijk bedrag betalen om te kunnen studeren.'
Wie eens goed googelt vindt veel stichtingen uit veel landen die zich in Nepal inzetten voor goed onderwijs, onder meer door onderwijzers op te leiden.
Tot een gezamenlijk aanpak zal het wel niet komen.
Dus goed onderwijs ontvangen hangt ook af of je binnen het gebied woont waar een buitenlandse stichting is neergestreken. Bizar is deze voorzichtige conclusie wel.

Geld geven helpt wel

'Aanvaard de situatie maar berust er niet in'. (Baruch Spinoza)

'Kom je alweer. Je hebt het altijd over geld.'
Hoe vaak heb ik deze woorden niet horen verzuchten. Mailtjes die niet worden beantwoord. Of nog steviger: 'Beste Wiel, ik bepaal zelf wel waar ik mijn geld naar toe overmaak.'
Sinds 2004, de oprichting van de MartinusStichting (tot 2014) en stichting Hatemalo Nepal (sinds 2010) ben ik actief met het werven van fondsen, het benaderen van ondernemers, het aanschrijven van serviceclubs, het houden van acties en vooral het zoeken naar donateurs. Vanaf 2010 ben ik elk jaar een paar maanden in Nepal voor de stichting Hatemalo Nepal. De meeste tijd breng ik door in dorpen rond Kathmandu en in Kathmandu zelf. Ik logeer in gastgezinnen en bij studenten. Ik zie en ervaar de armoede ter plekke. Ik zie de werkeloosheid onder jonge mensen.
Armoede is geen probleem, maar wel het ontbreken van de middelen om deel te nemen aan de samenleving en om zich te kunnen ontwikkelen.
Iemand zei eens tegen mij: 'Het hangt er ook vanaf op welke plek je geboren bent'. Ik werd door deze uitspraak even van mijn stuk gebracht. Bedoelde hij dat je gewoon pech of geluk hebt waar je terecht gekomen bent en het daar maar mee moet doen? Spinoza zei het zo: 'Aanvaard de situatie, waarin je terecht komt'. Hij voegde er echter aan toe: 'maar berust er niet in.'
'Hoe kunnen we ervoor zorgen dat mensen die een gebrek aan bezittingen hebben geen gebrek aan kansen hebben?' Een prikkelende gedachte van koningin Máxima, toen nog prinses, in haar voorwoord van de Nederlandse editie 'Muhammed Yunus, bankier van de armen'.
'Als we stabiliteit willen in de wereld, moeten we ons om mensen bekommeren', zegt Jeffrey Sachs in zijn boek 'Het einde van de armoede'. En ook: 'Het heeft geen zin stervenden voor te houden dat ze het beter moeten aanpakken. Het is veeleer onze taak om mensen te helpen vaste voet op de ontwikkelingsladder te krijgen, minstens op de eerste trede, vanwaar ze dan zelf verder omhoog kunnen klimmen.'
Gebrek aan bezittingen en toch geen gebrek aan kansen?

Bijna onmogelijk is mijn ervaring.
Genieën lukt dat. Soms staat iemand op het juiste moment op de juiste plaats. Als je niets hebt en alleen een plan dan zal je toch geholpen moeten worden.
Geld geven helpt niet? Geld geven helpt dus wel!
Waarmee niet bedoeld is dat ongecontroleerd geld moet worden overgemaakt. Het is de laatste jaren niet gepast het over geld te hebben als het gaat over ontwikkelingswerk. Geld hoort steevast in de bekende driehoek: gebruik jouw kennis/creativiteit, spendeer wat tijd, geef wat geld.
Die driehoek blijft een uitstekende basis. En ook gerichte ondersteuning, meer gericht op samenwerking, blijft een gezond uitgangspunt. Verhalen over giften die verdwijnen in niet bedoelde zakken zijn legio.

'Geld geven helpt wel'
In One World magazine over mondiaal denken en groen doen, wordt ingegaan op het begrip '100 weeks', dat omschreven wordt als 'een nieuwplatform dat geven weer leuk wil maken en zo solidariteit wil bevorderen. Geef een vrouw elke week, honderd weken lang, een bedrag waarmee ze boven de armoedegrens komt van 1,25 dollar per dag. Dat geld kan ze naar haar eigen inzicht besteden, gericht op haar eigen ontwikkeling en die van haar gezin'. Hier is een project in Rwanda bedoeld, waaraan twintig vrouwen deelnemen. 'We draaien niet meteen de geldkraan dicht als het even niet loopt. Het eerste jaar is om uit de schulden te komen. Als het kapitaal toeneemt, nemen ook de ideeën toe. Het tweede jaar is voor investeringen.'
Een ander voorbeeld dat in dit artikel wordt aangehaald is het Bolsa Familia programma in Brazilië. Daar krijgen miljoenen arme families een basisinkomen als ze hun kinderen naar school sturen.
Een andere belangrijke constatering: 'Veel gehoorde kritiek op geld programma's is dat mensen afhankelijk worden van het geldinfuus. Dat blijkt niet uit studies. Je kunt alleen de discussie voeren of het wel of niet werkt op basis van data.'

Het kastensysteem is afgeschaft!?

'We moeten onderkennen dat anderen ook deel uitmaken van onze maatschappij'
(Dalai Lama)

Hoe moet dat dan als eeuwenoude kaste systemen remmend werken? En als het land zelf zo weinig structuur biedt dat buitenlandse investeerders wegblijven en er niet genoeg industrie is om haar burgers werk te verschaffen? Om over de staat van het onderwijs maar niet te spreken. Maar als ook nog aardbevingen en onderlinge twisten het land lam leggen?
Als ik jongeren daar naar vroeg waren de antwoorden kort en soms wat korzelig, alsof dit soort vragen niet de moeite van beantwoorden waard waren.
Ik stelde aan de grootvader van een van de studenten de vraag of het zijn kleinzoon vrij stond ook buiten de kaste te trouwen. Hij antwoordde resoluut dat het iedereen vrij was te trouwen met wie hij of zij dat wilde. De reactie van zijn kleinzoon kwam direct: 'Grootvader heeft gemakkelijk praten. Zijn kinderen zijn getrouwd.' Ik was getuige van een stevig conflict tussen een vader en zoon, toen er sprake was van een groeiende liefde met een meisje uit een lagere kaste. Bij een bezoek aan een dorp hadden reisgenoten zichtbaar moeite een familie te bezoeken uit de Dalit kaste. Hoe jong of hoe arm ook, als ze behoren tot de Brahman kaste zullen ze dat direct zeggen.

Eigenlijk is het onbegonnen werk om je als buitenstaander te verdiepen in het kaste systeem.
Ik was in eerste instantie benieuwd naar de politieke voorkeuren van de jonge Nepalezen met wie ik contact had. Vooral zocht ik naar maoïsten. En maakte weer de fout hun denkwijze te projecteren op mijn Europese gedachten over het maoïsme. Na een paar jaar merkte ik wel desinteresse voor de politiek. Omdat door de maoïsten het kaste systeem is afgeschaft dacht ik, dat ik via de politiek iets te weten zou komen over het kaste systeem of en hoe dat nog gepraktiseerd wordt. Dat het wel aanwezig moet zijn, blijkt uit een studie over de Tamang die verder in dit boek is opgenomen.

In een kort en niet representatief onderzoek heb ik aan een aantal van de jonge auteurs via hun e-mail enige vragen over het kaste stelsel gevraagd, officieel afgeschaft in 1961-1962.
In persoonlijk gesprekken verwerpt oud en jong het kastestelsel. Dat de praktijk hardnekkiger is blijkt uit hun antwoorden. Interessant was de reactie op de vraag of in hun dorp ook kastelozen, Dalits, woonden. Ik dacht dat als het kastenstelsel geen rol zou spelen, deze groep ook niet als zodanig herkend en gekend zou worden. Alle geïnterviewden meldden dat in hun dorp Dalits woonden. Een van hen wist het volgende te melden: 'Dalit is de kaste die lang geleden, om politieke redenen door een Nepalese koning als zodanig is genoemd naar het beroep dat zij uitoefenden. Ook deze groep is zoals alle andere kasten weer in verschillende kasten onderverdeeld. Dalit betekent onderdrukte of onaanraakbaar. Ze werden gewoonlijk gediscrimineerd, hoewel het onderwijs, hun zelfbewustzijn en de grondwet hen gelijk stelden met anderen in de samenleving, voelen deze mensen nog steeds dat ze onaanraakbaar of onaantastbaar zijn. Ja, er woont ook een kleine groep Dalit in mijn dorp.'
'Het kaste systeem is nog steeds aanwezig en heeft een slechte invloed op onze huidige samenleving. Er is een begin van bewustwording. Langzaam en geleidelijk gaan mensen anders tegen de kastenverschillen aankijken.

Wat het onderwijs betreft is niet de kaste maar de armoede de reden van schoolkeuze. Wat het huwelijk betreft zijn de regels afhankelijk van de kaste. Het is nog steeds moeilijk voor een jongen uit een hogere kaste met een meisje uit een lagere kaste te trouwen. De families zullen dit huwelijk boycotten.' Aldus een van de geënquêteerden.
Omdat anonimiteit beloofd is wordt zijn naam niet genoemd. Overigens had ook hij het niet voor het uitkiezen en is op zestienjarige leeftijd getrouwd.

Ik heb verschillende keren meegemaakt dat ouders hun zonen onder druk zetten om te trouwen. Een van hen kwam bij me en voelde het als een last om nu te trouwen. Hij moest wel, want zijn vader was ziek en zijn moeder kon het werk niet alleen aan. Het is namelijk zeker in de dorpen gebruikelijk dat het jonge stel gaat wonen in het huis van de bruidegom. In het gesprek met deze jongeman raadde ik hem aan zijn ouders te overtuigen om nog even te wachten. De volgende dag werd ik uitgenodigd om op bezoek te komen. Over het huwelijk werd niet gerept. Het was er gezellig. Het jaar daarna is hij toch getrouwd.

Hier volgen de vragen.

Bestaat het kaste systeem nog?

Nee, maar bij Hindoes wel	1
Ja	6
Nee, maar op het platteland wel	7
Nee, bij sommige ouderen wel	1

Kan iedereen elk soort van onderwijs volgen, ongeacht de kaste.

Nee	7
Nee, maar op het platteland wel	3
Nee, maar mensen uit hogere kastes zijn dominant t.o.v de lagere	2
Ja, discriminatie van bv de Dalits	1
Ja, kwestie van geld	2

Kun je trouwen met wie je wilt, ongeacht de kaste?

Ja	3
Ja, maar op het platteland niet	2
Ja, maar Hindoes niet	3
Ja, maar etnische groepen niet	1
Ja, maar hogere kastes niet met iemand uit de lagere	4
Ja, maar sommige ouderen en families vinden kastes toch het belangrijkst	2

- 15 Nepalese personen hebben gereageerd uit zowel hoge als lage kastes.
- Er zijn 120 kastes in Nepal.
- Er staat straf op handhaving van het kastesysteem, bijv. gevangenisstraf of boetes.
- De regering geeft een beloning van ongeveer 1000 euro bij een huwelijk tussen verschillende kastes

Voortrekkers in de ouderenzorg

Ouderen bezitten kennis die het volk nodig heeft om te kunnen leven zoals het hoort

'I am not able to manage to give two months salary to … .'
Het is niet het eerste verzoek van Aarati Poudel, oprichter en directeur van Saar, een Nepalese stichting voor ouderen.
Dikesh Maharjan probeert de ouderenzorg in kaart te brengen en opvang van behoeftige ouderen te realiseren. Er is geen instantie die hen daarvoor betaalt.
Dikesh heeft het over 'extreme armoede en kwetsbaarheid van ouderen.'
Aarati is antropologe, Dikesh sociaal werker. Beiden 28 en 27 jaar. Idealisten. Dikesh ken ik al vanaf 2011, Aarati ontmoette ik in 2015.
Het aantal ouderen groeit in een alarmerend tempo. Deze toenemende vergrijzing van de bevolking is een ontwikkelingsvraagstuk: armoede, analfabetisme en slechte gezondheidszorg.
Nepal moderniseert in een snel tempo. Hiermee komen ook de familieverbanden onder druk te staan. Ik was me nooit zo bewust van het ouderenvraagstuk. Ik zag ze in de dorpen aan het werk op het veld of sjouwen met takkenbossen.

Door de migratie van jongeren naar de steden bouwen jongeren daar een eigen bestaan op. Na hun huwelijk gaan deze jongeren niet meer bij hun ouders inwonen. Steeds meer senioren zijn op zichzelf aangewezen. Ze zijn op den duur niet in staat voor zichzelf te zorgen en hebben geen middelen om te voldoen aan de basisbehoeften. Dikesh geeft een paar cijfers. De overheid geeft aan iedereen boven de zeventig jaar Rs 2000 rupees = per maand, terwijl voor een beetje voedsel en onderdak Rs 5000 nodig zijn (5000 rupees – ongeveer 40 euro). Het gemiddelde inkomen van een gezin is Rs 10.000. (onderwijzer en maatschappelijk werker verdienen ongeveer 50 euro per maand.)

De ouderenzorg verkeert nog in een zeer pril stadium. In Kathmandu zijn maatschappelijk werkers begonnen op zeer beperkte schaal een

sociaal plan op te zetten.
Saar Nepal, het project van Aarati Poudel, is daar een voorbeeld van. Saar Nepal is een maatschappelijke organisatie op non-profit basis. Ze initieert met name activiteiten die bijdragen aan de ontwikkeling van ouderen door hen onder meer een actieve, gezonde en zinvolle tijdsbesteding te bieden. Aarati:'We slaan een brug tussen de oudere en jongere generatie met effectieve integratieprogramma's en projecten zoals Adopteer een Opa of Oma op je verjaardag. We leiden Nepals eerste dagopvang en studiecentrum voor algemene ontwikkeling voor ouderen. Het centrum organiseert regelmatig evenementen, interactieve bijeenkomsten, trainingen, muziek- en computercursussen, bijeenkomsten met spirituele liederen en – declamaties en verschillende scholingen die hen een gezonde en actieve oude dag bezorgen.'
Op dit moment maakt Saar Nepal een zeer moeilijke tijd door omdat de regering van Nepal niet bijdraagt in de kosten. De regering heeft de vergoeding van deze effectieve programma's voor ouderen dit jaar stopgezet vanwege de aardbeving van april 2015. Hoewel het niet de reden zou mogen zijn van de regering om dit project niet meer te ondersteunen is het wel realiteit, omdat de aardbeving hun eerste prioriteit is. Saar Nepal is daardoor niet in staat geweest de huur van het centrum noch de salarissen voor het personeel te betalen. Dit is mede van invloed op de activiteiten van het centrum waardoor de programma's niet meer goed verlopen.
Twee voorbeelden van jonge mensen, Aarati en Dikesh, die met bijna geen middelen zich voor deze groep inzetten. Ze hebben mij laten zien hoe ouderen onder het bestaansminimum moeten leven. Dikesh:'De kwaliteit van leven is in het geding. Er zal een klimaat geschapen moeten worden waarin zowel overheid als particuliere organisaties inzien dat ouderenzorg een vanzelfsprekendheid is.'
Jonge mensen houden mij regelmatig voor hoeveel respect zij hebben voor de oudere generatie. 'We kunnen veel van hen leren. Zij hebben ervaring.'
Ik zie hardwerkende senioren op het veld of met de verzorging van een paar stuks vee, vaak twee koeien en een paar geiten. En ik ontmoet de voortrekkers, die aandacht vragen voor de leefomstandigheden van de oudere generatie.

'Zijn we soms minder omdat wij geen christenen zijn?'

Het gaat om de heilige rechten van anderen en niet om orthodoxe geloof
(Karin Armstrong)

Het is maart 2013, Palmzondag. Ik zit op mijn kamer in het studentenhuis Imadol. Plotseling wordt mijn kamerdeur opengegooid en een aantal studenten stormt binnen. 'Of wij soms minder zijn dan jullie.' Ik begrijp er niets van. Ze wijzen naar het raam. Buiten staat een aantal takken zwaaiende mensen die in processie liederen zingen. Het zijn christenen die de intocht in Jerusalem van Jezus nabootsen. Het blijkt nu dat zij de studenten hebben toegeschreeuwd dat de hindoe godsdienst de verkeerde is.

Dit voorval kwam me slecht uit, omdat we een paar dagen daarvoor nog hadden gediscussieerd over beider godsdiensten en dat ik toen met veel vuur de gelijkwaardigheid van alle godsdiensten had verkondigd en dat godsdienst zoiets is als behorende bij een bepaalde cultuur.

Ik herinner mij dat ik op dat moment met moeite het principe van de vrije mening overeind hield, maar deze groep toch maar als een stel idioten had bestempeld.

Laat ik nu de volgende dag geroepen worden omdat een van die mensen met een van onze studenten zat te praten. Ik heb haar het huis uitgegooid. Achteraf ook weer niet terecht, want die betreffende student was christen en wat vertelde ik nog eens over de vrije meningsuiting?!

Een jaar eerder kwam ik in contact met een Nepalese dominee. Zijn huis was in brand gestoken door hindoes. Het kerkje bleef overeind. Ik vroeg hem of hij misschien ruzie had gehad met de buren, want ik kon het nauwelijks geloven.

Het is wel een feit dat rond 1990 er een heuse christen vervolging heeft plaatsgevonden. Dat was tijdens de Nepalese Burgeroorlog (1996 tot 2006), door maoïsten Volksoorlog genoemd. Het conflict heeft aan zo'n 13.000 mensen het leven gekost en leidde er uiteindelijk toe dat de monarchie werd afgeschaft en de staat een seculiere federale republiek w erd.

Volgens sommigen zijn de bepalingen betreffende de vrijheid van godsdienst in de nieuwe grondwet ook niet om vrolijk van te worden.

Sinds 20 september 2015 heeft Nepal voor het eerst een volledig democratische grondwet: een historische stap voor het land dat zich sinds de burgeroorlog van 2008 in een politieke impasse bevond. In deze nieuwe grondwet staat niet meer dat Nepal een hindoe staat is maar een seculier land met godsdienstvrijheid voor iedereen. Er is dus duidelijk aangegeven dat er scheiding is tussen kerk en staat. 'Ons land is multi-etnisch, meertalig, multireligieus en multicultureel. Dit nieuwe document zal de rechten van alle Nepalese broeders en zusters beschermen', sprak president Ram Baran Yadav bij het ondertekenen van de nieuwe constitutie. Maar er staat ook: 'Elke handeling om iemand anders tot een andere godsdienst te bekeren, of elke handeling of gedrag dat de godsdienst van iemand anders in gevaar brengt, zal bij wet strafbaar zijn' (Paragraaf' 26.3 van de Nepalese grondwet). Reden genoeg voor sommige kerkgenootschappen alvast de noodklok te luiden. Het Reformatorisch Dagblad: 'De drijvende krachten *(in India)* achter de aanvallen zijn hindoe-extremisten, die christenen bedreigen en hen ertoe dwingen terug te keren tot het hindoeïsme.' India heeft zelfs de brandstoftoevoer naar Nepal afgesloten om het land te dwingen het secularisatie-besluit te herroepen.' Deze wel erg boute conclusie heb ik nergens bevestigd gekregen.

Als het fout loopt in godsdienstkwesties, dan ligt de oorzaak bij de christenen zelf., denk ik wel eens. In een land dat nauwelijks bezig is met de wederopbouw op allerlei terreinen, niet alleen materieel maar ook immaterieel zoals het afschaffen van het Hindoe als staatsgodsdienst, past voorzichtigheid en bescheidenheid. Met bekeringsdrift maak je misschien martelaren, maar kweek je geen goodwill.
In Nepal worden de hindoe – evenals de boeddhistische feesten – gezamenlijk gevierd. Voor christenen kan dat lastig zijn vanwege de offers aan de goden.
Ik las ergens: 'Sommige christenen vieren de feesten deels mee, ze onthouden zich van het aanbidden van de afgoden, het brengen van offers en het op het voorhoofd laten aanbrengen van de tika. Ze gaan wel op familiebezoek en eten samen.Soms organiseert de kerk in deze dagen ook een aantal ontmoetingen of activiteiten. Over het algemeen zien christenen vooral uit naar het kerstfeest om te vieren dat Jezus naar de aarde gekomen is.' Interessant is dat het kerstfeest zeker in de grote steden van harte door de hindoes wordt mee gevierd.
Toen mijn moeder overleed waren er hindoes die mij op facebook

schreven dat ze tot Jezus zouden bidden.
'In de Bijbel zijn maar op heel weinig plekken teksten te vinden die wijzen op het monotheïsme. Het ging om de heilige rechten van anderen en niet om orthodox geloof,' zegt Karin Armstrong. En die heilige rechten van de ander staan nog steeds overeind.
Het hindoeïsme is gevormd uit diverse tradities en heeft niet één bepaalde stichter. Een van de wortels is de historisch-Vedische religie van India in de IJzertijd (rond 1200 vóór het begin van onze jaartelling) – daarom wordt het hindoeïsme vaak de oudst levende wereldreligie genoemd.

En nu komt het meest interessante , waardoor er alle reden is de hindoe godsdienst met meer dan gewone eerbied te benaderen, omdat ik overeenkomsten met het christendom en met mijn eigen rooms katholieke kerk heb gezien én meegemaakt en beleefd.
Ik wandelde op een dag met een paar vrienden over een groot terrein met grote en kleine tempels. Ik zag een gebouwtje zonder een deur maar wel met een raam. Toen ik binnen keek zag ik een mensenfiguur met drie hoofden. Mijn metgezel zei dat het afbeeldingen zijn van de drie belangrijkste goden: Brahma, Vishnu en Shiva.
Deze drie belangrijkste goden in het hindoeïsme vormen samen een drie-eenheid. Ze worden ook wel gezien als de verschillende gedaantes van één god, de God in drie Personen?
God als schepper, Brahma ;God als beschermer, Vishnu; God als vernietiger, Shiva.

Zondagmorgen, parochiehuis van de Martinus, locatie Bussloo, gemeente Voorst. Mariaviering. De bezoekers vormen een kring met het versierde beeld van Maria als begin of sluitstuk van de kring, als schakel tussen hemel en aarde. De teksten van de Marialiederen zijn van heel lang geleden, de melodieën van devoot tot triomfantelijk. Tussen de gebeden en zang wordt een deel van de rozenkrans gebeden, het bekende tientje. In het parochieblad was opgeroepen de rozenkrans mee te brengen. Ik kijk onder het bidden voorzichtig om mij heen. Het lijkt wel of de tijd van ver is teruggekomen. Ik zie de kralen tussen de vingers glijden zoals ik dat zag bij mijn grootvader. Ik voel de rust die uitgaat van de groep. Mijn gedachten dwalen af en ik zie mensen van andere culturen aan mij voorbij komen, allen met een bidsnoer, hindoe, moslim, boeddhist, katholiek.

Aangenomen wordt dat de oorsprong van het bidsnoer ligt in het oosten van India bij het Hindoeïsme dus. In dat land zijn afbeeldingen bekend uit de tweede eeuw voor het begin van onze jaartelling, waarop goden en heiligen met bidsnoeren staan afgebeeld.
De boeddhistische wereld nam het gebruik over. Volgens de boeddhisten zijn er 108 aardse verlangens die men achter zich moet laten om het nirwana of de verlossing te bereiken. Door met een bidsnoer in de hand te mediteren en bij ieder kraal de naam van Boeddha uit te spreken komt de overwinning op die aardse verlangens telkens een stukje dichter bij.
Ook de islam kent bidsnoeren met 99 kralen of de 99 namen van Allah. Men neemt aan dat de bidsnoeren via de Kruistochten (1096-1254) in het westen zijn terecht gekomen. Het kan ook zijn dat verspreiding plaats vond via de orthodoxe traditie. De oudste bidsnoeren kwamen van de kloosters. De vaak ongeletterde broeders moesten een aantal keren het Onze Vader bidden in plaats van de breviergebeden, voorbehouden aan de monniken. Om de tel niet kwijt te raken gebruikten ze een bidsnoer als hulpmiddel.

Even terug naar april 2014. Ik ben twee maanden in Nepal en logeer op bepaalde tijden in Tusal, een dorpje ongeveer 3 uur met de bus van Kathmandu. We zitten op de veranda, een aantal jonge mensen, de meesten zijn student, en ik. Het gaat dan over van alles en altijd ook even over het geloof. Nieuwsgierigheid aan beide kanten natuurlijk. Dan word ik toch weer verrast hoe geprobeerd wordt elkaar te begrijpen. De hindoe godsdienst is voor mij nog een groot mysterie, maar voor de hindoe is ook heel wat verbazing over onze christelijke godsdienst. Het resultaat is dan dat ik hun tempels bezoek en zij op paasmorgen meegaan naar de Onze lieve Vrouw kerk in Kathmandu.
Voor mezelf heeft het contact met boeddhisten in Thailand en nu alweer vijf jaar met de hindoes in Nepal God, noem het geloof in het goddelijke in mens en natuur, wel een extra dimensie gekregen. Ik buig en kniel voor Boeddha en offer bloemen aan Hindoe goden van wie ik de namen maar niet kan onthouden en deel het heilig Brood tijdens de viering in mijn eigen katholieke kerk. Het geeft mij niet alleen vrolijkheid, maar ook een enorme rust.

Kerstmis

Kerstmis is niet zo moeilijk uit te leggen, omdat het in alle godsdiensten wemelt van bijzondere geboortes. Kerstmis als christelijk feest kennen zij natuurlijk niet. Ik heb proberen uit te leggen dat kerstmis het feest van de vrede is, meer nog van de verwachting. Waarop? Op een betere toekomst. En daarin vonden we elkaar. Mijn ervaring is dat zowel boeddhisten als hindoes niet zo geïnteresseerd zijn in 'later.' Maar meer in het direct bereikbare, in hun eigen toekomst. Een overzicht van de meest belangrijke Hindoe goden heb ik opgenomen in de bijlage.

Na een donkere nacht

Moge de toekomst over onze generatie zeggen dat we machtige stromen van hoop hebben doen uitgaan en dat we ons samen hebben ingespannen om de wereld beter te maken. (Jeffrey Sachs)

'Na een donkere nacht komt de zon weer op. Dat optimisme ligt in onze aard. We zijn met ontberingen opgegroeid. Ik denk ook niet dat deze situatie blijvend is.' Een citaat uit een krantenbericht van sherpa Kan Nuri. Sushant zegt het zo: 'We hebben niets meer. Maar ik ben niet bang. We hebben onze handen. En onze geest is ongebroken. We zullen weer opstaan, ons huis weer opbouwen en weer lachen.' In Dagblad Trouw schrijft de hoofdredacteur: 'Hoe erg de ramp ook is, toch bekruipt mij een knagend gevoel dat deze aardbeving veel meer aandacht heeft gekregen in de media dan andere vergelijkbare rampen in Iran, Pakistan of waar dan ook. ...Nepal is tamelijk populair bij toeristen. Door zijn prachtige bergen, bijzondere mensen en kloosters heeft het land een hoge aaibaarheidsfactor. Toeristen gaan er graag heen, onder wie veel particulieren, doen gulle schenkingen, zelfs zoveel dat het land dat niet kan verwerken.'

Ik ben geneigd deze twee reacties, die van de sherpa Kan Nuro en van Sushant aan de ene kant en die van de hoofdredacteur tegenover elkaar te zetten. Het zijn geen tegenstellingen. Het zijn twee culturen, twee werelden, onvergelijkbaar. Waarom wordt Nepal overspoeld met geld, middelen en goede raad? Wat overkomt stichting Hatemalo, die in drie weken meer geld ophaalt dan de afgelopen vijf jaar samen. En als Hatemalo een oproep doet om het kippenproject te steunen vanwege het uitbreken van het kippenvirus, is binnen zeer korte tijd het benodigde geld bij elkaar (Kippenboerderij in Tuchal). 'Natuurrampen zijn aantrekkelijker dan oorlogen', zegt de hoofdredacteur.
Toch kun je er niet omheen, dat ook zonder die oorlogen en natuurrampen veel geld, goederen en goede raad richting een land worden gesluisd. Want hoe komt het dat, hoe krachtig het Nepalese volk ook is, het land al meer dan vijftig, zestig jaar aan het infuus van de internationale donorgemeenschap ligt en toch lijkt het - op macroniveau - weinig te zijn opgeschoten (Dagblad Trouw). Op macroniveau (de zorg

van de overheid voor het land en volk) kan dat wel kloppen. Kijk om je heen. De infrastructuur, de werkgelegenheid, het onderwijs, de gezondheidszorg, ze zijn nog steeds de zorgenkindjes van het land

Een zonnige toekomst: de stand van zaken voor 24 april 2015
Het jaar 2015 ziet er hoopvol uit. De positieve ontwikkeling van onze projecten en de uitstekende samenwerking met onze vertegenwoordigers stemmen hoopvol. We scherpen onze doelstellingen aan en zoeken samenwerking met andere stichtingen.
'Een zonnige toekomst', zo noemen we ons jaarverslag 2014. Het zal het laatste jaar worden voor de stichting in deze opzet. Er staan nog een paar grote projecten op het programma, maar daar voor worden andere bronnen dan particulieren gezocht. Ook zullen we ons meer bezighouden met publicaties over ontwikkelingssamenwerking en het geven van lezingen.

En dan is het vierentwintig april 2015

De aardbeving

Op die dag zit ik in de trein richting Tilburg. Onderweg druppelen enige berichten door over een aardbeving. Verder op de dag blijkt dat een ramp bezig is zich te voltrekken. Het is nacht in Nepal wanneer ik thuis ben. Contact met Nepal is dan niet mogelijk. Pas de volgende dag lukt dat en begrijp ik hoe de toestand is.
'Nepal heeft tenten nodig', roepen de media. De berichtgeving vanuit de dorpen komt de eerste weken mondjesmaat binnen. Ook worden de telefoongesprekken tussen Sushant en mij niet goed begrepen. Door de slechte verbinding moet worden volstaan met korte vragen. 'Yes we are fine', wordt door mij begrepen als 'in ons dorp is niets aan de hand.' Al snel blijkt dat bedoeld is dat er geen gewonden of doden waren. Hoewel we uit de media begrijpen dat er al veel hulpgoederen richting Nepal vertrokken zijn en opgeslagen liggen op of nabij het vliegveld van Kathmandu ,is de noodroep uit de ons bekende dorpen duidelijk: we slapen buiten, hebben geen dekens, geen water, niets. Met tegenzin maakt de stichting geld over voor tenten en dekens. Voor een ander dorp zorgden we voor de mogelijkheid schoon drinkwater in flesjes aan te voeren, voor 500 studenten. Met tegenzin? Ja, omdat de media boordevol kritiek wijzen op de ladingen hulpgoederen die rond het vliegveld van Kathmandu liggen opgeslagen, vanuit ons dorp bij wijze van spreken op schootsafstand. Zo schrijft NRC Handelsblad op 28 april: 'De

meeste hulp heeft zich tot dusver geconcentreerd in de hoofdstad Kathmandu. Veel minder aandacht is uitgegaan naar plattelandsdistricten ten noordwesten van de hoofdstad, die eigenlijk nog dichter bij het epicentrum van de zware beving liggen. Daar is de toestand nog ernstiger.'
Onze dorpen liggen meer naar het westen. In dagblad Trouw: 'Tegelijk met het reddingswerk is ook de aanvoer van eerste levensbehoeften op gang gekomen. De slachtoffers hebben dringend onderdak, drinkwater voedsel en medische verzorging nodig. De prioriteit is om alle slachtoffers snel te voorzien. Dat lukt aardig, weet Thea Hilhorst hoogleraar Humanitaire Hulp en Wederopbouw aan de Wageningen Universiteit. 'Door de ervaring met eerdere natuurrampen is de internationale hulpverlening zo goed geworden dat je de situatie snel onder controle hebt. Binnen twee weken zit niemand meer dakloos op straat en heeft iedereen te eten.' Een wel zeer krasse uitspraak!
Een gevoel van moedeloosheid overvalt ons. We zijn bezig met afbouwen, grote fondsen aan het benaderen voor de drie grote projecten die nog op stapel stonden. Hoe zullen onze mede-auteurs van ons boek reageren, jonge Nepalezen, schrijvend over hun visie op de toekomst van Nepal? Onze grootste zorg is niet of maar hoe we onze projecten weer overeind kunnen krijgen. De kas is leeg en vanuit Nepal is geen bijdrage te verwachten. Omdat onze ondernemers niet meer kunnen bijdragen. Hun reserves zijn op en bij de banken kunnen ze niet meer terecht.

En weer onze donateurs...
Het beleid van het bestuur van Hatemalo is er op gericht een beroep te doen op particuliere donateurs. We wagen het erop omdat we ervaren hebben dat bij calamiteiten – zoals de laatste aardbeving – of zeer gerichte acties wij met succes een beroep op hen konden doen. We leggen uit dat door niets te doen alle eerder gedane giften voor de desbetreffende projecten weggegooid geld is en alle inzet van acties en publicaties verloren energie. Ook wordt begrepen dat vanuit Nepal geen bijdragen verwacht konden worden. Ik durf te stellen dat noch het predicaat donorlieveling noch die van rampenlieveling bij onze donoren van toepassing is.

Ooggetuigen

Sushant Sigdel
Mijn dorp heet Tusal. Het was op een zaterdagmorgen, een vrije dag in Nepal en ik reed op mijn motor naar mijn dorp. Toen ik de aardschok voelde, werd ik een beetje nerveus, dus ik stopte gehaast, zette de motor op een plaats waar geen grote gebouwen en bomen waren.
Als ik geweten had dat er na een aardschok nog een serie aardschokken zou volgen, was ik op dezelfde plaats gebleven om te wachten op die aardschokken. Nu kreeg ik een ongeluk met de motor en raakte de tank stuk.
Ik maakte me zorgen over mijn ouders en mijn huis En ik probeerde verschillende keren naar huis te bellen, maar de mobiele telefoons waren onbereikbaar. Zodra ik dacht dat er geen gevaar meer was, ging ik naar de garage om de motor te laten repareren om vervolgens naar huis te rijden.
Op weg naar huis in de Kathmanduvallei. Ik kan het me nog precies herinneren dat de huizen stonden te swingen, binnen een seconde stonden er duizenden mensen op straat, angstig, biddend, nerveus. Toen realiseerde ik me: in leven blijven is het belangrijkste en daarna denken we pas weer aan materiële zaken. Een verbazingwekkend en bijzonder gevoel. Ik wist niet of ik uit blijdschap moest lachen omdat ik nog leefde of moest huilen omdat ik geen contact kon krijgen met al mijn dierbaren.
Er gebeurde meer dan tien kleine ongelukken voor mij op straat. Ik zag zwaargewonden.
Een groot gebouw, niet ver van mij vandaan, stortte binnen een seconde in. Het was een angstig moment. Ik kan niet uitleggen wat ik werkelijk voelde op dat moment. Ik vroeg God: ben jij dat?
De aardbeving duurde 56 seconden. Iedereen probeerde elkaar en zijn familie te bereiken maar ik wist al dat de mobiele communicatie was uitgevallen.
Na de aardbeving ging ik naar huis, maar mijn huis was er niet meer. Het huis zei tegen mij: hallo, ik lig tegen de grond.
We hebben niets anders meer over dan ons leven. Huis weg, geen voedsel en kleding. De kippenboerderij was ook in elkaar gestort. Maar ik maakte me geen zorgen want we hebben onze handen en onze geest en die zijn niet gebroken. We zullen opnieuw een huis bouwen, ja en we zullen ook weer lachen.

Na twee dagen werd ik door mijn huisbaas in Kathmandu opgebeld. Hij vertelde me dat het huis waar mijn firma is gevestigd ook in elkaar gestort was. Ik vroeg de Schepper: waarom overkomt mij dit? Deze keer was ik werkelijk gebroken. Het andere slechte nieuws was dat in het gebouw van de Mentally Challenged Rehabilitation Center, MCRC ofwel het Frans Hamers Huis ook niet meer gewerkt kon worden.
Wat kunnen de NGO's en INGO's voor mijn dorp doen?
We hebben veel problemen maar het allerergste is dat er geen drinkwater is, geen voedsel, geen medicijnen, geen huis. We zijn voor alles dankbaar.

Roshan Sigdel
Naam van het dorp: Ugrachandi VDC, Tusal
Ik zat op mijn studeerkamer en bereidde me voor op mijn examen. Opeens voelde en realiseerde ik me dat er een aardbeving was. Ik werd bang en wist niet goed wat ik moest doen. In paniek rende ik mijn kamer uit en op een open plek bleef ik zo'n vijf minuten staan. Buiten zag ik dat huizen en gebouwen door de aardbeving instortten.
Toen ik dacht dat de aardbeving voorbij was ging ik weer terug naar m'n kamer om weer aan de studie te gaan, maar na een paar minuten voelde ik opnieuw de aardbevingen en heb ik heel hard naar alle mensen geroepen dat zij naar een veilige en open plek moesten gaan en uit de buurt van huizen moesten blijven.
Toen de aardbeving voorbij was hebben we een tent opgezet om de nacht buiten door te brengen.
Ons huis en alles daaromheen zag er verschrikkelijk uit en verkeerde in een erg slechte staat.
Niet één huis verkeerde meer in een dusdanige staat dat er in kon worden gewoond. Het was één grote tragedie waaronder we te lijden hadden.
Zelf hoorde ik dat sommige mensen niet de kans meer hadden om voedsel uit hun huis te halen en daarom de eerste dag na de aardbeving niet te eten hadden.
Zelf heb ik er ook veel onder geleden. Mijn huis was nog maar pas zo'n drie jaar geleden gebouwd.
Voor het bouwen van het huis hadden we een lening afgesloten, maar nog voordat we alles hebben kunnen afbetalen, was het al verwoest door deze ramp. Mijn mobiele telefoon, boeken en onze badkamer waren verwoest. Onze hele familie is gelukkig veilig, niet één van hen is

gewond, maar iedereen is nog steeds bang voor een aardbeving. Het is nu al 14 tot 15 dagen geleden maar de aarde is nog steeds in beweging. We hebben de regering om hulp gevraagd omdat ook ons geld verloren is gegaan door de aardbeving waardoor we aan van alles tekort hebben.
Maar, hoewel de regering vanuit het buitenland veel geld en hulp kreeg, zijn wij niet geholpen.
Tusal, ons dorp verkeert in een hele slechte staat. Toen er mensen uit het buitenland naar ons dorp kwamen en ons dorp zagen stonden de tranen in hun ogen. Het dorp stond totaal op z'n kop …wat een verschil met hoe het was en het nu is.
Het belangrijkste wat de NGO's en INGO's voor het dorp kunnen doen is:
Mensen helpen aan kleine tenten of met het bouwen van huizen om weer te kunnen wonen.

Janak Tamang
Chilaune Kharka (Adres: Himganga-02, Ramechhap in Nepal).
Doorgaans woon ik in Kathmandu (Naxal-Kathmandu) waar ik een huis huur.
We waren in de Red Studio Maharjgunj in Kathmandu voor promotionele activiteiten op YouTube.
Opeens viel de elektriciteit uit en begon de grond te bewegen. We probeerden om contact te zoeken met onze familieleden en bekenden, maar het was uiterst moeilijk om via het mobiele telefoonnet contact met ze te krijgen.
Eén van de huizen naast het onze was geheel vernield en veel mensen huilden en vroegen om hulp. Ambulances reden af en aan om gewonden op te halen. Op het moment van de aardbeving was ik fysiek en mentaal totaal kapot en was ik tot niets in staat.
Ik heb honderden keren geprobeerd met m'n moeder in contact te komen, maar het lukte niet. Na twee vertwijfelde dagen kreeg ik eindelijk contact met mijn moeder. Er was geen enkel huis overeind gebleven, maar gelukkig werd er niemand van mijn familie vermist. De aarde bleef voortdurend in beweging, waardoor we zo'n zeven dagen buiten op de kale grond doorbrachten.
Momenteel keren we weer terug naar onze huizen en pakken we het leven weer wat op.
De elf leden van onze familie zijn bij elkaar. Onder hen, twee broers die

in het buitenland wonen. Ook vier leden van de familie van mijn ouders wonen in het dorp. Wij wonen nu alle vijf in Kathmandu en maken het momenteel goed. Vrijwel 60% van alle huizen in ons dorp is vernield. Ons bedrijf is gespaard gebleven en na 4 dagen zijn we weer geopend. De NGO's en INGO's houden zich voornamelijk bezig met het zoeken naar familieleden terwijl de meeste slachtoffers van de aardbeving er slecht aan toe zijn en onvoldoende hulp krijgen.
Ik doe daarom een oproep aan de NGO's en INGO's: ga op zoek naar de echte slachtoffers en help hen.

Dev Eaj Banjara
Het dorp waar mijn familie woont heet Ranipani, Panchakhal 10, Kavre. Zelf woon ik in het buitenland omdat ik in Londen studeer.
Mijn familie vertelde me dat mijn vader na de lunch even op het lager gelegen balkon van ons huis lag te slapen. Mijn schoonzus deed wat huishoudelijk werk en een paar van mijn neven keken televisie of speelden buiten. Mijn zoon was op school; hij gaat naar een bijzondere school die op zaterdag open is en op zondag gesloten. Mij werd verteld dat, toen de aardbeving voelbaar was, de leerlingen begonnen te schreeuwen en dicht tegen elkaar aan kropen; maar de leraren wisten de leerlingen heelhuids uit de klas te krijgen. Na ongeveer een uur heeft mijn neef mijn zoon mee naar huis genomen, daar was iedereen die dag gelukkig nog in leven gebleven. Via Facebook wist ik zelf al binnen twee minuten dat er een aardbeving was geweest en belde ik meteen naar huis op om te horen of iedereen nog in leven was. Maar alle huizen in het dorp waren totaal vernield en daar was ik erg verdrietig om. Op dat moment had ik bij mijn familie willen zijn. Elk uur hoorde je steeds slechter nieuws over mijn land en mijn woonplaats. Ik moest daar erg om huilen! Ik zei tegen mijn ouders dat ik het liefst naar Nepal zou willen gaan om in deze beroerde situatie bij elkaar te zijn, maar zij raadden mij sterk aan om niet te komen en het geld beter te gebruiken om straks het huis weer op te bouwen.
Na de aardbeving heeft mijn familie een tijdelijk hutje gebouwd om daar in te wonen. Daar wonen zij nu nog steeds in. Niemand, niet één persoon van welke organisatie dan ook, heeft naar hen omgekeken of voorzien van een tent omdat ons huis overeind stond. Gelukkig had mijn familie geen voedsel en kleding verloren. De vele aardschokken hebben ons huis gemaakt tot een woning waarin niet meer kon worden gewoond. Wij hadden echter al plannen om een nieuw huis te bouwen

en wachtten alleen nog op de toestemming van de overheid. Slechts 4 tot 5 huizen in de buurt van ons huis bleken nog overeind te staan, maar gedeelten van muren lagen in puin op de grond. Maar zoals ik al vertelde was ons huis niet meer bewoonbaar. Van horen zeggen was het gebied veranderd in een slagveld zoals na een oorlog. Ik kan me daar veel bij voorstellen!
Ik maakte me ernstig zorgen, niet alleen om mijn zoon, maar om alle kinderen en vroeg me af of zij hiermee kunnen omgaan. Ik ben erg bezorgd, zij leven nu in de openlucht en het regent er al twee weken.
Het zal me heel wat kosten om het huis weer op te bouwen. Op de dag van de aardbeving moest ik examen doen, maar nadat ik het slechte nieuws had gehoord was ik daar niet meer toe in staat.
En zelf kon ik geen herexamen afleggen op 12 mei omdat ik me niet kon concentreren op de studie. Ik was mentaal ingestort door het bericht van de aanhoudende aardschokken.
Er was geen huis, geen schaduw voor de koeien en geiten, geen werk, ook niet voor een paar weken, geen inkomen om van te bestaan en voor de kinderen was er geen school.
Elke keer als ik met thuis telefoneerde wilden ze mij niet laten weten hoe groot de ellende was. Ze wilden mij geen pijn doen! Maar ik voelde wat mijn volk meemaakte, elk moment.
Vrijwel alle huizen zijn verwoest. Het voedsel en de kleren liggen onder het puin van de huizen.
Op de eerste dag deelde ieder van wat hij nog had. Daarna, vanaf de tweede dag, kwam de hulp op gang. Ik kan me nu goed voorstellen dat de mensen elke dag op zoek zijn naar achtergelaten voedsel en kleding.
In Nepal gaf ik les op een privé school waarin ik ook had geïnvesteerd. De aardbeving heeft daar weinig schade aangericht, slechts moet er wat onderhoud worden gepleegd.
Bij mijn huis is een onderkomen voor de dieren ingestort. Volgens mij is het noodzakelijk dat iedereen z'n schouders zet onder een gezamenlijk project voor opbouw van de huizen, maar dan niet meer op de traditionele wijze. En economisch zou het goed zijn als grote bedrijven decentraliseren waardoor op meer plaatsen in Nepal kans op werk voor de bevolking wordt geboden. Zoals het ontwikkelen van de levensmiddelenindustrie, en de landbouw- en zuivelproductie. Daarnaast zou de INGO (*International non-governmental organization)* werkgelegenheidsprojecten moeten bieden. Zoals moderne coöperatieve

landbouwprojecten en het agro toerisme en oude, voor Nepal specifieke ambachtelijke kunst produceren wat over de gehele wereld verkocht kan worden.

Umesh Bomjan
9 uur · Het grote dramatische nieuws over de aardbeving verspeidt zich al over de hele wereld en in de kranten en op televisie wordt er opgeroepen Nepal met giften te ondersteunen. Het is maar moeilijk te bevatten, maar het is werkelijkheid. Direct na de aardbeving had de regering van Nepal nog geen verantwoordelijkheid genomen voor haar burgers. Dit motiveerde donoren en iedereen die Nepal wilde helpen niet erg. En het leek er zelfs op dat het een opgezet plan was van de Nepalese regering om de hulp en opbouw van het land aan anderen over te laten. Als de Nepalese regering haar verantwoordelijkheid niet neemt t.o.v. haar burgers, wie doet dit dan wel?
Maar gelukkig bleef dat niet zo en deed zij haar uiterste best om de slachtoffers te helpen.
Ze heeft zich ingespannen om slachtoffers te redden en hen zo veel mogelijk te geven wat ze nodig hadden. We hebben kunnen zien dat het Nepalese leger, de Nepalese politie, Sasastra, jeugdige vrijwilligers, studenten, de verschillende NGO's en INGO's zich bijzonder hebben ingespannen hulp te bieden. Maar we moeten zeker niet vergeten hoe we door reddingsteams van buiten Nepal zijn geholpen. Iedereen heeft geweldig werk geleverd. Zo zijn er tijdens de ramp vele levens gered. Ook heb ik een paar politici aan het werk gezien om hulp te bieden aan mensen die dit nodig hadden.
Nepal zal langzaam maar vastberaden terugvechten tot naar het niveau van voor de aardbeving. Het is een kans die ons nu wordt geboden om onze samenleving op orde te brengen. We zullen er alles aan doen onze identiteit niet te verliezen. Wij zullen sterk blijven en tegelijkertijd de realiteit onder ogen zien. We zullen moeten leren met aardbevingen om te gaan. We kunnen andere landen helpen om de werking van aardbevingen beter te begrijpen. We kunnen ons ontwikkelen als een specialist op het gebied van rampbestrijding. En we zullen mensen in de hele wereld helpen die door nog onbekende natuurrampen in de toekomst worden getroffen.
Vertrouw Nepal, je zult in de toekomst nog veel van Nepal horen.

Brief van Roshan Sigdel, een paar weken na de aardbeving
Maatregelen die zijn genomen door het Nepalese volk, de overheid, NGO's en INGO's:
Voor zover ik weet hebben mensen individueel niet veel kunnen doen om anderen te helpen. Bijna iedereen is wel gewond en niet in staat om anderen te helpen. Over de regering gesproken, de regering van Nepal heeft geprobeerd in de dorpen op het platteland te helpen maar hun hulp was niet voldoende. Ze deelden alleen pakketten uit met noedels, snacks en geplette rijst. Laatst kregen we een pakje met vier koekjes, twee pakken noedels en een lichtfakkel om de eerste nood te ledigen, verder hebben we niets gekregen. Op dit moment is niet alleen voedsel onze eerste behoefte, we hebben huizen nodig. We zouden liever zien dat de regering ons helpt onze huizen weer op te bouwen. In de afgelopen tijd heb ik veel voertuigen uit China en India gezien waarmee de eerste hulp na de aardbeving werd geboden. De Chinese en Indiase regeringen hebben veel hulp geboden in andere getroffen gebieden. Ik weet dat ons dorp veel financiële hulp heeft gekregen, maar het geld is bij een corrupte vertegenwoordiger van een politieke partij terecht gekomen terwijl er voor ons niets overbleef. Zoals je weet staat ons huis wat ver van de stad af, en voertuigen die een vergunning hebben komen slechts tot aan de stad, daardoor komt de hulp steeds bij de inwoners van de stad terecht en niet bij ons. Ook de hulp van de regering bereikt ons niet. Misschien heb je op de Nepalese televisie gezien dat er veel tenten, voedsel en geld is gegeven, maar het staat nog allemaal opgeslagen in overheidsgebouwen en is nog niet verdeeld onder de mensen die dit nodig hebben. Ik zou niet weten waarom dit zo is …het lijkt wel of zij het voor zichzelf houden. Laatst nog hoorde ik iets misdadigs: een aantal NGO's en INGO's hebben geld gegeven om tenten te kopen om deze onder de slachtoffers te verdelen, maar een corrupte politiebeambte en iemand uit India hebben de tenten voor de dubbele prijs aan de slachtoffers verkocht. Wij walgen van deze mensen die geld willen verdienen ten koste van de slachtoffers.
Ze worden door iedereen in Nepal met de nek aangekeken.
NGO's en INGO's hebben geprobeerd zo veel mogelijk hulp te bieden. Ze concentreren zich alleen op het geven van voedselhulp maar niet op hulp met de opbouw van huizen. Wij brengen de dagen en nachten buitenshuis door. Soms zijn er tijgers, ook duiken er soms dieven op die ons de stuipen op het lijf jagen. Ik zou willen dat de vertegenwoordigers van politieke partijen de corruptie helpen te bestrijden en er werk van

gaan maken om de burgers in hun eerste levensbehoeften te voorzien. Ook zou ik willen dat alle mensen zich verenigen en de regering duidelijk gaan maken dat de fondsen en alle donaties aan de burgers ten goede moeten komen. Ik zou willen dat we weer een huis hebben …een eigen huis …een huis vrij van schulden.
Wiel, ik was erg verdrietig en radeloos toen ik dit artikel voor je schreef. De regering en haar vertegenwoordigers zijn me erg tegengevallen.

Eigenlijk…

Eigenlijk had dit hoofdstuk niet geschreven moeten worden. Een aardbeving *is* niet te voorzien door ons, wel door de wetenschappers te voorspellen. We horen van veilig bouwen, een concept van de Nederlandse architect Martijn Schildkamp. 'Wel wat duurder', wordt er bij verteld. Een van de vaders van een van onze studenten zegt dat het zeker vijf tot tien jaar zal duren voordat zijn huis weer herbouwd is. Een student vertelt dat zijn studie aan de universiteit een tijd wordt opgeschort omdat al het geld nodig is voor het nieuwe huis.
En een explosie van artikelen over coördinatie, falende overheid, woedende burgers en ook over de kolossale hulpverlening van over de hele wereld met India als koploper. En de parels tussen de puinhopen: jonge Nepalezen die direct de handen uit de mouwen steken. Een paar van deze voorbeelden staan in dit boek.
Eigenlijk is het goed dat de aardbeving de reden is van dit hoofdstuk. Het heeft mij een diepe kijk gegeven in de Nepalese samenleving en mij dichter bij de Nepalezen gebracht.

Maar we geloven in de kracht in ons zelf

Geen geld wel vrije tijd.

Projecten lopen mis omdat men elkaar niet goed begrijpt.
Maar het studentenhuis Imadol stond er al toen ik werd uitgenodigd er tijdens mijn verblijf te wonen.
Hoe moet ik nu beginnen, welke woorden zal ik gebruiken om op de eerste plaats aan mijzelf uit te leggen waarom het studentenhuis Imadol in Kathmandu gesloten moest worden en waarom de relatie tussen Little World Nepal en Hatemalo Nepal stuk liep?

April 2014. Op het grote busstation in Kathmandu zoek ik naar Sushant en Roshan, die me zouden opwachten om samen via Banepa naar Tusal verder te reizen, het dorp waar ik een paar dagen zal doorbrengen bij de familie Sigdel.
Ik zal het nooit leren, de weg te vinden in de wirwar van bussen die overal naar toe reizen maar dat niet aangeven. Er moet toch wel een systeem in zitten, want hoe kunnen beide jongens mij én de bus naar Banepa vinden. De lange rij winkeltjes langs het busstation liggen iets hoger. Van daaruit heb ik beter zicht op de krioelende massa passagiers. Het blijkt een goed idee. Ik word al gauw gevonden. We hebben blijkbaar nog ruimschoots de tijd, want ik word niet richting bus, maar naar een van de vele cafeetjes geloodst. Op de zeer breed aangelegde ringweg geldt de wet van de slimste, zeker voor de buschauffeurs die de concurrenten voor moeten blijven door iets eerder bij bushaltes te komen en passagiers op te pikken. En dat zijn er velen, want het aantal toegestane passagiers lijkt nergens vastgelegd. Een zitplaats is een koningszetel. Op het dak zitten evenzoveel mensen, soms met een geit, dan in de bus, waar elke centimeter benut wordt.
Eigenlijk geldt voor Banepa hetzelfde verhaal als voor Kathmandu. Waar staat de bus naar Nala. Voor een buitenstaander het zoeken van een naald in een hooiberg. Niet voor Sushant en Roshan. Blijkbaar staan bussen steeds op de zelfde plek. Je moet het maar weten. Eerst maar een restaurant opgezocht, dan naar Nala. De bus springt en danst

over de weg, uitkijkend naar plekken met de minst diepe kuilen. Ik kijk naar de medepassagiers, die mee schudden zonder een spier te vertrekken. Zij weten niet anders. Ik heb meer het idee dat mijn ingewanden van plaats verwisseld zijn.
Het eindpunt van de rit ligt vlak voor het dorp Tusal waar ik zal logeren bij de familie Sigdel.
Het is een klein half uur omhoog over een weg die geplaveid is met grote keien. Ik moet uitkijken om niet te struikelen. Sushant en Roshan lopen stevig door. Deze weg liepen zij jaar en dag toen ze de middelbare school in Nala bezochten, nu studenten aan een van de universiteiten van Kathmandu.
Klauterend, uitkijkend om niet te struikelen, zie ik in de verte de eerste huizen van Tusal. Nog een kleine honderd meter schat ik, is er de splitsing verder naar omhoog en naar rechts, even omlaag en dan zal ik het huis en de kippenboerderij van de familie Sigdel zien liggen.
Ik denk terug aan maart 2011. Ik bezocht voor de eerste keer Tusal. Ik logeerde toen ook voor de eerste keer in het studentenhuis Imadol in Kathmandu.
Sushant wenkt en wijst naar een winkel. Er staan stoelen. We nemen een pakje Orange, lekker koel. Ik ben moe en staar wat voor me uit, lurkend aan het rietje.
- Waar denk je aan?' vraagt Sushant.
- Even terug in Thailand.
Sushant lacht.
- Maar je bent nu in Nepal.
Die laatste opmerking treft doel.
Zou dit de uiteindelijke oorzaak van het mislukken van het studentenproject Imadol zijn Thailand en de MartinusStichting in combinatie met Nepal en stichting Hatemalo?
In mijn aantekeningen vind ik een briefje van Umesh:
'Nepal is het land van de culturele verscheidenheid van volken, van religieuze tolerantie, het land waar mensen samenwerken en niet te vergeten het land van de gastvrijheid. Maar naast alle schoonheid, zijn er steeds meer en meer problemen waardoor Nepal altijd achteruit gaat. Ik zal duidelijk aan de toerist vertellen dat Nepal een onderontwikkeld en arm land is. Daarom vraag ik ook steun voor de campagne voor het welzijnswerk in Nepal.'
Het is allemaal zo anders gelopen. Dit verhaal wil ik hier doen. Als een

eerbetoon aan deze jonge sociaal werkers van de stichting Little World Nepal.

Het jaar 2010

Geen geld wel vrije tijd

Het is het jaar van de oprichting van een nieuwe stichting, die zich zal richten op Nepal.
We zoeken een naam voor onze nieuwe stichting.
Umesh introduceert: 'Hatemalo', dat betekent 'een krans van handen'.

Hoe ik in Nepal terecht ben gekomen? We gaan terug in de tijd.
Ik weet niet meer in welk jaar ik de Fransman Satie .ontmoet heb in de tempel van Mor Paeng, een dorpje in het noorden van Thailand. Sinds 2004 werkte ik in deze regio voor de MartinusStichting. Satie .vertelt me over Nepal en over enige studenten die hij sponsort. Ik beloof hem dat de MartinusStichting twee studenten in het studentenfonds zal meenemen. Het worden de broers Umesh en Dimesh, studenten sociaal werk en muziek.
Het heeft iets weg van roekeloos vertrouwen, geld overmaken aan twee studenten in een land waar ik nog nooit geweest ben, op aanraden van een Fransman, die ik nauwelijks ken.
De contacten met deze twee jonge Nepalezen verlopen via de mail. Hun brieven zijn vriendelijk, beleefd, geïnteresseerd in wat in Nederland zoal gebeurt.
Op een dag besluit ik hen op te zoeken en vloog van Bangkok naar Kathmandu.

Die eerste ontmoeting met Umesh en Dimesh en hun vriend Mukunda op het terras van een hotel in Thamel, het toeristencentrum van Kathmandu, is voor mij zo overweldigend dat ik er beduusd van ben.
Ook maak ik kennis met het Nepalese gebruik je te verwelkomen met de khata (welkomstdoek). Dat is het begin van contacten met de Nepalese studenten, tot op de dag van vandaag: Umesh, Mukunda, Ganesh, Dikesh, Pradeep.
In die eerste weken in Nepal krijg ik een spoedcursus 'Nepal'. We bezoeken de bouwwerken op de lijst van het werelderfgoed, maken kennis met straatkinderen bedelend, zwervend en slapend in de onderbuik van een wereldstad.
Ik raak onder de indruk van hun idealisme dat, zoals ik later consta-

teerde, mij mee zal slepen in de maalstroom van hun ongebreidelde enthousiasme.

De dag voordat ik uit Nepal vertrek nodig ik mijn nieuwe vrienden uit voor een etentje.

Ik vertel dat ik werk voor de MartinusStichting in Thailand, maar dat ik zal proberen de mensen in Nederland enthousiast te maken voor de plannen van hun stichting Little Wold Nepal.

'Met veel plezier en met bewondering heb ik naar jullie gekeken, naar jou, Umesh en naar Mukunda en jullie vrienden. Ik zag wat jullie deden voor de straatkinderen: samenkomsten organiseren in de koude en kale huizen in de smalle steegjes van Kathmandu. Houdt vol. Laten we een toast uitbrengen op Nepal, zijn maatschappelijk werkers en op de dappere stichting Little World Nepal.'

Terug in Nederland krijg ik een brief van Umesh:

*'We hebben geen geld, maar wel naast onze studie vrije tijd. En die kunnen we ze (*de straatkinderen van Kathmandu*) geven.'*

Hij refereert aan een van onze gesprekken over zijn dorp Garimudi, district Dohlaka en dat daar een kleuterschooltje nodig is.

Al generaties lang werken de vaders en moeders op het veld. Het zou een hele geruststelling zijn als de kleintjes veilig in een schooltje zouden zijn.

Misschien is het beter te zorgen voor studieboeken voor de studenten sociaal werk.

Vanuit Frankrijk komt het bericht dat Umesh ook nog een huis voor jonge zwervers wil openen. LWN heeft dus grootse plannen.

In een brief met als titel 'Waar ben je mee bezig Little World Nepal' schrijven ze dat ze zich vooral richten op milieu- activiteiten (schoonmaken van bijvoorbeeld een plein) en opvang straatkinderen (het inzamelen van kleding, een programma straatkinderen bewust te maken van hun toestand en ze hygiëne te leren om diarree, huidaandoeningen en veel overgeven te voorkomen).

Hoe laagdrempelig hun hulpverlening is, blijkt verder dat ze een badkamer op een handkar monteerden en zo de stad introkken om deze kinderen te wassen en in nieuwe kleding te steken.

Als je hulp wilt verlenen heb je goede sociaal werkers nodig. LWN wil hun beroep als sociaal werker promoten en haalt getalenteerde jongeren uit de bergdorpen naar Kathmandu voor hun studie sociaal werker. En zie: het studentenhuis is geboren.

2011

Geloven in onze wereld

Little World Nepal wil de volgende vier gebieden bestrijken:

- huisvesting bieden aan studenten sociaal werk en onderwijs. (van de onderwijzers wordt geëist dat ze na hun opleiding teruggaan naar de bergdorpen);
- het onderwijs verbeteren in de bergdorpen Dohlaka, Jumla, Humia en Bajura;
- drop-outs opvangen en deze weer terugbrengen in de maatschappij;
- jongeren van rond de twintig jaar ondersteuning geven bij hun toekomstplannen.

Dit is een pretentieus en veelomvattend plan dat veel studie en onderzoek vraagt en veel geld zal kosten.

We schrijven een financieel plan en sturen dat naar het bestuur van Hatemalo in Nederland.

Ik ga naar Nederland terug en laat Umesh achter met niet meer dan enthousiasme en de belofte aan het werk te gaan om fondsen te werven.

Na een paar maanden krijg ik een mail.

Umesh voelt zich alleen en moedeloos en in de steek gelaten. Het lijkt erop dat hij ook bij zijn vrienden geen aansluiting krijgt.

'Ik ben echt verdrietig vandaag na een gesprek met vrienden. We hebben gepraat en gepraat. Ik zie mensen naar mij toekomen en die mij ook weer in de steek laten. Het is allemaal zo verwarrend. Maar al die grote problemen hebben geen invloed op onze vriendschap. Ik probeer professioneel er mee om te gaan. Hebben we iets verkeerds gedaan? Bent u boos op ons of op The Little World Nepal? Ik denk dat we elkaar soms niet begrijpen. Onze Aziatische Nepalese manier van denken is anders als die van u. Ons land loopt honderd jaar achter op de ontwikkelde landen en ik denk dat we die achterstand niet in onze generatie nog inlopen. We moeten geloven in onze wereld en daarin werken.

Ik weet het. Het is niet uw verantwoordelijkheid om onze stichting of ons land te helpen. Hoe dan ook, wij leven ons eigen leven en gaan onze eigen weg, meneer.

Via Maurice krijgen we support uit Frankrijk. Samen met hem hebben we een paar kleine projecten onder de straatkinderen gerealiseerd.

We konden een van de straatkinderen, Kamal, weer terugbrengen naar zijn familie, vier uur met de bus vanuit Kathmandu. Ook gaat hij weer naar school. Het gaat nu al twee maanden goed met hem. '

Bij hun laatste bezoek aan het dorpje van Kamal geeft LWN hem een fiets, badminton, boeken en kleding.
Maar dan:
'En ja, belangrijk nieuws is dat we vanuit ons college een werkbezoek van twintig dagen brengen aan India.'
Wanneer Umesh bij terugkomst uit India informeert naar Kamal is hij weer vertrokken uit het dorp. Het vrije leventje in Kathmandu heeft toch ook zo zijn voordelen.

2012

De droom en de frustraties

Op doorreis naar Bhutan bezoekt Menno van der Geugten, secretaris van onze stichting Hatemalo, in maart 2012 het studentenhuis Imadol in Kathmandu. Hij doet onderzoek naar het werk van Little World Nepal in het kader van zijn afstudeerproject Culturele en Maatschappelijke Vorming.
Hij waarschuwt: *'duidelijk is wel dat doordat de basisvoorzieningen niet aanwezig zijn, de studenten (van Imadol) een hoop problemen hebben om zelf te overleven.'*
Een maand later breng ik zes weken in het studentenhuis door
Het is de bedoeling te bekijken in hoeverre het nog nodig is het studentenhuis voor zes zeer arme studenten uit de bergdorpen te ondersteunen. Immers, de opleiding van deze zes studenten zal in alle waarschijnlijkheid in juni 2013 met een diploma worden afgesloten.
Umesh rekent er blijkbaar op dat Hatemalo het gehele studentenhuis zal financieren inclusief de studiekosten. Ik zeg hem dat dat onmogelijk is. Hatemalo is een kleine stichting met activiteiten.
Wel zorgen wij voor een solar systeem, koelkast, laptop en de inrichting van een kamer. Het meubilair voor de andere kamers zal later volgen.
Ik stel voor een kamer aan buitenlandse studenten te verhuren.
Studenten kunnen tegen betaling logeren in Imadol, drie kilometer van het internationale vliegveld en onder leiding van een van de studenten een indruk krijgen van de hoofdstad en van het leven van Nepalese studenten.
Er wordt een plan geschreven met de wervende titel 'Students for students. Imadol Home Kathmandu for students over the world.'
Er is niets van terecht gekomen. Geen van beiden ondernemen we iets om het plan te realiseren.

Thuis gekomen schrijf ik de zoveelste brief aan onze Hatemalo vrienden, waarin ik alles nog eens uitleg.

Duizend straatkinderen in Kathmandu: Dweilen met de kraan open?
Nepalese studenten zien een oplossing: Begin met werkgelegenheid
Intussen verneem ik van Umesh dat Satie wil dat Imadol gesloten wordt.
Ik zie kansen.
Umesh gaat niet in op mijn voorstel om opnieuw te beginnen.
'Ik wil mijn best doen voor jouw dorp, voor jouw studenten en de straatkinderen', roep ik.
Tegelijkertijd voel ik de onzekerheid in mij opkomen.
Het is zomaar een zin, wat kreten, want ik heb niets concreets te bieden.
Umesh weet dat: *'nee, laten we niet weer beginnen over onze droom.'*
Ik herinner Umesh eraan dat een van zijn docenten van de sociale academie bereid was hem te helpen bij het realiseren van zijn plannen. Ik dring aan om toch zijn plannen naar mij op te sturen. Ik zeg hem toe dat er driehonderd euro zal worden overgemaakt.
Nee, doe dat nou niet.
Waarom niet.
Omdat het niet genoeg is.
Hij rekent voor dat hij voor huur en levensonderhoud toch ongeveer duizend euro per maand nodig heeft. En dat kan onze stichting niet opbrengen.
Nee, inderdaad vierduizend euro voor vier maanden kan onze stichting niet opbrengen. Imadol zal sluiten en de studenten gaan op kamers wonen.
Even later wil hij het weer niet. Hij wil me de volgende dag terugbellen om meer bijzonderheden te geven. Ik kan er werkelijk geen touw meer aan vastknopen.
In mei barst de bom en frustraties krijgen de vrije loop. Er volgt een venijnige briefwisseling tussen de twee stichtingen. Aanleiding is de brief van Mukunda en Michel waarin mij verweten wordt dat ik van alles beloof maar niets doe. Ook profiteer ik al een paar jaar van mijn gratis kost en inwoning in het studentenhuis.
Ik geef toe dat we niet goed de kosten hebben geschat die het studentenhuis Imadol met zich mee brengt.

Ik herinner Umesh er aan dat wij Imadol niet hebben opgericht.
Het is kerstavond.
Umesh laat mij via facebookbericht weten dat het studentenhuis in de loop van 2013 zal worden gesloten vanwege gebrek aan financiering.
Er wordt dan ook afgezien van de oprichting van een voorziening voor straatkinderen van Kathmandu.
Sociaal werkers wijzen me er herhaaldelijk op dat werkgelegenheid en goed onderwijs in de dorpen de beste remedie is om kinderen thuis te houden en zo het jeugdprobleem in de steden te verminderen.
Ik besluit mijn bestuur voor te stellen om ons te richten op werkgelegenheid en onderwijs en niet meer op opvang van jonge kinderen. Het bestuur kan zich met deze wijziging niet verenigen en treedt af.

2013

Brief aan Umesh

Het roerige jaar 2012 is voorbij.
Umesh wenst me een gelukkig Nieuwjaar en hij hoopt dat hij niet een al te grote druk op mij heeft uitgeoefend in het afgelopen jaar.
We zoeken toenadering. Dat kan ook niet anders, omdat Umesh en ik wel aanvoelen in welke richting we zouden moeten werken, namelijk werken aan beter onderwijs, vooral in de dorpen, en daarbij jonge mensen de financiële mogelijkheden bieden te studeren en zorgen voor werkgelegenheid.
Een week later.
De huiseigenaar dreigt de studenten het huis uit te zetten.
Er is geen internetverbinding meer. Umesh brengt me op de hoogte vanuit een internetcafé. Ik stuur een bericht naar onze donateurs.
Iemand reageert: *'hier is honderd euro. Toch te gek dat het huis moet sluiten omdat er geen geld is.'*
Umesh geeft niet op. Ik ook niet.
Een paar weken later begint hij met andere leden van zijn stichting kleding in te zamelen. Ik sta perplex. Wie zelf niets hebben, werken voor wie nog minder dan niets heeft.
'Vandaag hebben wij tweehonderd kilo kleding ingezameld voor kinderen in de Terrai. Hoe dan ook alles wat wij zeggen en schrijven en tot stand brengen komt van binnen uit. Deze energie kan toe- en afnemen. Maar we geloven in de kracht in ons zelf.'
Onze penningmeester wil weten wat Umesh met het geld doet dat wij opsturen. Een terechte vraag. Mij interesseert dat niet zoveel. Ik ga er-

van uit dat het geld besteed wordt, waarvoor het bedoeld is. Erg handig is deze nonchalante zienswijze niet.
Umesh begint de moed verliezen.
Umesh schrijft: *'Ik denk dat we niet effectief genoeg werken. Donateurs hebben geen vertrouwen in ons, sociaal werkers. Als ze willen doneren gaat het geld rechtstreeks naar de hulpvragers.*
We werken maar worden er niet voor betaald. In Nepal kunnen we ons niet redden met een parttime baan zoals in Europa. Dat geldt ook voor de Franse stichting. Zij willen precies weten wat we met het geld doen, waar we het voor besteden, maar geen enkele cent voor ons, de werkers. Hoe treurig!
Ik zeg hem dat ik me zo moedeloos voel als hij dit schrijft en dat ik me afvraag waarom het wel lukt in Thailand (MartinusStichting) en niet in Nepal.'
Umesh: *'ik denk dat je in Nepal met de verkeerde mensen werkt, met werkloze studenten.'*
Dan de slotzin die ik zo vaak in Nepal hoor: *'maar zo is het leven. We zullen wel een oplossing vinden.*
Nog geen week later vraagt hij om € 500. Zijn stichting Little World Nepal heeft haar diensten aangeboden aan een groep pas afgestudeerde tandartsen die een week aan het werk gaan in verschillende dorpen. Het project blijkt een initiatief te zijn van de Rotary. Umesh en de zijnen willen mee betalen aan het vervoer per bus en levensonderhoud.
Hoe kom ik aan € 500. Ik schrijf een brief aan onze donateurs.
Een goede vriend zegt: *'je schrijft te vaak brieven om geld.'*
Ik, geërgerd: *'ja, hoe moet ik het anders doen. Hatemalo heeft geen TV uitzending tot haar beschikking.'*
Wij onderhouden contact via facebook over de toekomst van LWN.
'Je schrijft dat je een huurschuld hebt van ongeveer € 800 en dat je deze snel moet betalen en dat je anders de gevangenis in zult gaan. Ik heb je voorgesteld om nu driehonderd euro te betalen en de volgende maand de rest. Maar dat vind je te weinig. Wat wil je nu?
Je bent het niet met me eens dat we de kippenfarm in Nala mee helpen financieren. Dat we daar alleen een enkele familie mee helpen. Voor mij is het ook een proefproject want voorwaarde is dat na een paar jaar er meer mensen aan het werk zijn, dat we samen kijken naar de basisschool en zorg dragen voor studenten.
Je zegt dat je de vijf studenten onder wilt brengen in kamers elders en Imadol wilt sluiten.

Wat zijn dan de kosten voor een student per jaar? In april nog was dat volgens mij 65 euro per maand (school, levensonderhoud en huur)
Ik wil me wel inzetten voor jullie wens een geitenfarm in jouw dorp Gairimudi in district Dohlaka en de fruitteelt (appels) in Jumla te realiseren. Dat kost zeker twee jaar voorbereiding.'

In september dat jaar ben ik weer in Nepal en spreek met een economie student en een bankmedewerker. Ze schetsen een boeiend verhaal over de huidige situatie in Nepal. Op de een of andere manier zijn ook zij niet zo gecharmeerd van ons werk voor de studenten.
Samengevat: Nepal bezwijkt bijna onder de problemen. Waarom studenten? Als je helpen wilt doe dan wat aan de diarree problemen. Ze bedoelen: begin bij de gezondheid van mensen.
Umesh geeft nog een keer een overzicht, waarin ik voel dat het verdriet doorsijpelt.
In april 2010 zijn we gestart met ons studentenhuis. We waren met zes studenten, die studeerden aan Nepal School of Social Work (Kadambari College and Nepal College of Development Studies). We hadden een gemeenschappelijk doel: behalve onze studie wilden we onze vrije uren inzetten voor een bepaald maatschappelijk probleem. We vonden dat we door samen te wonen we beter konden nadenken, discussiëren over de brandende kwesties in onze samenleving. Het resultaat was het betrekken van het studentenhuis.
We hadden niets, sliepen op de grond, maar genoten van ons huis, hopend op enige verandering in de nabije toekomst. We deden ons best de nodige financiën bij elkaar te krijgen, maar de kosten van levensonderhoud in Kathmandu zijn hoog en onze inkomsten laag. We kregen veel waardering voor wat we deden, maar deze waardering werd niet uitbetaald! We kregen wel veel steun van de docenten van ons college, goede adviezen maar deze leidden niet naar betere financiering. De financiële situatie werd zo nijpend dat we besloten of het niet beter was het huis te sluiten.
Hoewel we geen fondsen tot onze beschikking hadden besloten wij toch door te gaan en we richtten ons op arme studenten uit de dorpen van Nepal, die wilden studeren in Kathmandu. We begonnen studenten te selecteren uit afgelegen dorpen. Daarnaast wilden we starten met nieuwe projecten die zich richtten op de opvoeding van straatkinderen. Onze activiteiten brachten wij onder in de stichting Little World Nepal. Steun hoopten wij ook te krijgen van de Nederlandse stichting Hatema-

lo Nepal en de Franse stichting Little World Nepal France.'
Met dit bericht deelt hij mee dat nu het doek definitief valt voor het studentenhuis. De groep zal zich gaan verspreiden.
Een noodkreet om financiële ondersteuning om alles af te ronden, volgt. Umesh en de zijnen besluiten het huis te verlaten en de vier overgebleven bewoner-studenten zullen ergens op kamers gaan wonen. Little World Nepal gaat op zoek naar een kantoortje.
Umesh bericht dat er nieuwe aangepaste plannen komen.
Spanningen! Umesh maakt plannen en Hatemalo heeft geen geld.
'Wat denk je! Kunnen we wel samenwerken?
'Waarom zou dat niet kunnen? Net nu Hatemalo een beetje succes begint te krijgen. De kippenfarm loopt goed. En in de toekomst gaan we beginnen aan het geit-appelboom project.'

2015
Slotakkoord
Ik wist nauwelijks iets van hun plannen. Maar ik was enthousiast, een wel erg smalle basis om een project te starten.
Als ik me - achteraf - afvraag waarom het zo mis heeft kunnen gaan tussen Hatemalo en Little World Nepal en Umesh en mij, dan ligt hier de kiem.
Te snel het enthousiasme van jonge mensen vertalen in een project. En dat weer gaf hen het gevoel dat we bij wijze van spreken het geld al in de portemonnee hadden.
Ik zag waarmee ze bezig waren, maar was te ongeduldig om de resultaten af te wachten, hun werkwijze te bestuderen, navraag te doen naar de continuïteit van hun plannen.
Ook vraag ik me nu af waarom niet gezocht is naar samenwerking met Maurice van Little World France. Dan hadden de plannen van LWN gestroomlijnd kunnen worden. Wat wisten we van elkaar!

Umesh is naar Frankrijk, Mukunda in Japan, Pradeep in Sri Lanka. Ik vraag me af of zij in Nepal gebleven zouden zijn als er enig zicht was geweest op de realisering van de plannen.
Gedurende het jaar 2014 heb ik weinig contact gehad met Mukunda en Umesh.
Naar aanleiding van de bijdrage van Umesh aan dit boek komt hij nog even teug op de problemen die we hadden in 2012.
'Ik was zover dat ik alle contacten wilde verbreken. Ik dacht dat het

niet de juiste weg was, want ik had een excuus. Ik was toen nog jong en onervaren en moest nog een beetje meer volwassen worden.
Het is niet alleen jouw schuld dat ons project mislukt is. Ik weet niet precies waarom ons project mislukt is. Maar ik ben er wel verdrietig onder.'
Op 25 april is er die aardbeving, die ook het dorp van Umesh verwoest. We voeren via facebook lange gesprekken.
Het slotakkoord van dit hoofdstuk heeft iets weg van Schuberts Unvollendete.
Dat projecten de eindstreep niet halen kan gebeuren. Maar hier kwamen relaties onder druk te staan met als gevolg dat we teleurgesteld waren in elkaar en misschien nog zijn.
Toen ik Umesh op 30 mei 2016 dit in het Engels vertaalde hoofdstuk voorlegde, mailde hij mij:

Hartelijk dank voor het toesturen van het hoofdstuk over Imadol. Het is natuurlijk een samenvatting over wat wij beiden beleefd hebben en dat gezien vanuit jouw kant.
Afgezien van de problemen hebben we ook goede momenten gehad..
Maar in jouw boek heb je niet vermeld waarom onze relatie stuk liep.
Ja we hebben gevraagd om hulp; dat was niet voor de lol. Het was mijn droom om te werken voor de armen. Dat is toch geweldig. Ik mis het studentenhuis. Ik zou het opnieuw willen openen in de toekomst. Ik wil in staat zijn om het dan zelf te financieren. Mijn plannen zijn veranderd, maar mijn doel is nog steeds hetzelfde. Het ga je goed, Wiel.
Op mijn vraag wat volgens hem dan wel de reden was dat onze samenwerking stuk liep, heeft hij niet meer gereageerd.
Of ik Umesh ooit nog terug zie? Heel misschien. Dan kunnen we het er nog eens over hebben, over onze idealen van toen.
(Drie brieven en een aantal vragen met antwoorden van Umesh die achtergrondinformatie verschaffen heb ik opgenomen achter in het boek.)

De bus stopt in Shera

Sommige verhalen hebben geen echt einde.

Verhalen eindigen altijd ergens en in een bepaalde sfeer.
Sommige verhalen hebben geen echt einde, maar blijven zweven door de donkere en geheimzinnige ruimten van de geest totdat iemand ze oppakt, in eerste instantie niet goed wetend welke weg hij moet inslaan
Wanneer je naar Tusal wil, neem je vanuit Kathmandu de bus naar Banepa. Daar stap je over op de bus naar Nala die stopt in Shera. Verder gaat hij niet. Maar Tusal ligt verderop de heuvels in. Wil ik door het dorp naar de plaats van bestemming, dan heb ik wel een uurtje voor de boeg. Neem ik de kortste weg dan wordt het klimmen. Ik heb de keuze.
Een verhaal eindigt op papier met het laatste woord. Maar dan begint het Feest van de Fantasie: de lezer heeft de keuze hoe hij het verhaal op zich in zal laten werken. De bus stopt in Shera…

1 *De angst mijn vader te verliezen. (Janak Tamang)*
2 *De zon had nog uren te gaan. (Wiel Palmen)*
3 *De pijn van de scheiding. (anoniem)*
4 *Die laatste dag. Een onverwachts afscheid. (Wiel Palmen)*
5 *De eenvoudige en de moeilijke keuze voor Nepal.(Bikash Sangraula)*

1 De angst mijn vader te verliezen

(Janak Tamang)

In 2059 (*2002*) zat ik in het negende jaar van de plaatselijke openbare school van het dorp Himganga-02, Ramechhap. In die tijd bereikte de Maoïstische beweging z'n hoogtepunt. Met deze beweging kreeg iedere student te maken dus ook ik. Het merendeel van alle plaatselijke overheidskantoren, dorpsontwikkelingsorganisaties, gezondheidscentra, scholen en INGO kantoren werden door hen in beslag genomen en onder hun bestuur gesteld. De scholen waren het belangrijkste doelwit van de Maoïsten. Vrijwel alle particuliere internaten, verschillende INGO kantoren, gezondheidscentra, de VDC kantoren (tv en video) en plaatselijke politiebureaus werden gesloten en alle jongeren werden gedwongen zich bij het hoofdkwartier in hoofdstad te komen melden afhankelijk van hun positie en economische situatie.
De Maoïsten kwamen ook naar ons dorp om hun opvattingen over de samenleving te vertellen en om het land in een republiek te veranderen. Ze bewerkten en bedreigden ons en dwongen ons zelfs om zich bij hen aan te sluiten. Hun denkbeelden over kwesties als nationalisme, soevereiniteit, klassenstrijd, traditie en hun vooroordelen werden ons opgelegd.
Omdat wij in het grootste huis van het dorp woonde was ons huis het doelwit van zowel het leger als de Maoïsten. Mijn vader was een gepensioneerde legermajoor en zijn drie oudere broers hadden eveneens in het leger gediend. Thuis waren we met ons zevenen. Ik ben de op één na jongste zoon en mijn jongere broer is 9 jaar jonger dan ik. Ik zat in de negende klas van een nabij gelegen school en kwam één keer in de week naar huis.
Mijn ouders waren erg bezorgd over wat er met mij in de toekomst kon gebeuren. Omdat ik de enige in de familie was die goed kon studeren wilden zij graag dat ik onderwijzer zou worden. Mijn vader, moeder en mijn jongere broer waren doorgaans thuis.

Het gebeurde in die tijd dat we bezoek kregen van de Maoïsten uit ons gebied. Zij dwongen mijn oudere broer zijn baan in het leger op te geven en als straf dat hij in het leger had dienst genomen moest onze familie nu elke maand NRs. 200 betalen.
We werden gedwongen om in totaal Rs. 1.400 te betalen. Om dit be-

drag af te dragen moest mijn vader persoonlijk naar het plaatselijke kantoor komen. En als we niet op tijd betaalden dan werden we gestraft een extra bedrag te betalen.

Het leger patrouilleerde veel en was ingekwartierd in ons huis en schoolgebouwen.
Tussen onze familie en het legeronderdeel was een goede verstandhouding omdat drie van mijn broers en mijn vader, zelfs als majoor, in het leger hadden gediend.
Zij voelden zich bij ons thuis. Maar vaak als zij niet in ons huis aanwezig waren kwamen de Maoïsten. Zij bedreigeden ons en vroegen waarom wij het Nepalese leger toestonden in ons huis te wonen en waarom wij het leger hielpen door voedsel en kookgerei te geven. Wij probeerden hen ervan te overtuigen dat wij dit onder dwang moesten doen. Als we niet meewerkten zouden we worden gestraft. We zaten tussen twee vuren in. We vertelden dat het niet onze bedoeling was dat het leger in ons huis bivakkeerde en ons kookgerei gebruikte. We hadden een groot probleem en wisten niet goed wat we in deze situatie moesten doen.
De Maoïsten dwongen ons dat wij het leger niet zouden helpen. Als we daar geen gehoor aan gaven dan volgden er lijfstraffen. We waren gewaarschuwd. Op Mangshir-03, 2060 (*nov. 2003*) benoemden de Maoisten mijn vader als Ga. Ja. Sa. (Gau Jana Sarkar) 'Pramukh' (Ga Ja.Sa door de maoïsten opgesteld plan, dat door de Pramukh , een oude rang binnen het leger moest worden uitgevoerd) zonder hem daarin te betrekken. We werden daarmee totaal verrast en ontredderd. Zij maakten dit bekend tijdens een samenkomst die openbaar werd via VDC .
Twee dagen later kwam er een brief van het kantoor van de plaatselijke legereenheid; dat mijn vader werd ontboden om hen de waarheid te komen vertellen wat gaande was. Het leger dwong mijn vader zich aan te geven, ondanks het feit dat hij geheel onschuldig was.
Nadat hij binnen 15 dagen weer naar huis kwam, publiceerde de Maoïstische partij een lijst met namen van de meest gezochte dorpsbewoners. Al deze onschuldige mensen waren van streek en gedwongen om zich binnen 7 dagen bij de Maoïsten te melden. Zij wilden degenen straffen die hun wetten en regels hadden overtreden. De namen werden via het televisiekanaal 'Chautari', de Nepalese krant 'Pipel Bot' en op scholen gepubliceerd. Hierbij was ook de naam van mijn vader.
Natuurlijk waren we erg verrast; het noodlot achtervolgde ons weer.
Met de oproep was een ultimatum gesteld en daar was niet aan te ont-

komen. Uiteindelijk heeft mijn vader het aangedurfd om zich aan te melden.
Na drie dagen lukte het ons uiteindelijk hem weer te zien. Zij hadden van hem een verklaring geëist en hem ondervraagd waarom hij zijn positie als Ga. Ja. Sa. Pramukh had opgegeven?
Zonder te luisteren wat mijn vader te zeggen had, moest hij binnen een maand een boete van 2 lakhs (1 lakh = NRs.100.000) betalen, terwijl de maandelijkse afdracht werd verdubbeld van Rs. 1.400 naar Rs. 2.800. Dit was zó moeilijk voor ons, het was een enorm bedrag voor een middenstandsfamilie. Ik overlegde hierover met mijn oudere broers en vertelde hen in welke positie mijn vader zat en waarom hij zoveel geld nodig had. We hadden geen enkele bron van inkomsten beschikbaar om aan de eis van de Maoïsten te voldoen. We konden amper 1 lakh bij elkaar brengen, terwijl we nog zo'n zelfde bedrag nodig hadden. De tijd ging voorbij en we namen geen contact op met de Maoïsten omdat we niet genoeg geld bij elkaar hadden weten te brengen om hen te betalen.

Op een dag kwamen ze naar ons huis en dwongen mijn vader mee te gaan. Mijn vader werd direct door hen gevangen genomen omdat we niet op tijd de boete hadden betaald.
We waren ontredderd en verbaasd dat zij geen begrip voor ons probleem hadden. We hadden echt ons best gedaan om de boete te betalen. Mijn moeder en ik huilden, we smeekten en vroegen hen mijn vader niet mee te nemen, maar het was vechten tegen de bierkaai, zij wilden niet naar ons luisteren. Mijn vader werd rond middernacht van huis weggevoerd met tranen in z'n ogen terwijl hij zei: 'zorg voor het kleine kind Rukesh.' Mijn moeder raakte buiten bewustzijn; mijn jongere broer was te klein om te begrijpen wat er allemaal gebeurde. Ik kan me nog goed herinneren dat ik gesmeekt heb mijn vader thuis te laten om ons gezin niet ongelukkig te maken.
In die tijd was er geen telefoonverkeer mogelijk om mijn oudere broer te bellen. De hele gebeurtenis maakte mij erg verdrietig. De volgende ochtend heb ik moeite moeten doen mijn moeder er van te overtuigen dat ik op zoek moest gaan om geld te lenen.

Ik had besloten om naar een zielsverwante vriend van mijn vader te gaan. Hij is de meest vermogende man in zijn dorp en daarom de aangewezen persoon ons te helpen.
Nadat hij had geluisterd wat mijn probleem was en hoe de positie van

mijn vader was, zuchtte hij: 'Waarom kom je zo laat? Je bent nog op tijd, hier neem dit geld en bevrijd mijn vriend zo snel als maar kan.' Ik was heel blij en hem dankbaar dat hij ons wilde helpen en tegelijkertijd vormde dit voor mij de drijfveer om voortaan uitdagingen aan te gaan. Ik was er trots op een 'Mit-Chhora' te zijn omdat deze gebeurtenis mij leerde dat hij een echte held was die hielp als dat nodig is. Mit-Chhora is de zoon van je beste vriend en wel zodanig dat er een band ontstaat als was hij je eigen zoon.
Doorgaans denken we dat alleen een familieband sterk genoeg is en aanleiding geeft om behulpzaam te zijn; hij bracht mij op andere gedachten door, als niet-familielid ons financieel te ondersteunen. Vroeger was hij een kolonel en hij durfde het aan om met mij mee te gaan om mijn vader vrij te krijgen. Ik kwam met vaders vriend en met 100.000 roepies op zak weer thuis. Mijn moeder was ziek en totaal overstuur. Zij was erg afwezig en er stonden nog steeds tranen in haar ogen.
De volgende dag begon ik met de vriend van mijn vader aan de zoektocht naar mijn vader. We hebben vier dagen lang gezocht, waarbij ik er niet geruster op werd en het gevoel kreeg mijn vader te gaan verliezen. Maar gelukkig vonden we hem uiteindelijk in de bergen vlakbij het dorpje Gumdel. Ik was nauwelijks in staat te laten zien hoe blij ik was, dankte God voortdurend en probeerde mijn vader zo snel mogelijk vrij te krijgen. Ik had geen inzicht in welke situatie mijn vader zich bevond, maar liep zonder er veel bij na te denken op mijn vader af. Ik was me er niet van bewust welke risico ik hierbij liep, maar ik was op dat moment bereid elke prijs te betalen. Uiteindelijk kreeg ik mijn vader vrij door de Maoïsten 200.000 roepies te betalen.

Ik was één van die gelukkigen die in oorlogstijd de gelegenheid kreeg om zijn vader uit handen te krijgen van de Maoïsten. Ik had mijn vader bevrijd en omhelsde hem en moest erg huilen. Mijn vader bedankte zijn zielsverwante vriend en ook zij omhelsden elkaar.
Dit was iets wat ik mijn leven lang niet zal vergeten. Ik werd mij bewust wat liefde tussen vader en zoon betekent en wat het waard is vrienden te hebben die je begrijpen en weten wat je voelt. Mijn vader was wat dikker geworden en hij had honger, daarom zochten we een hotel op om wat te eten.
Na een reis van vijf dagen kwamen we thuis. Mijn moeder was heel erg gelukkig en bedankte de vriend van mijn vader met tranen in haar ogen.

Maar toen dit allemaal voorbij was werden we door zowel de regeringstroepen als ook door de Maoïsten bedreigd. De sfeer in ons dorp werd steeds grimmiger waarop mijn oom Dhan Lal het plan opvatte om naar Kathmandu uit te wijken. Mijn oom was destijds particulier chauffeur van de voormalige koning Gyanendra. Hij gaf opdracht aan de plaatselijke legerpost mijn vader als Maoïst op te pakken om zo de plaatselijke bevolking voor te doen dat het om een echte arrestatie ging. Op 21 Falgun, 2060 (*feb. 2004*) kwam het leger mijn vader arresteren. De hele familie was op de hoogte van het plan wat mijn oom had gemaakt behalve mijn oma. Daarom was zij niet te troosten en huilde voortdurend.
Binnenkort zou ik examen van school moeten doen, maar ik had geen tijd om te studeren. Ik woonde toen vlakbij de school omdat de afstand naar huis te groot was.
Uiteindelijk besloot ik aan het examen mee te doen en naar Kathmandu te vertrekken.
De sfeer in het dorp was niet goed meer om daar te kunnen wonen. Overigens werden alle jongeren in het dorp gedwongen zich bij het hoofdkwartier van het leger in de hoofdstad te melden.
De volgende maand was de hele familie verhuisd van ons dorp naar Kathmandu Balaju. Pas toen kwam mijn oma er achter dat de arrestatie van mijn vader in scene was gezet. Ze moest daar heel erg om lachen.

In 2061, Ashad 7 (*juni 2004*) kreeg ik de uitslag van mijn schoolexamen. Gelukkig was ik, na een herexamen, geslaagd. Ik meldde mij daarna aan voor de studie tweede graad niveau van het Manamohan Memorial College in Shorhakhutte. Die tijd zal ik nooit vergeten. Het was een grote uitdaging, niet in de laatste plaats vanwege mijn ervaringen uit het verleden. Ik had moeite me hier staande te houden. Maar uiteindelijk brak er ook voor ons een gelukkig leven aan. Ik had nu mijn vader bij me en we hielden echt veel van elkaar.
Alle hulde aan de vriend van mijn vader. Zonder zijn hulp was het nooit gelukt mijn vader vrij te krijgen. De les die ik hieruit leerde was dat ware vrienden zijn degenen die je werkelijk helpen als je in de problemen zit.
Het was zondermeer duidelijk dat de Maoïsten mijn vader hadden omgebracht als ik niet had kunnen betalen. Er waren al twee gevallen bekend waarbij broers uit één gezin zijn omgebracht omdat de onderhan-

delingen niet goed verliepen en de betalingstermijn werd overschreden. Ik realiseer me dat alleen maar dank-je-wel zeggen niet voldoende is. Ik ben veel dank verschuldigd aan de vriend van mijn vader en mijn dierbare oom Dhan Lal. Heel erg veel dank, we zullen nooit vergeten wat jullie voor ons hebben gedaan!

2 De zon had nog uren te gaan

(Wiel Palmen)

Ik vertel jullie het verhaal van Saroj, een twintigjarige jongeman uit het dorp Tushal, gelegen in de vallei van Kathmandu in Nepal. Dat dorp kun je vinden als je de bus neemt van Kathmandu tot Banepa en dan verder naar Nala. De busrit eindigt in Shera. De laatste twintig minuten loop je dan opwaarts tot je in het dorp komt. Zeker nog eens tien minuten klimmen ligt het huis van Saroj's ouders. Voor een toerist een oase van rust met een prachtig uitzicht over het dal, omringd door steeds hoger wordende heuvels. Praat niet over bergen, want deze titel is weggelegd als de sneeuw de flanken en de toppen bedekt. Ja, inderdaad, de Bergen van Nepal schrijf je met een hoofdletter.

Stilte
Na de thee valt de stilte op. Zo moet het zijn geweest, toen men nog geen woord voor lawaai had uitgevonden, de steden nog in wording waren, de fabrieken nog niet de geluiden van hun sirenes over het landschap uitslingerden, het luchtruim nog helemaal voor de vogels was. Op deze hoogte van Saroj's huis kan geen brommer komen, is geen verkeer mogelijk. Zieken en gewonden worden nog in een soort van draagstoel naar het dal vervoerd of simpel op de rug van de drager vastgebonden. Op deze plek woont dus Saroj. Met zijn zieke moeder en vader. Zijn vader kan niet werken en dus heeft het gezin nauwelijks inkomen. Nu de zomer zich volop begint te manifesteren en het overdag ook in de heuvels erg warm is, wordt er al gedacht aan de komende winter, wanneer er hout nodig is voor de kookhoek en voor wat warmte.

Trouwplannen
Saroj is er niet, maar na wat roepen van zijn naam komt er ergens van

beneden zijn lachende gezicht uit het groen en zien we hem met langzame tred omhoog klimmen met zijn mand vol hout. De band rond de mand strak tegen zijn voorhoofd aan, de ene hand de mand in evenwicht houdend en met de andere steun zoekend bij struik of uitstekende rotssteen.
Saroj heeft een paar dagen van te voren zijn verhaal verteld. Dat hij graag wilde gaan studeren voor jurist , dat daar absoluut niets van zal komen omdat er geen geld voor is. Zijn ouders zouden willen dat hij ging trouwen, zodat zijn vrouw kan helpen op het kleine stukje land en in het huishouden. Saroj kan dan gaan werken in Kathmandu of India, of Dubai of noem maar op. Ik vroeg hem of hij al een vriendin had. Nee, dat niet. En als er kinderen komen zal zijn vrouw toch voor hen moeten zorgen. Saroj lacht. Nou nee, daar was dit huwelijk dan niet voor. Ik weet niet of mijn advies grote gevolgen heeft, maar ik zei hem dat ik de traditie wel wilde volgen, dat kinderen voor hun ouders dienen te zorgen, maar dat er toch ergens een grens getrokken moet worden. Ja, ik heb hem de trouwplannen ernstig ontraden. Ook het leger als bron van inkomsten stond op de lijst van zijn ouders. Hij schudde van nee en toen ik in zijn ogen keek, zag ik zijn kwetsbaarheid en begreep dat ook deze weg onbegaanbaar was. De volgende dag kwam Saroj vertellen dat hij zijn ouders op de hoogte had gebracht van ons gesprek en dat zowel huwelijk als leger geen opties meer waren en nodigde me uit voor een bezoekje. De ontvangst was allerhartelijkst met thee en gepofte mais.
De zon had nog uren te gaan toen Saroj en ik vertrokken, want de dagelijkse hoeveelheid van voor tien tot veertien manden hout hakken, sprokkelen en de dertig kilo zware mand naar boven sjouwen was nog niet bereikt.

3 De pijn van de scheiding

'Als ik morgen afscheid van je moet nemen, is het beter vandaag te gaan.'

January, 2014. In mijn mailbox kreeg ik onderstaande brief.
Om privacy redenen worden naam en land niet genoemd.

Mijn beste vriend Wiel,
Ik ben gelukkig en tegelijkertijd zeer verdrietig, om je te informeren over mijn bezoek aan...
Ik heb mijn visum, en nu is het zeker dat ik zal vertrekken voor nieuwjaar.
Wiel, soms heb ik het gevoel te gaan huilen, denkend aan de vele oude herinneringen aan je. Ik ben blij dat ik je heb ontmoet via facebook, en we onze vriendschap tot het einde zal blijven. Wij zijn vrienden voor altijd. Bij deze heb ik een belangrijke les geleerd, dat vriendschap geen grenzen kent. Een oude en een jonge man kunnen zeer goede vrienden zijn, zoals 'wij'. Een Europees kan goed bevriend zijn met een Aziaat. Alle mensen in de wereld hebben een hart en wij hebben een sterke 'hart' vriendschap, voor altijd. Ik ben hier heel blij mee.
Ik ben blij dat je in mijn leven bent gekomen. Ik heb een zeer 'speciale' plaats in mijn hart voor jou. Je hebt veel respect voor mij en je bent onderdeel geworden van mijn familie. De wereld is zeer groot, en eenieder van ons is een onderdeel van het universum. Wij moeten dat accepteren.
Je bent mijn vriend, maar in mijn hart ook gelijk een van mijn familieleden, mijn familie. Om het kort te zeggen, ik ben jouw investering. Je hebt met jouw inspanningen in mijn studie geïnvesteerd. Wat ik studeerde aan de Universiteit in Nepal, heb ik opgeslagen in mijn hart. Dit is nuttig voor mij in het land waar ik nu ben.

Ik heb mijn visum tot maart 2017, tijdens deze periode kun je een bezoek brengen. Ik zal over enkele jaren proberen, als ik zelfstandig ben, Nederland te bezoeken. Ik hoop dan te zien in welk land Wiel geboren werd.' Dit is mijn droom. Ja dit is een grote droom, maar ik denk wel eens, zal dit eens mogelijk zijn? Wij kunnen dit jaar elkaar niet zien, maar op een dag zal dat wel komen. De dagen zullen wel komen dat wij samen een biertje drinken, zingen, dansen, pret hebben, grappen zullen maken, etcetera. Wiel, terwijl ik dit schrijf, huil ik. Ik mis je en ik hou van je.

Er zijn nog steeds veel dingen die je niet over mijn familie en de samenleving weet.
We zullen daar 'gefaseerd/terughoudend' over praten. Maar ik probeer oplossingen te vinden voor alle problemen. Ik ben zeker dat god mij zal helpen. Ik beloof je nogmaals dat ik over een paar jaar een graad/titel

zal hebben. Dit is het belangrijkste taak in mijn leven. Ik zal mijn uiterste best doen. Ik zal hard studeren, hard werken, en je trots maken dat je een vriend hebt. Ik zal altijd contact met je houden, waar je ook heengaat, en waar ik ook ga. Ik heb nog veel zaken van je te leren. Veel dingen met je te delen. Veel dingen met je te bespreken. Mijn leven zal niet hetzelfde zijn zonder jou. Vergeet dit alstublieft niet.

Ja, ik ben ver weg van je, maar alleen door de afstand van wegen, maar niet van het hart. Onze harten zijn altijd dichtbij. Ik herinner je nogmaals dat op een dag, dat we samen zullen zijn met een biertje en over vele dingen zullen praten.

Je zult ook worden uitgenodigd voor mijn bruiloft.
Ik ga 'waarschijnlijk' deze week mijn kaartjes kopen en verwacht binnen twee weken mijn kaartjes te hebben. Ik woon dan met andere Nepalese vrienden in een gedeelde accommodatie. Dit is een belangrijke levenservaring. Ik ben tegelijkertijd opgewonden, verdrietig, gelukkig, teder/bedroefd en eenzaam.

Ik hoop dat je al mijn woorden begrijpt. Ik zal je vele andere zaken in een andere e-mail schrijven. Binnenkort zullen we ook skypen.
Ik mis je zo veel.
Wees voorzichtig.

4 Die laatste dag. Een onverwachts afscheid

(Wiel Palmen)

De meeste Nepalese vrienden heb ik leren kennen via facebook. Deze contacten werden intensiever. Toen we elkaar ontmoetten in Nepal leek het of we bekenden waren.
Dit verhaal is grotendeels fictie.
Hoe het begon.
4 januari.
Een onbekende op facebook:
-Hi
- Hi, nice to meet you.
Ik zie dat het gaat om Kishan. Verder speuren op zijn facebookside

leert dat hij achttien jaar is, studeert op een college en woont bij zijn ouders en zus in een dorpje dichtbij Baktapur.

5 januari
Hebt u wel eens van mijn land, Nepal gehoord?
Ik vertel hem dat ik al een paar keer in Nepal geweest ben en over een paar maanden er weer zal zijn.

31 januari
- Ik zou je willen ontmoeten
Ik zeg ja.

Begin mei is het zover. Ik neem de bus naar Banepa en stap uit op de afgesproken plaats. Ik kijk om me heen. Het is een gok. Ik ken hem niet en ben nog nooit in Banepa geweest. Ik word op de schouders getikt. Er staat een jongeman achter mij.
Ik ben Kishan.
Hij lijkt helemaal niet op de facebookfoto.
Na een paar uur stopt de bus bij een dorp. We zijn er nog niet. De weg naar het volgende dorp, onze eindbestemming, gaat te voet. Het wordt sjouwen, meer dan een uur door de hete zon.
Ik ben in een vreemd dorp, bij een onbekende familie, hierheen gebracht door een vriendelijke jongeman.
Twee zomers breng ik met hem door in de heuvels rondom Lana. Veel praten, veel kennismaken met families en vrienden.
Dat het land en haar bewoners mij niet meer zouden loslaten merkte ik de laatste dag, de dag van afscheid, minstens voor een jaar.

De laatste dag
De dag voor mijn vertrek maak ik nog een lange wandeling met Kishan. We lopen de heuvels in, de paden op die ik zo vaak gelopen heb. We staan stil. Beneden ons liggen de velden met groenten, aardappelen en het kleine Hindoe tempelcomplex.
Het is zomaar een plek, waar we halt hielden, niet bij een heilige boom of een tempeltje of een beeld van een god. Nee, gewoon op een pad naar omhoog of naar omlaag, naar gelang. Ik kan er tot op de dag van vandaag geen verklaring voor vinden. En misschien is dat ook beter zo. Als je het mysterie wilt doorgronden jaag je het weg. ‘Kishan, hier zou ik een huisje wilen bouwen. Deze plek is een heilige plek is geworden.’

Kishan kijkt vreemd op. Het is ook een gekke opmerking, maar wie komt niet op plaatsen die je wilt vasthouden, alsof er krachten zijn die zeggen dat je niet naar huis moet gaan.
Ik geef hem mijn kralensnoer, die ik altijd bij me draag, ooit gekregen van een monnik in Thailand. 'Volgend jaar geef je hem aan mij terug en het jaar daarop krijg jij hem weer.' Hij lacht en haalt uit zijn broekzak een steen die, hoe dan ook of waar dan ook of hoelang geleden, de vorm van een hart heeft.
We staan daar, zeggen niets, ieder met zijn eigen gedachten, een man uit een ver land en een jonge student, twee werelden die twee zomers lang geprobeerd hebben bruggen te slaan

De laatste avond en nacht

De laatste avond. Met een paar vrienden drink ik een biertje. Tegen elf uur vertrekken ze, maar Kishan blijft.

- Ik blijf bij je slapen. Zijn stem duldt geen tegenspraak.
- Waarom ga je nou weg?
- Wil je dat ik blijf?
- Ja, dat weet je best.
- Je begrijpt wel dat dat onmogelijk is.

Hij lacht.
Die laatste nacht. Ik kan niet slapen, sta op en ga naar buiten. Stil de trap af, langs de geiten die beneden in het huis hun nachtverblijf hebben. Het is kil, zoals bijna alle nachten. Een paar wolken trekken voorbij de maan. Ik steek een sigaret op. De kou van de nacht brengt me terug naar bed. Kishan is half wakker en mompelt wat ik aan het doen was.

En hoe het eindigde

We nemen afscheid bij de ingang van het vliegveld. Als hij bijna uit het zicht is, draait Kishan zich nog eenmaal om en zwaait tot ik voorbij de douane verdwijn. Later realiseer ik me dat dit ons laatste contact was. Ja, natuurlijk gaan de facebookcontacten nog een tijdje door, twee maanden en drie weken tot die veertiende van augustus. Dan houdt ook het facebook het voor gezien.
Toch ben ik het jaar daarop weer naar Nepal gegaan en heb zijn ouders bezocht. Zij kijken vreemd op als ze me zien. Of ik niet wist dat Kishan vertrokken was naar Australië om daar te studeren.

Zoals hij twee jaar geleden in mijn facebook was opgedoken, zo is hij nu verdwenen.
Nee, ik heb nooit meer iets van hem gehoord. In Nala ben ik meer geweest. Af en toe nog kijk ik op facebook en zelfs Linkedin. Nee, geen spoor. Zijn stenen hart heb ik nog. Ik denk dat hij mijn Boeddhistisch kralensnoer ook nog heeft
Soms, als ik de slaap niet kan vatten denk ik aan Kishan
en aan al die anderen die kwamen en weer voorbij gingen
'Je wordt geboren en je gaat dood en daar tussen in gebeurt van alles, wat je niet in de hand hebt', zei Kihan eens.
'Als het kralensnoer maar sterk genoeg is,' hoop ik dan.

5 De eenvoudige en de moeilijke keuze voor Nepal

(Bikash Sangraula)

In de afgelopen twee weken zijn veel mensen in Nepal wakker geworden. Zelfs de warhoofden onder ons die in de afgelopen dagen een nieuwe hobby hadden ontdekt, het verbranden en verscheuren van de onlangs inwerking getreden grondwet waarop we allemaal trots kunnen zijn, zien nu in hoe de werkelijkheid is.
De schokken en naschokken van New Delhi's onverwachte blokkade gaan ten koste van wat India in het afgelopen jaar aan goodwill had opgebouwd. Daarmee heeft de bewoner van de Race Course Road 7, de officiële residentie van Indiaas eerste minister, heel duidelijk laten weten aan welke politieke richting hij in Nepal de voorkeur geeft. Waar de voorkeur van de politiek in Nepal ligt is ook duidelijk geworden: voor iedereen onderwijs.
Met wereldbekende opiniemakers op het gebied van democratie en mensenrechten heeft India zich op krachtige wijze in Nepals interne aangelegenheden gemengd en daarmee pijnlijke maar noodzakelijke veranderingen afgedwongen op een wijze zoals internationale betrekkingen door een heersende macht worden gedicteerd. Wij vragen ons af of dit de regel of uitzondering is.
Er zijn meer dan 12 verslagen opgedoken over diplomatieke missies in Kathmandu die het ministerie van buitenlandse zaken voorschrijven hoe met brandstofvoorraden om moet worden gegaan. Het moet duidelijk zijn dat Nepal zelf geen fossiele brandstoffen produceert. Hiermee is het duidelijk dat New Delhi niet langer bereid is de goede buur van Ne-

pal te spelen zoals ze zich in mei 2014 voordeed toen Narendra Modi aan de macht kwam.
Het is ook duidelijk geworden dat de vaak genoemde 'speciale relaties' wel zullen blijven bestaan, maar niet tussen India en gehéél Nepal. Indiaas 'speciale betrekkingen' zullen voortaan worden beperkt tot de gemeenschap in de laaglanden (*Tarai*). Dit is een gemeenschap van waaruit India haar belangen in Nepal wil uitbreiden. India wil Nepal uit de buurt van de Chinese economische en politieke invloed houden. Ze heeft de eerdere zachtere aanpak voor het winnen van de gunsten van Nepalezen, met mooie praatjes in het parlement, de snelle en genereuze humanitaire reactie na de aardbevingen dit voorjaar, of de aankondiging van grootste bilaterale hulp voor de wederopbouw na de aardbevingen, overbodig gemaakt.
Een verontrust India heeft ons door de opkomst van China de duidelijkste boodschap sinds vele jaren gegeven: doe wat wij zeggen om niet door een brandstof embargo getroffen te worden. India heeft zich achter een groepering in Nepal geschaard, die ons tot hetzelfde dwingt. Nepal wordt gedwongen een keuze te maken: eens en voor altijd te aanvaarden dat we machteloos staan tegenover het Indiase monster, of definitief te kiezen voor de onafhankelijkheid van haar handelspositie.

De eenvoudige, gemakzuchtige keus

De eerste keuze is vernederend voor elk zichzelf respecterende Nepalees, maar zal resulteren in de onmiddellijke opheffing van de blokkade.
Begrenzingen van provincies volgens Indiaas strategische belangen en het grondwettelijk vastleggen van zekere bevoegdheden van India zal er voor zorgen dat de buigzame politieke krachten in Nepal ons leven binnen enkele dagen een stuk gemakkelijker zullen maken. We zullen weer op onze motoren en in onze auto's kunnen rijden. We kunnen de elektrische kachels weer wegbergen die we in huis hebben moeten halen en de gasdistributie zal weer op gang komen, onze kinderen kunnen weer naar school en we hoeven niet meer ongerust te zijn of we wel aan voedsel en medicijnen kunnen komen.
Door hiervoor te kiezen worden voor India de deuren eenvoudigweg geopend. Er komen efficiëntere en heimelijke blokkades om immigratie eenvoudiger te maken. Uiteindelijk hoeft India zelf niet langer leveringen aan Nepal te blokkeren om te krijgen wat zij wil. Sommige van onze eigen provincies zullen dat voor haar doen. Het lijkt er op dat een

wijziging van de Nepalese grondwet niet genoeg is om de belangen van India veilig te stellen en om blokkades op te heffen.

De snelweg, die de reistijd tussen Kathmandu en Bara van vijf uur tot slechts één uur zal reduceren, zal decennialang de financiële positie van ons land in problemen brengen. In het voorgestelde contract is Nepal niet alleen de kredietgever en aandeelhouder van het project, maar staat zij ook borg voor de RS 15 miljard inkomsten aan tolgelden per jaar. Verschillende studies hebben uitgewezen dat ondanks de voorgestelde exorbitant hoge tolgelden voor de snelweg, het onmogelijk is om het gestelde doel aan inkomsten te halen. Volgens een voormalig topambtenaar zal, als de plannen worden uitgewerkt zoals ze nu zijn, Nepal uiteindelijk na 25 jaar honderden miljarden aan het bedrijf hebben betaald.

Dat het project de hoogste politieke prioriteit krijgt boven een aantal nationale kwesties is voldoende bewijs dat de snelweg waarschijnlijk een onderwerp van een belangrijke concessie is.

De moeilijke keuze

Deze keuze impliceert een kordate weigering om toe te geven aan het sterke India.

Een voorwaarde hiervoor is dat er een sterke en stabiele nieuwe regering komt die tenminste de drie grootste politieke partijen van Nepal vertegenwoordigt.

Dit is alleen mogelijk als de afgesproken overeenkomst over de vorming van een regering wordt gerespecteerd.

Ondanks dat de blokkade veel problemen heeft veroorzaakt biedt deze een geweldige kans voor Nepal om zich op haar handelsbetrekkingen te heroriënteren en energie-onafhankelijk proberen te worden.

Al de aandacht zou nu gericht moeten zijn op een 24 uurs openstelling van onze handelsroutes met China. En hoewel we enige soberheid in acht moeten nemen, zal dit aan onze noodzakelijke behoeften voldoen.

De twee jaren die ons nog resten voor de volgende algemene verkiezingen moeten voldoende zijn om een aantal nieuwe, 4-seizoenen-handelswegen te openen met onze noordelijke buur om de handel met onze twee grote buurlanden op eenzelfde niveau te brengen, zodat een blokkade zoals die nu plaatsvindt ons land niet meer kan treffen.

Voor een land begiftigd met een enorm potentieel aan waterkracht, zouden fossiele brandstoffen een laatste hulpmiddel moeten zijn.

In plaats van RPS 75 miljard te besteden aan leningen en investeren

en nog eens RPS 15 miljard aan de snelweg Kathmandu-Nijgadh, zou Nepal aan een waterkracht-project van RPS 90 miljard moeten gaan bouwen.
Volgens recente kostenberekeningen genereert RPS 90 miljard 700 tot 800 megawatt elektriciteit, een verdubbeling van onze bestaande capaciteit.
Waterkracht is onze oplossing voor het energievraagstuk op lange termijn. Als we niet willen dat onze kinderen en kleinkinderen zich net zo hulpeloos voelen als wij nu, dan moeten we daar lering uit trekken en onze brandstof verslindende voertuigen gaan vervangen door elektrisch aangedreven voertuigen en onze LPG-gestookte kooktoestellen vervangen door elektrische kooktoestellen.
De afhankelijkheid van fossiele brandstoffen is ons grootste probleem.
De afhankelijkheid aan fossiele brandstoffen moet vanwege onze ingesloten geografische ligging worden opgeheven door gebruik te maken van het potentieel aan onze eigen natuurlijke energiebronnen.
We kunnen ervoor kiezen om gebruik van dit potentieel te maken, of te leven onder de voortdurende dreiging van India die de 7 Race Course Road naar haar believen kan sluiten.
De keuze is aan ons zelf, niet aan anderen.

Deel 4

Schuberts Unvollendete

Aan het bedrijfsleven

Artikelen, de moeite waard:

- *Landbouwonderwijs t.b.v.*
  de ontwikkeling van het platteland in Nepal
- *Zo goed bedoeld*
- *De lange weg naar beneden.*
  Nepal's gezichten
- *Prithiui Highway*
- *Bestrijd niet alleen de symptonen,*
  ook de oorzaken van armoede
- *Nepal is niet arm*
- *De Nepalese economie: verleden,*
  heden en toekomst

Schuberts Unvollendete

Armoede heeft effect op je brein

We zullen het wel noot te weten komen waarom Schubert zijn symfonie de Unvollendete nooit heeft voltooid. Misschien vond hij het na twee delen welletjes en was zijn inspiratie op, stond zijn hoofd er niet naar iets nieuws te beginnen.
Een theorie is dat hij het niet nodig vond om er ook deel 3 en 4 aan toe te voegen. En dat was geheel tegen de traditie van die tijd. Een symfonie bestond altijd uit vier delen. Hij brak hier met een vaste structuur. Deze symfonie zal onvoltooid blijven. Dat kan wat wrevel opleveren, maar biedt ook perspectief. We kunnen allemaal proberen het aan te vullen en verder werken aan de voltooiing.

Werken met mensen die moeite hebben de onderste trede van de maatschappelijke ladder te bereiken, waar ook ter wereld, kan wel eens lijken op deze Unvollendete: geen inspiratie, geen zin, geen terugkoppeling, gevoel er alleen voor te staan en zo zullen er nog wel meer redenen op te sommen zijn.
Soms ook geeft 'die andere kant' je een forse prikkel om eens na te denken over het vervolg, de delen drie en vier.
In een van zijn bijdragen schrijft Umesh Bomjan, maatschappelijk werker. 'Deze westelijke NGO's en INGO's proberen nog steeds op hun eigen manier de problemen op te lossen. De enkele Nepalees die zij in dienst hebben is ingezet om politiek correcte redenen en zij komen overal vandaan. Zij werken altijd onder de leiding van westerse mensen. Dus zij beslissen niet zelf en maken ook hun eigen plannen niet.'
Pijnlijk, maar wel een mooi punt voor elke instantie, bezig in Nepal, om aan zelfonderzoek te doen. Dat kan een verrassend derde deel opleveren in de symfonie.

Het vierde deel gaat over het alles overkoepelde probleem: de armoede. 'Wat armoede met je doet', staat boven het artikel in My World magazine (oktober 2015).
We zijn een stapje dichterbij met het verbeteren van ons inzicht in de armoede problematiek.

De armsten doen niet altijd wat ogenschijnlijk het beste voor hen is. Hoe armer iemand is, hoe groter de kans dat hij beslissingen neemt, die op termijn ongunstig voor hem uitpakken. ‘Verkeerde ‘keuzes houden armoede in stand of maken deze zelfs erger. Zo schuift de armoede door naar de volgende generatie. (Mind, Society and Behavior, het jongste rapport van het World Report Development van de Wereldbank).
De gedachten die zouden kunnen opkomen zijn: gebrek aan kennis, lui, dom, onwil.
De wetenschap is druk bezig deze situaties in een ander daglicht te steken. ‘Het is de armoede zelf die ogenschijnlijk onlogisch gedrag verklaart. Armoede heeft effect op je brein en de keuze die je maakt. Het wetenschappelijk bewijs daarvoor groeit met de dag. En dat zou de kijk op armoedebestrijding en het opzetten van ontwikkelingsprojecten wel eens grondig kunnen veranderen.’
Werken met mensen, die proberen de onderste trede van de ladder op te klimmen, kan lijken op die beroemde Onvoltooide.

Ik heb hierboven deze twee ‘delen’ willen benoemen in de hoop dat anderen deze thema’s verder uitdiepen: wie is de baas over de projecten: wij of de Nepalees en wat houdt de armoede nu eigenlijk in stand ?

Aan het bedrijfsleven

Never waste a good crisis: een goede crisis is nooit verspilde tijd

Een zin die ik ergens las en me alsmaar niet loslaat. Een tijd van crisis kun je gebruiken om je bedrijf eens op te schudden. Of om andere nooit eerder bedachte paden in te slaan, dus om af te wijken van de traditionele paden. De crisis geeft je de kans om met een heldere en nieuwe blik naar de toekomst te kijken. Je stelt je de vraag hoe ik mij kan onderscheiden. Een van de manieren is te investeren in een nieuwe wereld, meewerken aan het ontwikkelen van een andere samenleving. Die samenleving is hier, maar ook over onze grenzen. En dan zit je dicht bij het werkwoord 'omdenken', een vondst van Berthold Gunster, theatermaker en regisseur. Zijn idee was om onder deze titel een interactief theater- annex trainingsprogramma te ontwikkelen. Het moest een mengeling worden van cabaret, theater, lezing en interactie met het publiek. Kern van de filosofie van Berthold Gunster is mensen te leren 'omdenken.' Dat is een manier van denken waarbij je kijkt naar wat er is, en niet naar wat er zou móeten zijn. Hiermee maak je de omslag van 'ja-maar'- gedrag naar 'ja-en'-gedrag.
Wat heeft dat te maken met onze stichting Hatemalo en haar projecten in Nepal en met bedrijven? U investeert in een van de projecten, waarmee u duidelijk maakt aan uw personeel, relaties en in uw pr dat investeren in een nieuwe wereld hoe dan ook vruchten zal afleveren in onze eigen samenleving. Daarbij stellen we geen 'ja-maar' vragen maar 'ja-en' opmerkingen.

Artikelen, de moeite waard

Wandelende portemonnee

(Suzanne van der Horst)

Waarom is dit artikel de moeite van het lezen waard?
Omdat het goed is voor toeristen zich te bezinnen voordat er weer een stichtimg in Nepal wordt opgericht.

Jaarlijks reizen duizenden Nederlanders naar derdewereldlanden om 'goed te doen'. Arme mensen helpen geeft een goed gevoel, zeker wanneer je het zelf zoveel beter hebt. Maar is ontwikkelingswerk altijd goed?
Zeven januari 2011. Ik zit in een vliegtuig met bestemming Kathmandu, Nepal, en zie de verlichte Nederlandse steden onder me in het duister verdwijnen. In mijn rugtas zit € 5000. Het is niet mijn geld. Ik heb het gekregen van vrienden en kennissen die via mij arme mensen in Nepal willen helpen.
We maken een tussenlanding in Bahrein en moeten even het vliegtuig uit. Ik benut de tijd om steekproefsgewijs twintig mensen te vragen naar het doel van hun reis.
Elf van hen noemen iets met hulp.
Het blijkt een populaire bezigheid en Nepal een goede bestemming.
De meeste goeddoeners hebben een uitgesproken visie op wat 'goede' en 'verkeerde' hulp is. Geld geven is dom, dat komt vaak verkeerd terecht. Materiaal geven is beter. De term 'microkrediet' komt voorbij. Alles moet in overleg met de lokale bevolking; wij moeten niet voor hen denken. Elk verhaal eindigt met de dankbaarheid van de Nepalezen, waar de hulpgevers met een glinstering in de ogen over vertellen.

Cultuurshock
Het land van Himalaya, Mount Everest en hindoeïsme is geen onbekend terrein voor me. In december 2008 bezoek ik het voor het eerst, tijdens een reis door Azië.
Nepal is vier keer groter dan Nederland, telt twee keer zoveel inwoners

en ligt ingeklemd tussen India en het deel van China dat vroeger Tibet was. Ik wil er een documentaire fotograferen over het leven in een sloppenwijk, maar eerst wacht me een cultuurshock.
Ik ben met mijn vijfentwintig lentes nooit eerder in een derdewereldland geweest en moet wennen aan de cultuur, de religie, het voedsel en de omgangsvormen. Het is koud, de huizen zijn niet verwarmd, er is amper water en elektriciteit.
Ik logeer bij een Nepalees gezin. Het duurt een maand voor ik niet meer in een continue staat van verbazing rondloop.
De sloppenwijk die ik uitkies om foto's te maken ligt in het stadsdeel Thapathali, aan de heilige maar erg vervuilde Bagmati-rivier die dwars door de stad loopt. Vierhonderd gezinnen wonen er in zelfgemaakte hutten van bamboe en zeil. De kinderen dragen gescheurde kleding, hebben verweerde gezichtjes en gaan naar school wanneer ze willen. Ik kom er de eerste dag huilend vandaan.
Toch went ook deze plek na verloop van tijd.
Het is een geweldige locatie voor mijn fotografie, maar er bekruipt me een gevoel dat ik iets terug wil doen. Met hulp van familie en vrienden in Nederland knap ik het schooltje op. Ik koop banken en bureaus, schoolmaterialen en speelgoed en word op handen gedragen.
Na drie maanden zwaaien ze me met grootse gebaren, lange toespraken en bloemenkransen uit.
Wanneer ik thuis over mijn ervaringen vertel, willen meer mensen geld geven. De kleinschaligheid van mijn project spreekt aan en al vrij snel heb ik € 5000 bij elkaar. Ik kan een maand onbetaald verlof krijgen en boek weer een ticket.
Ondertussen pakken mijn ouders een specifiek 'hulpproject' op. De twintigjarige Mukunda die een vriend van me is geworden, zou graag doorstuderen en mijn ouders willen hem helpen. Hij opent op hun verzoek een bankrekening en zij storten er € 1000 op.

Laptop
In de maanden voor ik terugvlieg naar Nepal word ik onrustig. Waar kan ik die € 5000 het beste aan uitgeven? Microkredieten? Onderwijs? Of aan de meest hulpbehoevenden in de samenleving zoals bejaarden en invaliden?
Ik mail mijn vrienden en bekenden in Kathmandu en zij dragen opties aan. Een van de ideeën is de aanschaf van een laptop voor de directeur van een school. Het apparaat is al gekocht voor ik iets heb toegezegd.

Ik krijg een mailtje dat het € 1500 kostte en dat ik dit in Kathmandu kan komen betalen.
Verbaasd mail ik dat ik hiermee niet akkoord ga. De directeur schrijft terug dat hij het geld dan op de kinderen moet verhalen. Ik hou voet bij stuk en heb ineens heel veel zin om mijn ticket te verscheuren.
Later blijkt dat het bluf was. De laptop is niet gekocht.

Vooruitgang
In Kathmandu ga ik eerst terug naar de sloppenwijk. Ik ben benieuwd hoe de zaken er voorstaan en hoe de bewoners er aan toe zijn.
De ontvangst is terughoudend. De sloppenwijk lijkt vooruitgang te hebben geboekt: er staan meer stenen huisjes dan hutten en meer mannen hebben een baan, met name in de bouw. Maar er is ook een keerzijde. Doordat de mannen meer verdienen, zijn er van hen ook meer aan drank verslaafd. 's Nachts wordt er gevochten, mensen wantrouwen elkaar.
De grootste teleurstelling is Mukunda, die door mijn ouders wordt gesponsord voor zijn studie. Hij heeft nu een stenen huis. Wanneer we binnen een kop thee drinken geeft hij schoorvoetend toe dat hij het toelatingsexamen niet heeft gehaald. Hij heeft geen werk, want hij kon geen goedbetaalde baan vinden. Van het geld van mijn ouders is nog de helft over. Zijn broer eiste een deel op, de rest is uitgegeven aan 'leven'. Ik zeg dat hij beter een minder betaalde baan kan aannemen dan geen baan, maar tegen elk voorstel heeft hij bezwaren. Hij ziet beren op de weg, klaagt over onduidelijke pijntjes en ik krijg het gevoel dat hij me maar vindt zeuren.
Wanneer ik hem vraag waarom hij zo'n kans om zijn leven te verbeteren laat schieten, antwoord hij: 'Door het geld van je ouders ben ik lui geworden.' 's Nachts weet ik niet of ik wakker lig van de vragen, de kou of de straathonden die onder mijn raam een openluchtconcert opvoeren. In 2008 was het gemakkelijker. Toen geloofde ik nog naïef dat hulp goed was, punt. Die punt is nu een vraagteken. In de dagen die volgen begint de luiheid waarover Mukunda over sprak me meer op te vallen.
Mijn voormalige gastgezin wil naar Nederland gehaald worden.
Een vriend vraagt of ik € 4000 voor een studie kan ophoesten.
Een jarige kennis vraagt me om een peperdure mobiel.
Wanneer ik in de wijk Patan binnen vijf minuten langs acht gebouwen van hulporganisaties wandel, krijg ik het onbehaaglijke vermoeden dat

de mensen in dit land nooit zullen stoppen met vragen, omdat het nooit genoeg is.
De tweede helft van de week bezoek ik een opvanghuis waarin zeventig bejaarden zijn gepropt. De oprichtster was bezig met een aanbouw, maar kan de kosten niet meer opbrengen. Omdat ik geen geld wil geven, besluiten we dat ik eten koop waarmee ze de komende maanden vooruit kunnen, waarna zij de bespaarde kosten in de aanbouw kan steken. Ik regel een vrachtwagentje dat het voedsel aflevert, ontvang een toespraak en een oorkonde en de volgende dag een telefoontje. Als ik dit kon betalen, waarom de aanbouw van € 2000 dan niet?
Moedeloos begin ik aan de laatste twee weken. Ik moet op zoek naar de bloemen in de modder.

Schoolgeld
Een ander project wordt me aangedragen door Rupchandra, een vriend met een boekwinkeltje in de toeristenwijk Thamel. Het gaat om een school in een buitenwijk van Kathmandu, waar de ouders van 38 kinderen problemen hebben met de betaling van het schoolgeld.
Ik ga er kijken.
De school is armoedig. De directeur vraagt of ik er een nieuw gebouw kan neerzetten, hoewel hij weet dat mijn budget niet zover reikt. We besluiten dat ik voor de 38 kinderen een jaar gratis school, uniforms en schoolmaterialen regel.
Rupchandra neemt van alle kinderen de maten op, we maken een begroting, schatten alles ruim in en ik stel heel duidelijk wat het maximale budget is.
Rupchandra schaft zonder overleg passers en geodriehoeken aan voor de kleuters. Hij raakt de gegevens van de kinderen kwijt, waarna hij op de gok schoenen, broeken, overhemden en truien bestelt.
Wanneer we de kleding verdelen stelt hij dat bepaalde kinderen de truimaat van een volwassene hebben en de schoenmaat van een kleuter. Ook blijft hij meer kinderen aandragen.
Steeds als ik hem vraag of dit binnen het budget past, antwoordt hij positief. Wanneer we per kind gevulde tassen in de taxi willen zetten vallen de bodems er uit. Hij maakt geen prijsafspraak met de taxichauffeur waardoor die na de rit de hoofdprijs eist en uiteindelijk komen we 5000 rupees, zo'n € 50 te kort.
Ik weet dat Rupchandra het goed bedoelt, maar toch laat ik hem het probleem met de budgetoverschrijding zelf oplossen. Ik ben duidelijk

geweest. Deze weken zijn voor mij een lesje assertiviteit. Telkens weer moet ik ingewikkelde knopen doorhakken, streng zijn en soms boos worden terwijl dat helemaal niet in mijn aard ligt.
Halverwege de reis heb ik een afspraak met Kesang Shresta. Hij heeft in Kathmandu een middelbare school opgericht en veel ervaring met ontwikkelingshulp in zijn land. Ik wil weten wat hij van mijn aanpak vindt.
Kesang vertelt me dat er veel misbruik wordt gemaakt van goedbedoelende buitenlanders, dat veel Nepalezen gewend zijn geraakt aan krijgen zonder zelf iets te doen, dat er veel misverstanden ontstaan door gebrek aan inzicht in de Nepalese cultuur en dat de ontwikkelingshulp corruptie in de handwerkt. 'Met geld kun je mensen helpen, maar ook kapotmaken. Je moet daar heel goed over nadenken.'
Uit Nederland krijg ik opbeurende mailtjes. Het is goed wat ik doe, zeggen vrienden en familie. Maar waarom voelt het dan niet zo?
In de laatste week ontmoet ik op straat 'schoenendokter' Dharam.
Hij is met zijn gezin vanuit India naar Kathmandu geëmigreerd, omdat daar meer werk zou zijn.
Toen de bus arriveerde ontdekte hij dat zijn schoenpoetskist was gestolen. Dharam treft het niet.
Zijn verhaal bevat alle aspecten van een eersteklas-oplichtersverhaal en ik ben het die dag spuugzat dat mensen me steeds zien als een wandelende portemonnee. Maar wie zegt dat hij niet de waarheid spreekt?
Wanneer ik hem een paar dagen later weer tegenkom, besluit ik met hem mee te gaan. Ik kijk rond in zijn woning van palen en zeildoek en constateer dat hij liefdevol met zijn vrouw en kinderen omgaat. Ik vertrouw op mijn intuïtie en koop een goedgevulde schoenpoetskist voor hem. Dat voelt goed.

Vragen
De reis zit erop. Drie weken Nepal hebben veel stof tot nadenken opgeleverd.
Eenmaal thuis vind ik mijn empathisch vermogen terug.
Ik lig in bed en denk aan al die Nepalezen die maar niet vooruitkomen omdat ze aanhoudend in afwachting zijn van wat ze krijgen van mensen zoals ik.
Had Mukunda wel gestudeerd als we hem het geld niet hadden gegeven?
Wat moeten de kinderen volgend jaar, als ik niet naar Nepal kom om

het schoolgeld te betalen?
Waar is de Nepalese regering in dit hele verhaal? Het maakt me boos en verdrietig, maar ik kan het de Nepalezen niet kwalijk nemen.
Dan nog eerder mezelf. Ik hoor geen straathonden buiten. Het is niet koud. En toch lig ik wakker.
Leeuwarder courant, 05 februari 2011

Zo goed bedoeld

(Suzanne van der Horst)

Waarom is dit artikel de moeite van het lezen waard?
Omdat het goed is voor toeristen zich te bezinnen voordat er weer een stichtimg in Nepal wordt opgericht.

Is ontwikkelingshulp goed? Die vraag wordt moeilijker naarmate je hem verder onderzoekt. Bijna iedereen heeft direct of indirect ervaring met ontwikkelingshulp, maar de meningen lopen ver uiteen. Bovendien maakt het onderwerp nogal wat emotie's los.
Mijn artikel met persoonlijke ervaringen levert in de weken na publicatie ruim veertig reacties op uit heel Nederland. Het verhaal beschrijft mijn verblijf van drie weken in Nepal. Ik gaf er € 5000 donatiegeld uit aan verschillende hulpprojecten en liep als onervaren ontwikkelingswerker tegen nogal wat problemen aan.
Aardig wat mensen herkennen zich in het stuk en delen hun opluchting. Dat het onderwerp gevoelig ligt, blijkt vooral uit de boze en verwijtende reacties. Volgens deze lezers ben ik naïef, had ik me beter moeten voorbereiden of een andere aanpak moeten kiezen.
Dat doet pijn. Meer dan ik aanvankelijk wil toegeven. Ik schrijf iedereen terug en beantwoord vragen. Wanneer ik uitleg dat ik voor een grote groep mensen sta die jaarlijks hetzelfde doet, is er meer begrip. Zij die eerder boos reageerden, komen terug op hun 'toch wel felle reactie' en leggen uit waar hun emotie vandaan kwam.
Opvallend is dat veel mensen me proberen over te halen om toch vooral door te gaan met ontwikkelingshulp. Ik kan me bij anderen aansluiten, samen nieuwe projecten opzetten of mijn donaties voortaan naar andere organisaties overmaken. Het stoort me een beetje en ik leg uit waarom ik voorlopig geen nieuwe plannen maak: Ik wil er eerst voor honderd procent achter staan. Dat is nu niet het geval.

Het is belangrijk voor me om die irritaties te voelen en daar over na te denken. Ik heb dezelfde emoties als veel lezers. Ik ben ook boos en teleurgesteld. Maar ik wil het er niet bij laten zitten en iedere vorm van ontwikkelingshulp afschrijven. Dus gaat de zoektocht verder en stapelen de vragen in mijn hoofd zich verder op.
Waarom is het voor velen zo belangrijk dat ik doorga? Waarom roept mijn verhaal zoveel emotie op? Waardoor lijkt het hele vraagstuk steeds ingewikkelder te worden? Waarom reageren mensen zo persoonlijk? En waarom trek ik me dit zo aan? Ik besluit contact te zoeken met een aantal deskundigen.

Motivatie

Al decennialang krijgen we het beeld voorgeschoteld dat hulp goed is. Popsterren zingen tijdens benefietconcerten over armoede en de noodzaak dat het rijke Westen geld stuurt naar de armere werelddelen. We zien heftige beelden op televisie met een duidelijke boodschap: Help! Logisch dat mensen vaak zo bewonderend reageren wanneer ik ze vertel over mijn hulpprojecten in Nepal.
Maar zo simpel is het niet. Bij het gros van de hulpgevers stoelt de motivatie op de wil om de wereld te verbeteren. Een mooi uitgangspunt. 'En hoewel er soms raar over wordt gedaan, is het ook belangrijk dat de hulpgever zelf een goed gevoel van zijn activiteiten krijgt. Anders zou de motivatie er überhaupt niet zijn', zegt Liesbet Heyse, universitair docent sociologie aan de Rijksuniversiteit Groningen.
Goeddoeners voeren het ontwikkelingswerk vaak naast hun gewone baan uit. Hier gaat veel tijd en energie in zitten. De meesten zijn afhankelijk van giften en moeten verantwoording afleggen aan de donateurs. Ze voelen zich verantwoordelijk voor het succes van hun hulpproject en voor de toekomst van de ontvangers. Bovendien brengt slecht nieuws de toekomstige giften in gevaar.
Door deze optelsom staat de goeddoener zelf vaak niet meer objectief in het geheel. Wanneer hij kritiek krijgt op zijn hulpproject, voelt dat als een persoonlijke aanval. Hier komt emotie bij los. Want het was allemaal goed bedoeld, dus hoe kan het dan verkeerd zijn?
Mirjan Vossen is schrijfster van onder andere 'Eerste Hulp bij Ontwikkelingswerk'. Ze ziet het taboe rond ontwikkelingshulp veel voorbijkomen tijdens haar workshops.
'Er zit een enorme lading op dit onderwerp. Veel particuliere initiatiefnemers zijn overtuigd van hun manier van werken en staan nauwelijks

open voor feedback.'
'In je verhaal liet je zien dat er ook dingen verkeerd kunnen gaan. Dat is jammer, maar iedereen moet het wel in het achterhoofd houden. Veel hulpgevers dekken toe wat er misgaat. We zouden veel van elkaar kunnen leren als er meer openheid was.'
Mensen zijn vaak erg overtuigd van hun eigen visie. Dit bleek ook uit de reacties op mijn eerste verhaal. Verschillende lezers waren opvallend hard en genadeloos. Een oordeel bleek snel geveld, vaak zonder dat er inhoudelijke vragen waren gesteld.
'Er wordt te streng gedaan over ontwikkelingshulp', vindt Heyse.
'Het is in Nederland al moeilijk om verandering aan te brengen in de maatschappij. Laat staan in de ongeorganiseerde, chaotische samenleving van veel ontwikkelingslanden.'
Toch is er volgens Vossen een flinke mentaliteitsverandering nodig om deze strengheid te doorbreken. 'Hulpgevers moeten stoppen met het toedekken van hun mislukte projecten. Het is niet iets om je voor te schamen, zolang je er maar van leert. En dat die lessen worden gedeeld, is van groot belang.'

Verantwoording
Ron van Huizen is directeur van Terre Des Hommes. Hij ziet de groep van particuliere hulpgevers groeien. Steeds meer mensen reizen naar verre oorden, waar ze stuiten op aangrijpende zaken. 'Zij willen daar iets aan doen. Zolang dat uit eigen zak gebeurt, is er weinig aan de hand. Wanneer er donateurs in beeld komen, laadt de goeddoener meer verantwoordelijkheid op zich. Hij moet dan veel alerter zijn of het geld wel goed terechtkomt, en daar ook verantwoording over afleggen.'
Particuliere hulpgevers staan vaak niet stil bij deze verantwoordelijkheid, weet hij. Ik herken het van mijn eigen verblijf in Nepal. Hoe kon ik met honderd procent zekerheid garanderen dat ik goed bezig was? Dat kan ik niet, bleek uit diverse voorbeelden. Mukunda stopte met studeren nadat hij geld kreeg van mijn ouders. Er gingen nu veertig kinderen naar school die ook volgend jaar het schoolgeld weer niet zouden kunnen betalen. Wat ik deed was goed bedoeld. Maar het had een keerzijde. Hulpgevers moeten hun verantwoordelijkheid dus niet onderschatten. Maar hoe zit het met de verantwoordelijkheid van de regering of lokale overheden? Ik heb me regelmatig afgevraagd of ik het de Nepalese regering niet wat gemakkelijk maakte door de rotzooi op te ruimen die zij liet liggen.

Mijn hulp was slechts een druppel op de gloeiende plaat. Toch voelde het dubbel.
Ook Liesbet Heyse vindt dit een groot dilemma. 'Het komt voor dat een organisatie een voedselhulpprogramma opzet in een land waar de regering bakken met geld uitgeeft aan nieuwe wapens. Dat is verschrikkelijk. Maar moeten we mensen daarom honger laten lijden? Elke hulpgever of organisatie moet dit voor zichzelf bepalen. Feit is ook dat de menselijke drang blijft bestaan om een ander te helpen.'

Hulp kan mensen kapotmaken
Volgens Van Huizen moeten mensen geholpen worden, zolang overheden de verantwoordelijkheid zelf niet nemen. 'Maar je moet daarmee niet tot in de eeuwigheid doorgaan. Uiteindelijk moeten ze zichzelf kunnen bedruipen. Daarom is het belangrijk om voorafgaand aan een hulpproject te bepalen waar het ophoudt en hoe je daar naartoe gaat werken.' Schrijfster Vossen onderschrijft zijn mening. 'Mensen die de dupe zijn van extreme armoede en een slecht bestuur, kun je niet zomaar laten stikken. Er gaan generaties overheen voor zo'n situatie verandert. Tot die tijd moeten we bijspringen. Maar het is wel goed om jezelf de vraag te blijven stellen wat de rol van de overheid zou moeten zijn en daarbij zo goed mogelijk te bemiddelen.'

Samenwerken
Verschillende deskundigen onderstrepen het belang van samenwerking. Marie-Antoinette Kroone van Impulsis adviseert particuliere hulpgevers bij hun plannen. Als er genoeg vertrouwen is in het initiatief, verleent Impulsis subsidie. Kroone raadt mensen aan om het wiel vooral niet zelf uit te willen vinden, maar aansluiting te zoeken bij andere organisaties.
'Met name in populaire vakantielanden zoals Nepal zijn enorm veel hulpverleners actief. Er zijn veel mogelijkheden om samen te werken met lokale organisaties, waardoor je risico's verkleint. Twee weten meer dan een. Bovendien moet je de verantwoordelijkheid voor een hulpproject niet in je eentje willen dragen. Dat is te zwaar.' Daarbij bepleit ze bijdragen aan bestaande lokale ontwikkelingsprojecten. 'Het initiatief is al ontstaan in het land zelf, waardoor je zeker weet dat er behoefte aan is. Bovendien werk je samen met mensen die thuis zijn in de cultuur en de taal spreken. Ook weer een verkleining van de risico's.'

Arjan El Fassed is Tweede Kamerlid voor GroenLinks en woordvoerder voor ontwikkelingssamenwerking. Hij vindt dat particuliere hulpgevers meer steun moeten krijgen van grote hulporganisaties. ‘ Op dit moment werken ze langs elkaar heen. Zonde, want ze bijten elkaar niet. De grote clubs zijn meer gericht op beleid, de kleinere op directere hulp. Het is dus niet en-of, maar en-en. De grotere moeten particulieren actiever bijstaan met advies. Draag je kennis over, dan gaat er minder mis.’
Mirjam Vossen is het in theorie eens met het belang van samenwerking, maar volgens haar botst het met de werkelijkheid. , ‘ De meeste particuliere hulpinitiatieven komen van toeristen die hun hulp linken aan mensen die ze op reis zijn tegengekomen. Ze willen hun taxichauffeur en zijn gezin steunen, of het schooltje helpen in het dorp. Zij sluiten zich niet aan bij een organisatie.’
‘Ik pleit vooral voor meer contact tussen hulpgevers. Spreek met elkaar af, wees eerlijk over je problemen en twijfels, en praat met elkaar. De feedback die je dan krijgt is van groot belang. Daar geloof ik echt in.’

Onderschat

Veel mensen, veel meningen. Vooral die van de deskundigen geven rust. Veel van wat zij vertellen, klinkt logisch. Ik had er alleen niet eerder bij stilgestaan. Wil je een ontwikkelingshulpproject als particulier goed uitvoeren, dan heb je er een parttimebaan bij. Het is lastig en ingewikkeld om helemaal alleen te doen. Ik heb dit destijds onderschat. Duidelijk is ook dat hulpgevers over hun schaamte heen moeten stappen als het misgaat en elkaar vaker moeten opzoeken. Ze zitten overal, en zijn dankzij internet vrij gemakkelijk te vinden.
Een antwoord op de vraag ‘Is hulp goed?’ kan ik hier niet geven. Ik denk dat niemand dit kan. Een ding staat voor mij echter wel als een paal boven water. Grondig onderzoek naar je motieven, het land van bestemming, wat daar nodig is, de beste aanpak en je mogelijkheden kost een hoop tijd. Heb je die tijd niet, heb dan het lef om er niet aan te beginnen.
Voor mij is dit een reden om de ontwikkelingshulp voorlopig te laten voor wat het is. Ik heb naast mijn werk niet de mogelijkheid om een hulpproject genoeg aandacht te geven. Hulp kan mensen kapotmaken als je er niet zorgvuldig mee omspringt, is mij in Nepal eens verteld. Zo is het. Echt.
Leeuwarder Courant, 05 maart 2011

De lange weg naar beneden. Nepal's gezichten
(Mart Heijnens)

Waarom is dit artikel de moeite van het lezen waard?
Omdat het goed is voor toeristen zich te bezinnen voordat er weer een stichtimg in Nepal wordt opgericht.

Wie Nepal kruist van zuid naar noord, van de Indiase grens tot die met China in Tibet, komt eerst in de Terai, het lage deel dat naadloos overgaat in de grote vlakte van de Ganges in noord India. De Terai is grotendeels bebost en spaarzaam bewoond: een enkel dorp langs de Mahendra Highway en Butwal is er de enige grote stad. Hier liggen de wildparken van Nepal. Die liggen er niet voor niets: de Terai was van oudsher vergeven van de malaria en daarom voor mensen ongeschikt. Pas sinds een paar decennia is de malaria bedwongen. Na de Terai komt een rij heuvelruggen die de boeggolf is van de oprijzende Himalaya. Ik schrijf 'heuvelruggen' omdat Nepalezen alles beneden de tweeduizend meter 'heuvel' noemen; voor Europese begrippen zijn die heuvelruggen forse middelgebergten. Vlees noch vis: een mooi landschap maar zonder wildparken en zonder de indrukwekkende ongenaakbaarheid van de Himalaya. De Siddartha Highway loopt er doorheen, van Butwal in de Terai naar Pokhara in de Centrale Vallei. De Centrale Vallei, tussen Himalaya en boeggolf, is vruchtbaar, zowel de bodem als het klimaat, en zonder malaria en daarom woont en werkt het overgrote deel van de Nepalezen daar. Daarna komen de voetheuvels met bossen en akkerterrassen en dan de Himalaya, de wereld van kale rotsen en ijle luchten, van sneeuw en ijs, van de yak en misschien de yeti, de verschrikkelijke sneeuwman. Dat is het gezicht van Nepal waarvoor de toeristen komen: om het wild te zien, om te raften in de rivieren van de Centrale Vallei, om te paragliden vanaf de voetheuvels van de Himalaya, om te trekken naar het dak van de wereld en om bij te komen in Pokhara en Kathmandu. Nepal: zo op het oog een mooi maar verder betekenisloos land. Zoals Zwitserland. Betekenisloos? Helemaal niet! Nepal heeft een handelsgeschiedenis: handel tussen het Indiase laagland en het Tibetaanse hoogland. Het ging om zout uit Tibet en rijst en graan uit India, om wol en vee, om suiker, thee en specerijen. De Nepalese steden in de Centrale Vallei – Kathmandu, Patan, Bhaktapur en andere – werden steenrijk van de handel maar controleerden die niet. Als in Rajasthan en in Centraal Azië: stadstaten maakten elkaar het leven zuur, bevochten en wedijverden met elkaar. Aan dat laatste dankt Nepal haar andere gezicht, het gezicht van de grote monumenten. Elk van de steden heeft een Durbar, een centraal plein, waaraan het koninklijk paleis ligt en bespikkeld is met tempels als was het strooigoed. Tempels in de architectuur van pagodes, dak boven dak, en tempels in de conische vorm van de zuid-Indiase architectuur. Hindoe tempels, want Nepal is een Hindoe land als India, gelegitimeerd door godsvrucht maar bedoeld om elkaar de loef af te steken: wij zijn de grootste, de rijkste. Dat wedijveren heeft consequenties: zoals de stadstaten in Centraal Azië als rijpe appels vielen voor de Russen en de steden in Rajasthan voor de Britten, zo vielen de Nepalese steden voor Narayan Shah, machthebber van een onooglijk stadstaatje die iets verder keek dan zijn neus lang was, en daarmee kwam een eind aan zeshonderd jaar tegen elkaar opbieden. Dat is de geschiedenis van Nepal in een notendop.

Patan: Durbar Square

De Lonely Planet vraagt bij sommige tempels om mijn aandacht voor de houten daksteunen: in het houtsnijwerk zouden 'saucy going-ons' zijn afgebeeld. Ik ben altijd geïnteresseerd in de inhoud van de schemerhoeken van het mensenbrein dus ik heb die daksteunen nauwkeurig bekeken. Ik zag geen 'saucy going-ons', ik zag godinnen met onnatuurlijk veel armen. Voor de zekerheid heb van een aantal daksteunen foto's gemaakt, op mijn tablet zorgvuldig bestudeerd en verhip: beneden die godinnen zijn kleine taferelen uitgesneden die eerder aan mijn aandacht waren ontsnapt. Er wordt geneukt, gebeft, gepijpt, gerukt. Met twee, drie en velen, zovelen dat niet vast te stellen is welk been bij wie hoort. Datgene wat in middeleeuws Europa door een monnik op de verborgen binnenzijde van een perkamenten omslag werd getekend en waarover de Decamerone verhaalt is hier in dezelfde tijd publiek gemaakt, zij het dat je moet weten waar je moet kijken. Een volk of godsdienst dat geen moordkuil maakt van de schemerhoeken van het brein, heeft bij mij een streepje voor. Die schemerhoeken kunnen ook andere inhoud hebben. Dat wordt verbeeld in het houtsnijwerk van de Hari Shankar tempel in Patan: martelingen. Daar wordt gekookt, gevild, opengesneden, uitgerukt. Twee gezichten.

Saucy Going-on

Ook de Nepalezen hebben twee gezichten. Het eerste gezicht is dat van uiterste aaibaarheid. Op de Wereld Aaibaarheidslijst scoren ze zeker

bovenaan. Zelden ben ik mensen tegengekomen die zó vriendelijk, beleefd, voorkomend zijn als Nepalezen. Een Nepalees zegt 'sorry' als hij tegen je aan loopt. Een Indiër niet. Gedienstig en bescheiden: een Nepalees zegt 'prettige dag' als je de rit met de riksja of het aanbod van een souvernir afwijst. Een Indiase riksjarijder doet of hij je niet heeft gehoord en gaat door met opsommen waarheen hij je allemaal kan brengen. De Schepper heeft de Nepalezen bedacht met een knap voorkomen, zowel jongens als meisjes. Ze zijn tenger, een tikje klein van stuk, met een mooi regelmatig gelaat waarin amandelvormige ogen en een innemende glimlach. De jongens hebben iets androgyns, omdat ze laat baardgroei krijgen, en tegelijkertijd iets ondeugends dat duidelijk maakt dat ze niet uit een poppenhuis komen. En de Nepalezen zijn 'modern': Westerse waarden als democratie, vrouwenrechten en de zorg voor het milieu (alles is 'biologisch') worden omarmd en ook aan de bestrijding van HIV en AIDS wordt gewerkt voor zover de bescheiden middelen dat toelaten. Er zijn vreselijk veel comités die zich op die Westerse waarden toeleggen. Vriendelijk, beleefd, voorkomend, gedienstig, bescheiden, knap en modern: dat betaalt uit. Nergens zag ik zoveel liefdadigheidsorganisaties als in Nepal; zelfs in Mali en Malawi niet, landen die ook enorme donordarlings zijn. In Pokhara hebben zich tussen de bars, restaurants en hotels winkels gewurmd waar de breisels worden verkocht die gemaakt zijn door Vrouwen In Een Achterstandssituatie of door doven. Waarom doven tot breien zijn veroordeeld begrijp ik niet. In Kathmandu hangen overal briefjes met het verzoek je te melden als vrijwilliger. De combinatie van overweldigend natuurschoon en uiterste aaibaarheid – tel daarbij het exotische van de Hindoe cultuur – trekt vrijwilligers aan als stroop vliegen. Op mijn trektocht naar Annapurna Base Camp ontmoet ik een jongeman: na zijn trektocht wil hij vrijwilligerswerk doen, 'iets biologisch'. Ik heb hem het kaartje van Suk Gurung gegeven want de buffel staat tot de enkels in de poep, biologischer kan niet. Een oudere Duitse dame werkt in de kinderopvang. Ik kan me voorstellen dat er ook Nepalese vrouwen te vinden zijn die, tegen betaling, in de kinderopvang zouden willen werken; misschien wel Vrouwen In Een Achterstandssituatie. Een gepensioneerd Nederlands echtpaar is voor zes maanden naar Nepal gekomen om mee te werken in een weeshuis in Pokhara waarvoor hun stichting betaalt ('maar we gaan ook wandelen, hoor!'). Tranentrekkende projecten voor aaibare mensen op aaibare plaatsen: vrouwen, gehandicapten, kinderen in Kathmandu of Pokhara. In Pokhara ontmoet ik een puber, zo'n slungel van een jaar of achttien. Wij schuilen samen tegen de regen; die schuilplaats blijkt zijn slaapplaats te zijn. Hij woont en slaapt op straat, in Pokhara dat geld aantrekt als een zwart gat materie. 'Erg!' zegt de vrouwelijke helft van het Nederlandse weeshuis-echtpaar. 'Misschien iets voor uw stichting?' 'Wij doen het weeshuis.' Ik gun aaibare mensen op aaibare plaatsen de hulp. Ik zou graag zien dat ook iets gedaan werd voor aaibare mensen op minder aaibare plaatsen, voor minder aaibare mensen en voor minder aaibare mensen op minder aaibare plaatsen. Volgens de Republica komen HIV-bestrijdingsprojecten in de afgelegen delen van de Terai niet van de grond. Geen mens wil daar werken; geen prettige streek. Ik lees op NU.nl dat Nederland militairen beschikbaar stelt voor Mali. De Touareg krijgen machinegeweren op hun dak. Ik kan me voorstellen dat ze meer geholpen zouden zijn, en ook gekalmeerd, met subsidie voor de karavaanhandel. Die karavaanhandel is hun lust en hun leven. Maar ja: het zijn weinig aaibare mensen – voor je het weet word je door ze gekidnapt of beroofd – op een heel desolate plek.

Nepalezen hebben ook een destructieve kant. Ik noemde al de wedijver én strijd in de geschiedenis van de stadstaten. Er zijn heel wat neuzen, oren en lippen afgesneden. De taferelen op de daksteunen van de Hari Shankar tempel bewijzen dat de Nepalezen bekend zijn met het fijne van de pijn. De recente geschiedenis wordt getekend door een burgeroorlog tussen de zittende macht en maoïsten waarbij duizenden zijn vermoord en honderden verdwenen. Toen het land op de rand van de afgrond stond hebben de leiders van de strijdende partijen gedaan wat verstandige mensen al veel eerder hadden gedaan: ze zijn met elkaar gaan praten. Beter laat dan nooit. De koning is met pensioen gegaan en de maoïsten maken nu deel uit van de regering. Het gaat nog moeizaam. De maoïsten hebben de verkiezingen verloren; ze hebben zichzelf in de voet geschoten met het voortdurend uitroepen van landelijke stakingen. Daar houden hardwerkende mensen niet van. Met het tekenen van de vrede is de oorlog geen afgesloten verleden. Oorlog is een rat met een lange staart. Er zijn open wonden, er is verdriet. De slungel van zo even. 'Waarom leef je op straat en niet bij je ouders?' 'Mijn ouders zijn dood. Mijn vader werd opgehangen en mijn moeder de keel doorgesneden.' 'Waarom?' 'Ik weet het niet.' De traditionele samenleving van gescheiden bergvolkeren is grondig door elkaar geschud. Tienduizenden zijn van het onveilige platteland gevlucht naar de betrekkelijke veiligheid van de steden. In en rondom Kathmandu zijn grote slums met hutten van plastic lappen. De nachten zijn hier erg koud. De Nepalese samenleving is nu in verandering. Velen hebben de kansen gezien en gegrepen die de vrede bood. Het toerisme en de handel bloeien, Kathmandu is gehuld in smog en het verkeer zit er muurvast. De brommers en de mobieltjes zijn niet aan te slepen. Jongeren met hippe kapsels en kleding passen moeiteloos in de straten van Londen, New York of Tokyo. Het moderene, aangename gezicht van Nepal. Velen zijn gemigreerd naar India om de armoede te ontvluchten. Ze werken in de hotels, gasthuizen en hostels waar ik verblijf. Ze zijn nóg goedkoper dan Indiërs. Even velen hebben de boot gemist; ze hebben de kansen van de vrede niet gezien, waren te laat om ze te grijpen of hadden de moed niet te migreren naar India. Ouders sturen hun kinderen naar Kathmandu om geld te verdienen. Ze zijn misschien zeven, hooguit tien. De gelukkigen vinden werk als bordenwasser, schoonmaker, voddenraper of sjouwer. Anderen belanden op straat en leven daar van ... Ik ben aangeklampt met 'blowjob'? Volgens een hulpwerker is kinderprostitutie een probleem. Ik zag lijmsnuivertjes. Dat is óók het gezicht van Nepal.

Het gaat zoals overal in een veranderende samenleving: zij die het eerst de kansen zagen en grepen hebben een goed belegde boterham, degenen die daarna kwamen moeten het doen zonder beleg en de laatsten vechten met elkaar om de kruimels. Daaraan verandert maoïsme niets. In Pokhara, de verkoper van armbandjes: 'Ik loop iedere dag drie uren van mijn dorp naar hier maar ik verkoop niets.' In de toeristenstraten van Kathmandu worden Gurkha messen aangeboden voor één dollar. Zelfs als ze van blik zijn – wat ze hoogstwaarschijnlijk zijn – kan de winst niet adembenemend zijn. Ik koop geen messen, wel een armbandje in Pokhara. Vanwege die drie uren.
09 december, 2013

Prithivi Highway

(Mart Heijnens)

Waarom is dit artikel de moeite van het lezen waard?
Omdat het goed is voor toeristen zich te bezinnen voordat er weer een stichtimg in Nepal wordt opgericht.

De Prithivi Highway loopt door de Centrale Vallei van Pokhara naar Kathmandu, slingert door dorpjes en stadjes hoog op de dalwand. De Highway is de levenslijn van Kathmandu en de enige betrouwbare wegverbinding van de hoofdstad met het westen en oosten van het land en met India. Het is een gewone tweebaansweg in matige staat van onderhoud. Vooral na Mugling, waar het verkeer van India op de Prithivi komt, is het wegdek vergeven van de kuilen, stoplappen en met aarde tijdelijk gedichte gaten. Het is er druk met brommers en scooters, paardenwagens en tractoren, auto's en bussen, tank- en vrachtwagens. In Afrika worden op het busdak bagage en geiten vervoerd, in Nepal zitten daar mensen; soms een orkest op weg naar of komend van een bruiloft, zich inspelend of uitspelend. Trommels en trompetten; Nepalezen houden van ritme en scherpe klanken. De vrachtauto's zijn niet groot naar Nederlandse maatstaven en een aanzienlijk deel wordt in beslag genomen door de cabine met een voor- en achterhuis, het huis van de bestuurder en zijn bijrijder. Dat huis heeft kleine ramen die nog verder zijn verkleind met houten omlijstingen en gordijntjes met kwasten. Het is een wonder dat de bestuurder de weg kan zien. Hij is overigens minder een bestuurder, meer een machinist: een bediener van een machine. Want dat zijn die vrachtauto's: machines, prehistorische monsters met een dieselmotor, tandwielen, compressoren, kabels en slangen, assen, olie en vet, luchtdruk. Een échte machine zonder motormanagementsysteem als hersens en sensoren als zenuwen. Ik houd van echte machines waarvan je de krachtoverbrenging kunt nalopen en begrijpen. Ik bewonder de machinist achter zijn grote stuurwiel, temidden van hendels en wijzerplaten waarvan de meeste het niet doen zodat de machinist moet afgaan op gevoel en gehoor, op trillingen die vertellen van het leven en welzijn van het monster. De bijrijder – er is altijd een bijrijder – informeert de machinist over de wereld achter en aan de linkerzijde van het monster, informeert met armgebaren de wereld over de koers die het monster zal nemen, houdt de banden in de gaten en de compressorslangen, loopt de assen na met de vetspuit, springt uit het

huis om een steen onder het achterwiel te leggen als het monster tot stilstand komt op een helling. Samen repareren ze de vastgelopen rem, de geklapte band, de versnellingsbak temidden van plassen olie.
De uitdaging van de Prithivi komt pas vlak vóór Kathmandu waar de weg steil en zigzaggend omhoog klimt naar de pas die toegang geeft tot de hoofdstad. Daar balt het verkeer samen tot één grote file, bumper aan bumper. Vrachtauto's, tankauto's, bussen nemen moeizaam de haarspeldbochten, passeren elkaar op een decimeter afstand. Het wegdek is doorsneden door diepe geulen van de moessonregen en vermorzeld door het zware verkeer. Op de rechte stukken is het asfalt verwijderd en deels vervangen door beton in een ijdele poging tot reconstructie. Hier wordt de echte slag geleverd. Vrachtauto's ploegen moeizaam naar boven door het zand en de diepe kuilen, werpen dichte stofwolken op, blazen nog veel dichtere wolken dieselroet uit. Vanonder motorkappen ontsnapt stoom. Motoren ronken, compressoren sissen, claxons loeien: 'ga weg, ga weg; ik moet in beweging blijven.' Bijrijders hangen uit de deuren om te zien of de banden het houden, de compressorslangen niet scheuren, om de brommertjes in de gaten te houden en om aanwijzingen te geven: 'pas op, we gaan uitwijken!' O jee, daar redt er een het niet, glijdt terug van de opgaande kuilrand, komt tot stilstand. Onmiddellijk zwelt het geloei van de claxons aan: 'Rij door, laat niet ook mij hier tot stilstand komen!' Een eenzame agent moet het tegemoet komende verkeer zien tegen te houden om het achterop komende verkeer de stilstaande vrachtauto te laten passeren zodat er voor die vrachtauto ruimte ontstaat om een nieuwe aanloop te nemen. Langzaam rolt de vrachtauto terug tot er vaste grond onder de wielen is. Dan perst de machinist het uiterste uit de motor, loeiend en razend strompelt het monster naar voren en … ja … komt over de kuil. Ik zit daar tussen, peddel door de kuilen, neem de steile rand van het beton, houd de tankauto voor me in de gaten, werp een snelle blik op het waarschuwingslampje van de koeling. Naar boven gaan is moeizaam, naar beneden rijden stukken gevaarlijker. De remmen, de remmen!
Er is een deel van de borstwering langs de afgrond verdwenen. In de diepte ligt een vrachtauto op zijn kant te midden van een breed spoor plastic emmertjes, de lading. Het is gelukkig geen bus. Ik hoop dat de bestuurder en de bijrijder op tijd het vege lijf hebben weten te redden. Het moet kort geleden zijn gebeurd: er staan mensen te kijken naar de ramp beneden.
Op de top van de pas verbreedt de weg tot een plein. Ik stop er om de

motor te laten koelen, om bij te komen, om met een sigaret het leven te vieren. Arbeiders laden staalkabels in de bak van een bulldozer. 'Vannacht' zegt een van de arbeiders en knikt naar de diepte. 'Doden?' De arbeider trekt zijn schouders op. Ik kijk in de diepte, naar de pasweg met de nauwe ruimte tussen geluk en ongeluk. Ik zeg: 'Oef!'

Nepal is een prachtig land en Nepalezen zijn erg aaibare mensen en die combinatie trekt vrijwilligers en hulporganisaties aan als stroop vliegen…

Er zijn dus goede en slechte hulpprojecten. Het is vast en zeker dat 'enerzijds, anderzijds' dat er toe leidt dat mijn boodschap niet wordt gehoord: hulp werkt doorgaans niet (daar heb je de nuancering weer: doorgaans) omdat de eerder genoemde nadelige effecten de eventueel geboekte resultaten overschaduwen. Na terugkeer uit Afrika werd ik door de Rotary van Alphen aan de Rijn uitgenodigd een lezing te geven over hulp. Die Rotary betaalt een school in Gambia of Ghana, in ieder geval op een plaats die exotisch genoeg is zonder dat je je hoeft te krabben. Het was zeker niet het Afram Plateau waar zelfs geen Ghanees naar toe te krijgen is en daarom zitten daar de paters van de SMA. In een rustieke omgeving en na een voortreffelijk diner heb ik mijn verhaal gehouden. Ik heb voorzichtig geprobeerd wat kanttekeningen bij die hulp te plaatsen. De conclusie van het gezelschap: we zijn op de goede weg. Ik had kwaad moeten worden; niet gehoord. Ja, de hulporganisaties liggen tegenwoordig onder vuur. En hoe reageren ze daarop? Kijk op de website van OneWorld: door het aantrekken van communicatiemedewerkers en fondsenwervers. De hulp is een industrietak met haar eigen dynamiek. Daar kan zelfs Dambisa Moyo niet tegenop die in haar boek Dead Aid een bijtende analyse van de hulp heeft gegeven. Het gaat maar door. Ik lees op nu.nl dat een kamerlid van de PvdA een quotum wil voor hulpprojecten voor vrouwen. Hooggeacht kamerlid: er zijn twee soorten hulpprojecten, hulpprojecten voor dingen – de bescherming van de olifant, verbetering van de landbouw, veilige drinkwatervoorziening, wegenaanleg – en projecten voor mensen en die laatste zijn altíjd gericht op vrouwen, moeders, kinderen; er zijn géén projecten voor mannen. Mijn buurman David V. promoot op zijn facebook pagina de actie van de ASN-bank tegen kinderarbeid. In India en Nepal is kinderarbeid normaal. Ouders sturen hun kinderen naar Kathmandu om werk te vinden en bij te dragen aan het gezinsinkomen. Meestal gaat het goed. Kay Tee Automobiles in Delhi heeft een

twaalfjarig hulpje in dienst. Hij haalt het gereedschap, ruimt de rommel op, doet eenvoudige karweitjes. Hij bluft en blaft, is de mascotte van het bedrijf. Tegen de tijd dat hij volwassen is heeft hij het vak van monteur geleerd. Kinderuitbuiting komt ook voor en er zijn kinderen die geen werk vinden. Die komen op straat terecht en in het lijmsnuiverscircuit. Namens die kinderen: hartelijk bedankt voor het nobele streven. Die lijmsnuivertjes worden opgevangen door een liefdadigheidsorganisatie, zodat de ene organisatie de andere aan werk helpt. Onze koningin vindt dat het in Afrika 'beter' gaat. Majesteit, het gaat in Afrika niet 'beter', het gaat goed, dankzij de werklust en de inventiviteit van de mensen. Ik weet uit eerste hand hoe geirriteerd Afrikanen raken van goed bedoelde blanke neerbuigendheid. Koningin Maxima zet zich in voor de microkredietfinanciering. Een succes? Ik weet van Steady in Malawi hoe moeilijk het is voor een kleine boer om krediet te krijgen. Femke Halsema – mooie vrouw met jarenlange ervaring op het pluche – is voorzitter geworden van de stichting Vluchteling. Ze is natuurlijk zelf gaan kijken. Ik weet hoe moeilijk het is voor een vluchteling om naar huis te gaan. Ik heb met Charles de kantoren van de UNHCR en het Rode Kruis in Brazzaville bezocht: nul op het rekest, er was geen programma voor repatriëring van Liberiaanse vluchtelingen. Ik heb geprobeerd voor Charles een laissez passez te krijgen zodat hij naar Kinshasa kon gaan waar een Liberiaanse ambassade is en waar hij een paspoort zou kunnen krijgen: nul op het rekest, dat is niet de taak van de UNHCR en het Rode Kruis. Charles is dus illegaal gegaan en heeft dat overleefd, dankzij zijn doorzettingsvermogen, zonder hulp van Femke maar met hulp van een mensensmokkelaar. Femke was op dat moment geen voorzitter maar daar gaat het niet om. Het gaat om die organisaties met hun programma's en regeltjes maar zonder oog of interesse voor een mens. Daar staat een vluchteling die naar huis wil – je zou je handen moeten dichtknijpen – en je zet hem de deur uit. Overigens gaat het goed met Charles; hij is terug in Liberia, werkt voor een microkredietbank (…) en heeft sinds kort een vriendin Venessa waarmee hij hopelijk een gezin gaat stichten. Oef!
Ik ben moedeloos geworden van al die goed bedoelde hulp. Ik wil het niet meer zien, ik wil er niet meer over horen. Ik ben de verhalen over 'hoe zielig' en 'hoe goed' spuugzat. Daaruit komt de gereserveerdheid voort die opborrelt in Nepal's gezichten. En dan … lees ik op de redactiepagina van de Republica – een tamelijk grote Engelstalige krant in Nepal – een artikel met de titel 'Nepal is not poor': tegen de hulp, tegen

het ‘voluntourism’ (mooi woord). Het is een artikel van Bec Ordish, ‘founder and executive director of Mitrataa Foundation which provides education and training opportunities to Nepali women and girls.’ De duivel stelt zelf het kwaad aan de kaak. De kern van haar verhaal: hulp laat mensen geloven dat ze zelf niets kunnen en maakt de overheid lui. Ze heeft voor haar boodschap een platform gevonden en gebruikt dat. Ze mompelt niet, zoals ik. Daaraan ontleen ik nieuwe strijdvaardigheid. Ik wil bijdragen aan het verspreiden van haar verhaal. Daarom heb ik het artikel hieronder integraal overgetypt. Plaats het op je facebook pagina!
Het is nog véél erger dan Bec Ordish beschrijft. In dezelfde editie van Republica (18 december 2013) staat op de voorpagina een artikel met de kop ‘Booking cancellations sounds alarm for tourist industry.’ De toeristen industrie dreigt in te storten; het aantal vakantieboekingen zou met wel een kwart zijn afgenomen. De oorzaak: Nepalese vliegmaatschappijen worden uit het Europese luchtruim geweerd omdat ze de veiligheidsmaatregelen onvoldoende naleven. De Nepalese overheid heeft nagelaten goed toezicht te houden. Toeristen beginnen nu ook vraagtekens te plaatsen bij de veiligheid op binnenlandse vluchten en zelfs bij de veiligheid van de busverbindingen tussen Kathmandu en Pokhara. Laat ik je vertellen: die bussen zijn heel onveilig. Als ik een bus zie aankomen is het eerste wat ik doe kijken waar een vluchtplek is. Het aantal verkeersdoden zou in Nepal tien keer hoger liggen dan in India dat ook een bedenkelijke reputatie heeft. De Nepalese overheid is in geen velden of wegen te bekennen.
14 mei, 2014

Bestrijd niet alleen de symptomen, ook de oorzaken van armoede

(Lonneke van Genugten)

Waarom is dit artikel de moeite van het lezen waard?
Omdat verslag wordt gedaan van een wetenschappeijk onderzoek naar het functioneren van kleine stichtingen.

De duizenden Nederlanders die zich inzetten voor de medemens in Kenia of India: het is de mondiale participatiesamenleving pur sang. Hun werk zou nog meer effect hebben, als ze verder zouden kijken dan concrete projecten, zegt onderzoeker Sara Kinsbergen. 'Bestrijd niet alleen de symptomen, ook de oorzaken van armoede.'

Behind the pictures

Sara Kinsbergen ging op zoek naar de wereld achter de foto's van particuliere projecten

De Madonna's en Bono's van om de hoek. Zo noemt Sara Kinsbergen (31) in haar proefschrift de duizenden Nederlanders die met hun eigen stichting scholen bouwen in Ghana of een weeshuis runnen in India. Wie zijn deze mensen? Het zijn ongeveer evenveel mannen als vrouwen, van meestal middelbare leeftijd. Van hen heeft 60 procent een betaalde baan, 70 procent is hoger opgeleid. Het gemiddelde netto-maandinkomen is 1536 euro, het gemiddelde jaarbudget van de stichting bedraagt 50.000 euro. Meer dan 70 procent kwam in actie na een bezoek aan een ontwikkelingsland.

Incidentele wijze

De duizenden kleinschalige particuliere initiatieven die Nederland telt, zoals zulke stichtingen en eenmanshulpclubs officieel heten, zijn in de opkomst sinds de jaren negentig, toen verre reizen in zwang kwamen voor grotere groepen mensen. Niet voor niks zijn relatief veel PI's actief in populaire 'verre bestemmingen' als Kenia, Ghana, India en Indonesië. Hoeveel het er precies zijn in totaal, is onbekend. Evenals in hoeverre zij daadwerkelijk een bijdrage leveren aan het terugdringen van wereldwijde armoede. 'Het minste wat je hierover kunt zeggen', schrijft Hans Beerends in *Tegen de draad in*, 'is dat deze initiatieven getuigen van een grote betrokkenheid, dat arme mensen op incidentele wijze geholpen worden en dat zo'n particulier initiatief kan leiden tot een dieper inzicht in de structurele oorzaak van de mondiale armoede.'

Compleet dorp

Het is voor het eerst dat deze doe-het-zelvers-in-de-hulp zo uitgebreid in kaart zijn gebracht. Ontwikkelingsdeskundige Sara Kinsbergen, onderzoeker aan de Radboud Universiteit Nijmegen, hoopt er vrijdag 7 februari op te promoveren bij professor Ruerd Ruben. Copromotoren zijn Jochem Tolsma en Lau Schulpen, met wie Kinsbergen in 2010 *De anatomie van het PI* schreef. Kinsbergen verzamelde de afgelopen zes jaar gegevens van bijna negenhonderd particuliere initiatieven verspreid over 109 verschillende landen en bezocht 49 projecten in het veld. Ze

sprak niet alleen met de Nederlandse initiatiefnemers, maar ook met de lokale samenwerkingspartners.
Volgens eigen zeggen blijft er bij PI's niks aan de strijkstok hangen Waar grote, gevestigde organisaties soms lijken weg te zakken in ownership-gedreven accountability en meerjarig strategische plannen volgens een multistakeholder-approach, spuugt Nico uit Olst eens in de handen en bouwt een compleet dorp op zonne-energie in Burkina Faso. De lokale bevolking helpt vanzelfsprekend mee. En als ze niet meehelpen, dan zorgt Nico er wel voor dat ze meehelpen. Hij is immers bevriend met de studerende zoon van de dorpsoudste en spreekt intussen een aardig woordje Mossi.

Fourwheeldrive
Ondanks hun voortvarende aanpak worden PI's niet altijd serieus genomen door de grote jongens. In tegenstelling tot de solidariteitsbewegingen uit de jaren zeventig, zijn particuliere initiatieven a-politiek. Bovendien laten ze zich meestal niets gelegen liggen aan de modeaanpak en buzzwords van het moment. Een zeker paternalisme is ze ook niet altijd onbekend. Tegelijkertijd hebben PI's zelf ook weinig vertrouwen in de werkwijze van de grote clubs en de overheid, en zetten ze zich daar graag tegen af. Bij hen blijft er, volgens eigen zeggen, immers niks aan de strijkstok hangen. Ze bezoeken hun project achter op een brommertje in plaats van een glimmendwitte fourwheeldrive.

Doe-democratie
In deze tijden van participatiesamenleving zijn particuliere initiatieven een inspirerend voorbeeld van de burger die het heft in eigen hand neemt. 'De doe-democratie, dat doen PI'ers al jaren met z'n allen', zegt Sara Kinsbergen daags voor de verdediging van haar proefschrift. 'In dat licht zijn ze een voorbeeld voor de rest van Nederland, maar binnen de ontwikkelingssector moeten ze door bezuinigingen en koerswijzigingen in het beleid, waarbij het accent op handel ligt, hard hun best doen om hun belang naar voren te brengen. Daar ligt een belangrijke rol voor brancheorganisatie *Partin*.'
PI'ers kunnen volgens Kinsbergen ook zelf zorgen dat hun werk een grotere impact heeft, door zich niet alleen te richten op concrete projecten, maar ook op gemeenschapsontwikkeling en lobby. Dus niet alleen een school bouwen, maar ook de oorzaken aanpakken waarom meisjes

hun school niet afmaken en daarover in gesprek treden met de lokale overheid.

Potentieel
Kinsbergen roept PI'ers daarom op om voor 2014 een aantal goede voornemens te formuleren. 'Ga 'pi-plus' doen. Combineer het typische, concrete Pi-werk met minder zichtbare activiteiten. Stel jezelf ten doel drie nieuwe contacten op te doen, maak eens kennis met een nieuwe overheidsfunctionaris of andere stichting. Op allerlei manieren kun je jezelf uitdagen om dat potentieel beter te benutten. Als je dat durft, kun je veel bereiken. Je maakt meer kans om een waardevolle, duurzame bijdrage te leveren aan armoedebestrijding dan nu soms het geval is.'
07-02-2014 Bron: OneWorld

Nepal is niet arm
(Bec Ordish)

Waarom is dit artikel de moeite van het lezen waard?
Omdat deze Australische ontwikkelingswerkster vanuit jarenlange aanwezigheid in Nepal ook de rijkdom van dit land heeft ontdekt.

Stop de hulp. Stop het vrijwilligerstourisme wat de armen nog verder uitbuit. Ga geloven in de Nepalezen waardoor ze ook in hun zelf kunnen gaan geloven.
'Nepal is geen arm land; maar het wordt slecht geregeerd.' Toen ik dit voor het eerst hoorde had ik hier erg veel moeite mee dit te geloven. Zo erg zelfs dat ik dit als een vraag heb voorgelegd aan een aantal vrouwen die ik wekelijks begeleid (ik leid een organisatie die onderwijs aan Nepalese vrouwen en meisjes geeft). Nadat ik hun commentaar hierop hoorde en ik bij mij zelf te rade ging realiseerde ik me dat ik het bij het verkeerde eind had en wilde het nu maar al te graag met deze stelling eens zijn. De realiteit is dat de Nepalezen zelf geloven dat ze in een arm land leven en daar ook naar leven.

Deze overtuiging werkt verlammend op dit land. Het is tot in alle geledingen van de samenleving doorgedrongen en wordt versterkt vanuit alle kanten, vermoedelijk zelfs van hen die de overtuiging niet hebben. De slogan momenteel is 'Nepal is een arm land dat hulp nodig heeft.'

Het staat te lezen in de schoolboeken, wordt op de scholen zo verteld, het staat op de voorpagina van de krant, en het is door politici naar buiten gebracht om daarmee hun eigen falen te verbergen. Het wordt ook versterkt door de enorme aantallen NGO's en INGO's in Nepal, die deze stelling als uitgangspunt voor hun werk beschouwen.

Eén van de kinderen zei tegen mij: 'We moeten wel arm zijn, waarom komt anders iedereen om ons te helpen?' Zelfs de toeristen verwachten dat alles goedkoop is omdat ze Nepal als een arm land zien. Ze verwachten geen kwaliteit van producten en diensten waarvoor ze zouden moeten betalen. De vrijwilligers toeristen komen naar Nepal om een goed gevoel over te houden door scholen en huizen voor de 'arme mensen' te bouwen en verwachten dat de bevolking voor deze hulp erg dankbaar zouden moeten zijn.

Maar Nepal hoeft niet arm te zijn. Het is rijk aan natuurlijke grondstoffen, het is in bezit van één van de grootste watervoorraden ter wereld. Waarom is er dan een tekort aan water en aan elektriciteit? Geografisch ligt Nepal op een ideale plek om producten te produceren waar elders in de wereld een groeiende vraag naar is. Nepalese thee is mogelijk nog lekkerder dan de Darjeeling thee uit India. Het groeit onder dezelfde klimatologische omstandigheden dan de thee uit India, maar wordt in een veel rijkere bodem verbouwd en groeit aan veel jongere struiken. Waarom wordt de Darjeeling thee uit India dan tegen aanzienlijk hogere prijzen aan het buitenland verkocht? Pashmina is een luxe product dat slecht door de rijken in Nepal wordt gedragen, maar waarom wordt dit nu als een goedkoop nepproduct uit China in de toeristen winkels in Thamal verkocht? Nepal heeft rijke culturele tradities en mogelijkheden en een gepassioneerde bevolking. Dus wat gaat er mis?

De overheid moet veel meer verantwoordelijkheid nemen. Het ontbreekt aan een gunstig klimaat voor ondernemers, er is een onmogelijke bureaucratie, overheidsfunctionarissen moeten worden 'betaald' om iets gedaan te krijgen. Er is veel onderlinge strijd en geen zicht op wat de burgers werkelijk willen. Overheidsfunctionarissen proberen in het buitenland hulp te krijgen voor hen zelf, maar niet ten gunste van het land. Ze vragen om een aalmoes, maar niet om te investeren.
Geen wonder dat de bevolking gelooft in een arm land te wonen. We

behandelen hen alsof dit zo is. Het is één van de grootste problemen waarmee hulp over de hele wereld wordt geconfronteerd. Het leert mensen eerder bedelaars te zijn, dan verantwoording voor hun eigen toekomst te nemen. Het creëert afhankelijkheid in plaats van mensen er toe te bewegen hun idealen waar te maken.

Het einde van het toeristenseizoen nadert in Nepal. Duizenden enthousiaste backpackers zijn weer op trektochten de bergen in geweest. Maar helaas hebben deze mensen het Everest Base Camp niet kunnen bereiken, omdat er nog maar één luchtvaartmaatschappij op Lukla vliegt, de populaire luchthaven waar vandaan het ideaal is om de Himalayas in te trekken. Sita Air is, nadat één van haar vliegtuigen crashte, gestopt. Agni Air heeft sinds vorig jaar om veiligheidsredenen haar vliegtuigen aan de grond gehouden en het enige vliegtuig van NAC bleef nog over om op deze moeilijke route te vliegen. Hoe is het dan mogelijk dat Nepal van haar grootste toeristische trekpleister kan profiteren als de vliegtuigen van de luchtvaartmaatschappijen niet goed worden onderhouden?

Tijdens het afgelopen festival seizoen waren er weer lange wachtrijen voor de balies van geld-overboekkantoren. Het overmaken van geld naar Nepal door een in het buitenland werkende familielid is de belangrijkste inkomstenbron van vreemde valuta. Maar het geld wordt helaas uitgeven aan luxe artikelen: iedereen heeft een nieuwe mobiele telefoon, mooie nieuwe kleren en viert feest op het festival, in plaats dat dit wordt geïnvesteerd in bedrijven. Een aanmoediging om hiermee te gaan ondernemen is er niet. De bevolking is gewend geld te krijgen van hulporganisaties. En gelukkig is er een familielid in het buitenland die voor de rest van de familie zorgt, en wordt er gewacht totdat er weer geld wordt overgemaakt.

Hoe creëren we hoop voor Nepalezen? Hoe kunnen we het verhaal dat 'Nepal is een arm land' veranderen in 'Nepal is een geweldig land, vol met prachtige natuurlijke grondstoffen, gepassioneerde mensen en veel mogelijkheden'? Stop de hulp. Stop het vrijwilligerstoerisme tenzij het wordt gebruikt om de Nepalezen weer controle over hun eigen situatie en vertrouwen in eigen capaciteiten te krijgen en niet gebruikt wordt hen nog armer te maken. Geef Nepalezen vertrouwen zodat ze in zichzelf kunnen geloven. Deel kennis, laat zien dat transparantie en

openheid belangrijker waarden zijn dan hulp. Maak van NGO's lokale initiatieven gerund door lokale mensen die kunnen kiezen om hulp te vragen als ze het nodig hebben, in plaats van het aan hen op te dringen waardoor ze het gevoel hebben bedelaar te zijn.
Als Nepal wordt behandeld als een arm land, zal het handelen als een arm land en zal het daarom ook een arm land zijn. Als je maar lang genoeg zegt dat Nepal arm is zal dat ook zo zijn. Maar stel je voor als de bevolking zich bewust is dat Nepal een geweldige land is, als ze daarna zouden handelen en zouden investeren. Stel je eens voor. *(Artikel vertaald door Mart Heynens)*

De Nepalese Economie: verleden, heden en toekomst

(Prakash Pandey)

Waarom is dit artikel de moeite van het lezen waard
Omdat dit artikel een helder inzicht probeert te geven in een van de zwakste schakels in de opbouw van Nepal, de economie

Historische achtergrond
De geschiedenis van de Nepalese economie kan vanaf ongeveer de derde eeuw worden gevolgd.
Daarvoor zijn geen geschreven bronnen bekend.
Meerdere dynastieën van koningen hebben geregeerd over Nepal, maar pas vanaf koning Mandev (Lichchavi dynastie) zijn er bronnen bekend. Van zijn leven en werken getuigen inscripties in steen, hout, metaal en dergelijke. En daarvan zijn nog steeds exemplaren te vinden in tempels en op pleinen in de Kathmandu Vallei.
De regeerperiode van de Lichchavi dynastie wordt beschouwd als de 'Gouden Eeuw' van Nepal.
Hoewel landbouw de belangrijkste activiteit was in die periode, waren er ook kleine bedrijfjes die zich richten op papier maken, olie persen, textiel maken en ijzerbewerking. Er werden verschillende metalen munten geslagen om de handel te vergemakkelijken.
Na de neergang van de Lichchavi dynastie regeerde de Malla dynastie over Nepal.
De Malla's waren afkomstig uit India. Onder deze dynastie kwam de landbouw tot grote bloei.

De bodem van Nepal was erg vruchtbaar en dus waren de meeste mensen aktief in de landbouw, en daarbij was er ook sprake van kleinschalige industrie: weverijen , keramiek, metaal, baksteen, laken etc. Deze producten werden ook buiten Nepal verhandeld: Tibet en China. In Tibet werd Nepalees geld geaccepteerd. Er zijn bronnen waarin aangegeven wordt dat Nepal voor Tibet het geld muntte. De kwaliteit van het Nepalese linnen werd genoemd in het boek van een klassieke Indiase econoom en diplomaat: Chanakya.
Omstreeks de achttiende eeuw werd Nepal tot eenheid gebracht onder koning Sha. Dit was een periode van modernisering. De economische groei van Nepal had te lijden gehad van diverse oorlogen en conflicten. Toen de autocratische Rana familie aan de macht kwam raakte het onderwijs in het slop, moderne uitvindingen en technologie kwamen het land niet meer in. Door hoge belastingen, boetes en door een gebrekkige economische planning raakte Nepal achterop.
Aan het einde van de Rana regeerperiode en de democratisering in 1951 ontstonden er nieuwe industrieën: lucifers, cement, jute en tabak. Maar door politieke bemoeienis en gebrek aan een heldere industriepolitiek zijn vele weer gesloten, sommige zijn geprivatiseerd en andere draaien met verlies.

Eigenschappen van de Nepalese Economie.
Nepal, gelegen tussen twee economische grootmachten (China en India) heeft een eigen economie.
Grotendeels bestaande uit landbouw die niet gemoderniseerd is en daarbij wat industriële activiteiten die nog in een beginfase verkeren. Met een jaarinkomen per hoofd van de bevolking van 750 $ (Wereldbank, 2014) behoort Nepal tot een van de minst ontwikkelde landen.
Agrarische Economie: uit de volkstelling van 2011 bleek dat 74% van de bevolking werkzaam is in de landbouw. En desondanks levert de landbouw niet voldoende op om het land te voeden: veel agrarische producten worden geïmporteerd uit India. Versnipperde landbouwgronden, productie vooral voor zelfvoorziening en het toepassen van traditionele landbouwmethoden heeft geleid tot een lage productie.
Bijdrage van de Toeristische sector: Nepal is gezegend met veel natuurschoon waarop veel toeristen afkomen. Daardoor draagt het toerisme bij aan het BNP.
Industriële bijdrage: deze is gering. Hoewel gedurende de Tweede Wereldoorlog industrieën opgezet werden, hebben deze zich niet goed ont-

wikkeld, als gevolg van ongunstige poltieke en sociale factoren. Gastarbeid in het buitenland: er stromen elk jaar 500.000 mensen de arbeidsmarkt op. Velen daarvan gaan werken in de Golfstaten. 28 % Van het BNP bestaat uit geldzendingen naar huis. Het grootste gedeelte van dit geld wordt gebruikt voor consumptie, weinig om te investeren. Snelle bevolkingsgroei, handelstekort, grotere afhankelijkheid van import, afhankelijkheid van buitenlandse hulp, gebrek aan een vooruitziende blik op het gebied van plannen en uitvoeren en daarbij ook nog het vertrek van kennis en fysieke arbeidskracht: dit zijn de belangrijkste eigenschappen van de Nepalese economie.

Routekaart naar de toekomst.
Nepal heeft echter ook een troef in handen: van nature is Nepal voorzien van alles wat nodig is om zich te ontwikkelen.
Water is altijd aanwezig (meer dan 6000 rivieren), uitgestrekte bossen met waardevolle kruiden, besneeuwde bergen en prachtige landschappen. Theoretisch heeft Nepal de mogelijkheid 83000 MW aan elektriciteit op te wekken met het aanwezige stromende water. Dat is de energiebron van de toekomst. Deze energie kan gebruikt worden om de industrie te laten draaien, om het transport mogelijk te maken, voor huishoudelijke taken en om te exporteren teneinde buitenlandse deviezen te verkrijgen.
Nepal kan een overslagpunt worden in het transport tussen China en India. Om die positie maximaal te benutten kan Nepal het beste gelijkwaardige relaties onderhouden met China en India. De ontwikkeling van weg- en luchttransport, opslagruimte, magazijnen en doorvoermogelijkheden zijn een noodzaak.

Toerisme is een andere mogelijkheid om een swing te geven aan de economie. Er zijn veel plaatsen die zeer geschikt zijn om door toeristen ontdekt te worden. Bergbeklimmen, kanoën, raften, bungeejumping zijn zeer avontuurlijke sporten. Ook spirituele cursussen, meditatie gelegenheden kunnen goed gepromoot worden middels advertenties in internationale media.
De regering van Nepal zal een duidelijk actieplan moeten hebben en erg hard moeten werken om tot 2 cijferige groeicijfers te komen. Om de industriële sector te ontwikkelen moet de regering een consistente politiek voeren om publiek privaat ondernemerschap te laten groeien. Er is voldoende basismateriaal in Nepal aanwezig om cement, jute, suiker,

kleding en tapijten op industriële basis te kunnen produceren.
Op dezelfde manier kan de regering stimuleren dat directe buitenlandse investeringen mogelijk worden: Nepal heeft voldoende arbeidskrachten en natuurlijke grondstoffen om deze investeringen aan te wenden voor industriële ontwikkeling.
De overheid moet een uitnodigend klimaat scheppen voor ondernemingen en industrieën en buitenlandse investeringen beschermen. Dat kan onder anderen door te zorgen voor goed opgeleide arbeidskrachten en beroepsopleidingen.

Het probleem is dat er geen visionair leiderschap is in de politiek. De frequente wisselingen in politiek leiderschap en onvermogen van de overheid en overheidsinstellingen om de kansen in te schatten en uitdagingen aan te gaan heeft er toe geleid dat Nepal een van de minst ontwikkelde landen is van de wereld. Hoewel Nepal begonnen is in 1956 met 5 jaars ontwikkelingsplannen is daar weinig van terecht gekomen. Corruptie, uitstelgedrag, onprofessionaliteit vormen enkele van de handicaps waarmee de overheid te kampen heeft. Burgers komen niet makkelijk in contact met de overheid. Er is geen helderheid rondom de activiteiten van de overheid. Vrijwel overal is sprake van nepotisme en cliëntelisme. Deze zaken hebben ertoe geleid dat de Nepalese jeugd haar heil zoekt in de Golfstaten, Europa, de VS en Oosterse landen. Dit heeft geleid tot een braindrain: goed opgeleide mensen verlaten het land in het vooruitzicht van hoger onderwijs en betere kansen op werk. Hierdoor ontbeert het land innovatie, ondernemerschap, intellectuelen en nog veel meer.

Volgens het UNDP (2013) leeft 44% van de bevolking onder de armoedegrens. Er is heel weinig gedaan aan het verlichten van de armoede. De aardbeving en de economische blokkade door India heeft de economische groei teruggebracht tot 1,7%.
Onder deze omstandigheden moet Nepal nauw samenwerken met hulpdonoren ontwikkelingspartners en de internationale gemeenschap om technische en financiële steun te krijgen voor het leggen van een sterk fundament voor een welvarend Nepal.

Economische positie
Nepal behoort tot de armste landen van de wereld en is derhalve een derde wereldland.
De Nepalese economie kenmerkt zich door een zeer ongelijke verdeling van de welvaart. Het gemiddelde inkomen per hoofd van de bevolking bedraagt 240 Euro op jaarbasis. Hierbij is een groot onderscheid tussen het platteland (110 Euro) en Kathmandu (514 Euro). Meer dan de helft van de bevolking moet zien rond te komen van 1 euro per dag. Naast deze scheve verdeling tussen platteland en stad, is er ook een gigantische kloof tussen arm en rijk. De helft van het nationaal inkomen wordt door ca. 13% van de bevolking verdiend. Dit verklaart waarom de meerderheid van de Nepalezen zich nauwelijks een buskaartje kan veroorloven, terwijl de ministers rondrijden in de allernieuwste auto's. Maar liefst 80% van de Nepalese bevolking is werkzaam in de agrarische sector. De belangrijkste gewassen zijn rijst, maïs, tarwe, gierst en groenten. Het boerenbestaan is hard. Het land wordt nog op traditionele wijze bewerkt: met de hand of met behulp van een os of buffel. De plattelandsfamilies hebben vaak ook enkele geiten, een buffel of koe voor de melk, yoghurt en niet te vergeten koeienmest (rituelen en brandstof). De meeste mensen eten vegetarisch, ook omdat vlees erg duur is. Door hun eenvoudige levensstijl hebben ze alleen geld nodig om zaken als zout, kruiden, kleding en keukengerei te kopen. In de afgelegen gebieden van Nepal is er per regio vaak één groot grondbezitter, voor wie de overige dorpsbewoners in loondienst op het land werken. In de landbouwsector, die zich kenmerkt door een lage productiviteit, is modernisering hard nodig. Het percentage analfabetisme onder de boeren is groot en ze zijn nauwelijks bekend met nieuwe landbouwmethoden. De geïsoleerde ligging en ontbrekende infrastructuur in berggebieden bemoeilijkt nieuwe ontwikkelingen en maakt het gebruik van landbouwmachines onmogelijk. Daarnaast zijn de irrigatie-

voorzieningen beperkt, waardoor de bergboeren overgeleverd zijn aan de weergoden. Dat betekent in de regel lange droge perioden, afgewisseld met zware regenval tijdens de moessonmaanden.
Naast de landbouwsector is de industrie de belangrijkste economische sector in Nepal. Door het hele land zijn kleinschalige producenten van alcohol, textiel, staal, bakstenen, pashmina sjaals, sieraden en levensmiddelen te vinden. Landelijk gezien is slechts een klein percentage van de bevolking werkzaam in de dienstensector. Het toerisme wat deel uitmaakt van deze sector, draagt in zeer belangrijke mate bij aan de economie.
Ondanks een relatief grote geldinstroom via toerisme en ontwikkelingshulp, blijven de economische en sociale ontwikkeling van Nepal sterk achter. Organisaties als de Wereldbank en UNDP maakten duidelijk dat de werkelijke oorzaak van de armoede het slechte beleid is, inclusief overheidscorruptie op grote schaal. Aan goedbedoelde, maar ineffectieve plannen van buitenlandse adviseurs is in Nepal echter geen gebrek. Sommigen beweren dat Nepal ‘overgeadviseerd en ondervoed’ is.
Copyright © 2012-2016 Nepal Development Acadamy - All Rights Reserved.

Deel 5

Weetjes en achtergrondinformatie

Armoedefuik of The poverty trap
De extreem arme landen bevinden zich volgens Sachs in een *poverty trap;* de armoedefuik. De extreem armen hebben zo weinig, dat zij vastzitten in armoede en er zelf niet uit kunnen komen. Ze hebben meer kapitaal nodig, fysiek, menselijk en natuurlijk. Om dit te kunnen bekostigen moeten ze echter kunnen sparen. Mensen die in extreme armoede leven hebben echter net genoeg, of zelfs te weinig, om te kunnen overleven, laat staan dat zij iets overhouden om te kunnen investeren in hun toekomst. Tevens is er geen geld om belasting te betalen, wat ertoe leidt dat de regering minder geld heeft om te investeren in publieke zaken, zoals gezondheidszorg. Sachs stelt dat de armsten onder de armen daarom het meest vatbaar zijn om gevangen te raken in een lage of negatieve economische groei.
Hiernaast speelt geografie een belangrijke rol. Veel van de armste landen zijn *landlocked;* ze grenzen aan zee waardoor transportkosten zeer hoog zijn. Het zeer droge klimaat in arme landen speelt een negatieve rol in de landbouw productiviteit en voedselzekerheid. Tevens hebben veel tropische klimaten de ideale ecologische condities voor *killer* ziektes zoals malaria, schistosomiasis en knokkelkoorts.
De financiële middelen van de regering, het culturele klimaat, handelsbarrières, wetenschappelijk onderzoek gericht op rijke landen en de demografische fuik (hoge vruchtbaarheidscijfers) zijn verder belangrijk oorzaken van de armoedefuik. (uit: Vakblad Vice Versa)

Bec Ordish
Bec Ordish is de oprichter en directeur van Stichting Mitrataa, die zich vooral bezig houdt met de emancipatie van meisjes en vrouwen. In 2000 kwam ze vanuit Australië naar Nepal waar ze werkte als lerares. In 2011 verhuisde ze naar Nepal. Nu verdeelt ze haar tijd tussen Australie en Nepal.

Betrekkingen Nederland - Nepal
Nepal en Nederland onderhouden al ruim 50 jaar goede diplomatieke betrekkingen met elkaar. In 2003 verloor Nepal de status van partnerland voor ontwikkelingssamenwerking. De economische en culturele betrekkingen zijn goed, maar niet intensief. Op politiek gebied volgt Nederland de ontwikkelingen in Nepal in EU-verband.
Nederland zoekt met een klein aantal andere landen een oplossing voor de situatie van de Bhutaanse vluchtelingen die sinds begin jaren ‘90 in

UNHCR-kampen in Nepal verblijven.
De Nederlandse ambassadeur in New Delhi/India, is ook verantwoordelijk voor Nepal. Nederland heeft in de hoofdstad Kathmandu een honorair consul. Nepal heeft een ambassade in Brussel. De Nepalese ambassadeur behartigt ook de belangen van Nepal voor Nederland. Nepal heeft in Amsterdam een honorair consul.

Economische betrekkingen Nederland-Nepal
De handelsbetrekkingen tussen Nederland en Nepal zijn beperkt. Nederland stimuleert de economische ontwikkeling van Nepal. Hiervoor staan verschillende programma's open. Deze zijn op te vragen bij het ministerie van Buitenlandse Zaken.
In 2003 verloor Nepal de status van partnerland op het gebied van ontwikkelingssamenwerking.
De Netherlands Development Organisation (SNV) is met Nederlandse bijdrage sinds 1980 actief in Nepal. Met een budget van € 3,7 miljoen in 2012 richt het SNV-kantoor in Kathmandu zich op biogas, water, sanitaire voorzieningen en hygiëne. Daarnaast ontvangt het ministerie van Landbouw steun en is er een programma ter versterking van het toerisme.
Ontwikkelingsprogramma's in Nepal krijgen steun via de Aziatische Ontwikkelingsbank (ADB), Wereldbank, VN-organisaties en de Europese Commissie, waar ook Nederland aan bijdraagt.
Betrekkingen op het gebied van onderwijs en cultuur
Een groot aantal Nepalese studenten studeert in Nederland met een beurs van het Nuffic Netherlands Fellowship Programme (NFP).
In 1988 werd de Netherlands Alumni Association of Nepal opgericht.
Voor actuele informatie over de bilaterale verdragen kunt u terecht bij de *Verdragenbank* van het ministerie van Buitenlandse Zaken (BZ).

Clinton Bill
Geef en verander de wereld. 2007. Uitgeverij Balans Amsterdam

Dalit
De Nepalese regering heeft maandag (13 juli 2009) toegezegd huwelijken tussen mensen van de laagste sociale kaste en iemand uit een andere kaste te belonen met omgerekend bijna 930 euro. De maatregel is bedoeld om discriminatie van de laagste Dalit-kaste tegen te gaan. Het discrimineren van Dalits is al sinds de jaren zestig bij wet verboden.

Ongeveer 13 procent van de Nepalezen is Dalit. Deze minderheid staat onderaan de maatschappelijke ladder en wordt in landelijke gebieden geregeld de toegang tot een tempel ontzegd of verboden van publieke fonteintjes te drinken.

Durbarplein
Zie Kathmandu

Easterly
William Russel Easterly werd in 1957 geboren in West Virginia en groeide op in Ohio.
Van 1985 tot 2001 was hij werkzaam bij de Wereldbank als econoom en senior adviseur op het gebied van macro-economie en economische groei. Daarna werkte hij bij het Institute for International Economics en het Center for Global Development, totdat hij in 2003 ging lesgeven aan de universiteit van New York. Easterly heeft voor zijn opdrachtgevers in veel verschillende ontwikkelingslanden gewerkt, vooral in Afrika, Latijns-Amerika en Rusland.
Hij schreef in 2001 *The Elusive Quest for Growth: Economists' Adventures and Misadventures in the Tropics* (MIT) en in 2006 verscheen van zijn hand het spraakmakende boek *The White Man's Burden: Why the West's Efforts to Aid the Rest Have Done So Much Ill and So Little Good* (Penguin), dat in 2007 in een Nederlandse vertaling verscheen onder de titel *The White Man's Burden: Waarom heeft ontwikkelingshulp meer kwaad dan goed gedaan?* (Nieuw Amsterdam). Daarnaast werkte hij mee aan drie andere boeken en schreef hij bijna 50 artikelen
Standpunten van Easterly
Easterly is sceptisch over veel aspecten van de hedendaagse ontwikkelingssamenwerking. In zijn eerste boek *The Elusive Quest for Growth* beschrijft hij zes redenen waarom ontwikkelingshulp in veel arme landen niet tot duurzame groei heeft geleid. Hij bespreekt de vele mislukte projecten die sinds de Tweede Wereldoorlog zijn ondernomen om economische groei te brengen in de armste landen. Een daarvan is het verlichten of kwijtschelden van (staats)schulden, een methode die ook tegenwoordig vaak wordt toegepast. Maar dat is al zo vaak geprobeerd, zegt Easterly, meestal met meer negatieve dan positieve resultaten. Volgens de ontwikkelingseconoom is er meer nauwgezet onderzoek nodig naar de effecten van schuldenverlichting.
Hij laat zich zeer kritisch uit over popsterren als Bob Geldof en Bono

en in het bijzonder over collega-ontwikkelingseconoom Jeffrey Sachs, met wie hij al jaren vlammende debatten in de media voert over nut en vermeende nutteloosheid van ontwikkelingshulp. Volgens Easterly doet de 'verlosserstoon' van deze mensen verdacht veel denken aan de koloniale hoogmoed uit vroeger tijden.
Hij onderscheidt twee types 'hulpgevers': de planners, die geloven in het opleggen van oplossingen van bovenaf en de zoekers, die meer geloven in een bottom-up aanpak, oftewel: de allerarmsten zèlf laten aangeven waar hun grootste behoeften liggen. Easterly beschouwt de planners als utopisten en zoekers als realisten, omdat zij meer focussen op een behoedzame stap-voor-stap aanpak. Volgens Easterly hebben de zoekers een veel grotere kans op succes.

Kritiek
*Jeffrey Sach*s heeft meermalen felle debatten met Easterly gevoerd, waarin hij hem beschuldigde van overdreven pessimisme, het overschatten van kosten en het negeren van successen die in het verleden zijn behaald.
Amartya Sen, een topeconoom uit Bangladesh, prijst Easterly om zijn analytisch vermogen maar bekritiseert de radicale wijze waarop hij vrijwel alle ontwikkelingsplannen van tafel veegt en ook zijn weigering om onderscheid te maken tussen de verschillende soorten problemen waar ontwikkelingsorganisaties mee te maken hebben. Daarnaast voert Sen aan dat Easterly doof lijkt voor de erkenning die hij van ontwikkelingsorganisaties krijgt voor zijn analyses en en dat hij halsstarrig volhardt in zijn houding dat de sector het maar niet wil begrijpen.

Goden
God als schepper, Brahma
Brahma is de schepper van het heelal en god van de wijsheid. Hij wordt vaak afgebeeld met vier gezichten omdat hij regeert over vier windrichtingen of met vier armen waarin hij de heilige boeken, de rozenkrans en de veldfles water van een heilige man vasthoudt.

God als beschermer, Vishnu
Vishnu doordringt alles in het universum. Hij wordt verbeeld als rijdend op een Garuda met zijn vrouw Lakshmi, de godin van schoonheid en geluk. Vishnu wordt afgebeeld met vier armen, waarin hij een trompetschelp, een lotusbloem, een discus en een knuppel vasthoudt.

Volgens de hindoes die in avatara's (incarnaties van God) geloven, komt Vishnu tien keer op aarde, in tien vormen of avatara's, om de wereld te redden. Negen avatara's hebben al plaatsgevonden, de tiende moet nog komen:

God als vernietiger, Shiva
Alles in de schepping is slechts van tijdelijke aard en wordt vroeg of laat getransmuteerd of vernietigd. Shiva wordt vaak afgebeeld met acht armen, een trishul (drietand), een naga (bovennatuurlijk wezen afgebeeld als een grote slang) en als rijdier een nandi (stier). Op afbeeldingen en als beeld staat Shiva tevens dikwijls dansend afgebeeld. Deze zogenaamde tandava dans wordt wel gezien als de uitbeelding van de energie die door het universum stroomt en die dag en nacht, de seizoenen, geboorte en dood veroorzaakt. Ook wordt hij gezien als 'Koning van yoga' en wordt dan ook vaak in yogahouding afgebeeld. In de tantra wordt hij gezien als de eerste grote Goeroe in de geschiedenis van de mensheid.
De belangrijkste goden in het hindoeïsme vormen samen een drie-eenheid. Ze worden ook wel gezien als de verschillende gedaantes van één god: God als schepper, Brahma

Andere goden zijn :

Bhagvati
algemene benaming voor godinnen

Durga
Durga wordt gezien als één van de vormen van Devi (de Godin). Ze belichaamt het centrum van de kracht (Shakti), waarmee het universum is gecreëerd. Ze wordt vaak afgebeeld met veel armen met wapens en rijdend op Dawon. Dawon is een heilige tijgerin (ook wel afgebeeld als leeuwin) uit Tibetaanse legendes. Het dier kwam later in de Hindoeistische mythologie terecht. Hiermee zou zij vele demonen verslagen hebben.

Ganesha
Ganesha, de god met het 'olifantenhoofd ', neemt hindernissen weg en is de beschermheilige van reizigers. Hindoes bidden tot Ganesha voor ze aan iets nieuws beginnen, zoals een nieuwe baan of wanneer ze ver-

huizen. Ganesha wordt wel gezien als de zoon van Shiva en Parvati. Hij rijdt op een muis. Hij werd geboren uit Parvati, zonder dat Parvati dit had verteld aan Shiva, de vader van het kind.

Indra

Indra is geboren uit de hemel en aarde en scheidde deze voorgoed. Hij roeide demonen uit en was aanvoerder van de goden in de strijd tegen de Asura's. Hij doodde Vritra met een schuimpilaar en vormde zo de chaos. Dit zorgde ervoor dat de zon kon opkomen, de wateren vrij kwamen en het leven begon. Hij is de god van oorlog, de hemel, onweer en regen. Zoals stormgoden van andere religies van Indo-Europese origine werpt hij de bliksem van de top van de berg. Hij is een jaloerse god, die de macht beheerst, niet het respect. In het modernere hindoeïsme is Indra de god van de regen, die de oostelijke hemel beschermt, waaruit de moessonwolken komen.

Krishna

Krishna wordt wel de God van de bhakti of devotie genoemd. Maar hij is tevens de koning die aan de zijde van Arjuna de strijd aanvoerde in de Mahabharata oorlog. Ook Krishna wordt wel gezien als een grote historische goeroe die geassocieerd wordt met yoga. Mahabharata betekent Groot India en de door Krishna geleide campagne was dan ook bedoeld om India te verenigen. Je ziet Krishna vaak uitgebeeld in zijn jongere jaren met zijn magische fluit, maar ook wel als de taaie koning op het slagveld in een strijdwagen aan de zijde van Arjuna. Krishna is de achtste avatara/incarnatie van Vishnu.

Kumari

Kumari zou de lichamelijke incarnatie zijn van de godin Taleju. De Kumari is afkomstig uit de Shakya kaste van de Newari. Nepal kent meerder Kumari's, maar de koninklijke Kumari van Kamthmandu is de belangrijkste. De selectie van de Kumari is een rigoureus proces dat wordt begeleid door vijf belangrijke boeddhistische priesters en de koninklijke astroloog. De meestal drie tot vierjarige meisjes die in aanmerking komen moeten gezond zijn, nooit bloed hebben verloren of ziek zijn geweest en nog geen tanden hebben gewisseld. Meisjes die hieraan voldoen worden daarna getest op de 32 (uiterlijke) perfecties. Daarnaast moet het meisje tekenen tonen van sereniteit en onverschrokkenheid. Als een kandidate is gekozen moet zij nog een aantel testen ondergaan. Tijdens het Dashianfestival moet ze een nacht doorbrengen in ren Taleju tempel waar de hoofden van 108 geofferde buffels en geiten staan, die met kaarsen worden verlicht terwijl gemaskerde mannen ronddansen. Als zij geen angst toont bezit zij de eigenschappen van Taleju. Als laatste test moet ze uit een aantal spullen de persoonlijke spullen van haar voorgangster uitkiezen. Als ze die test met goed gevolg heeft afgelegd kan Taleju het lichaam binnentreden.

De nieuwe Kumari wordt naar het huis op het Durbarplein gebracht waar ze het overgrote deel van haar tijd als Kumari zal doorbrengen. Slechts enkele keren per jaar verlaat ze het huis en omdat ze niet mag lopen over de aarde buiten die gewijde plaats moet ze dan worden gedragen. De Kumari mag niet worden tegengesproken, ook niet door de mensen die haar in het paleis omringen. Dat maakt opvoeding en onderwijs erg lastig. De Kumari blijft in dienst tot ze bloed verliest. Dat kan zijn door een verwonding of door menstruatie. Daarna wordt ze teruggestuurd naar haar familie. Tegenwoordig krijgt ze een klein pensioen van de regering. Ondanks een hardnekkig bijgeloof dat de man van een Kumari jong zal sterven zijn de meeste (oudere) nog levende Kumari's getrouwd.

Grennan Conor

Een nieuwe toekomst, uitgegeven in 2010. Grennan (1974) werkte acht jaar lang voor het East West Institute in Praag en Brussel In 2002 richtte hij de non-profit organisatie New Generation Nepal op. Hij woont met zijn vrouw, Liz en hun zoontje in New York.

Grondwet

Nieuwe grondwet Nepal: rechten voor alle minderheden (20 september 2015).

In deze nieuwe democratische grondwet is de scheiding tussen kerk en staat geregeld. De aanname van de nieuwe grondwet door gekozen volksvertegenwoordigers in de hoofdstad Kathmandu markeert een historische stap in het door burgeroorlog en aardbevingen geteisterde land. Nepal kreeg na de aardbeving in april 2015 te maken met een economische blokkade door India die duurde van september 2015 tot februari 2016. Nepal ziet de blokkade als een tegenreactie van India op de nieuwe Nepalese grondwet. De wet discrimineert volgens India namelijk de Madhesi, een etnische minderheid in Nepal met een Indiase oorsprong.

De nieuwe grondwet splitst het land op in zeven provincies. De Madhesi protesteerden al maanden tegen de nieuwe wet, omdat de grenzen dwars door het land van hun voorouders lopen. De Madhesi voelen zich extra tekort gedaan nu de overheid wel de grondwet heeft aangepast op verzoek van een andere bevolkingsgroep in Nepal. Tijdens protestacties vielen ruim veertig doden, vaak door confrontaties met de Nepalese politie.

Hatemalo

Stichting Hatemalo, opgericht in 2010, zet zich in voor beter onderwijs, zorg, welzijn, werkgelegenheid en milieu in Nepal.
Hatemalo staat voor 'krans van handen', oftewel samenwerken.

De projecten van Stichting Hatemalo Nepal

Het Niko Agro project, Panchakhal, district Kavre: Dev Banjara is afgestudeerd aan een van de universiteiten van Londen in management en toerisme. Op een van de mooiste plekjes van Nepal wil hij nu een kleine boerderij neerzetten met mogelijkheden voor jonge boeren om nieuwe landbouwmethoden te studeren. Daarnaast wil hij een klein hotel. Een gedurfd project, maar wel met toekomstperspectieven.
Mentally Challenged Rehabilitation Center, MCRC, Dhulikel: Een nieuwbouwproject voor vierentwintig jonge mensen met een ernstige verstandelijke beperking. We hopen dat in 2017 de nieuwbouw gerealiseerd zal zijn.
Kippenfarm: Uitbreiding schuur. Touchal. In 2012 gerealiseerd. In 2013 ging het mis. Uitbraak van een virus in heel de omgeving. Alle kippen op last van de regering geruimd. Opnieuw beginnen dus. Daarna de aardbeving. Nu is men zover dat de farm kan worden uitgebreid.
Saar Nepal we care For Elderly, New Baneschwor: Aarati Poudel, stichter en voorzitter van de non-profit stichting 'Saar Nepal we care for elderly': 'We slaan samen een brug tussen oudere en jongere generaties door middel van programma's, afgestemd op deze van elkaar verschillende generaties.' Aarati werkt volgens het door haar geschreven plan 'First Senior Citizens Day Care and Lifelong Learning Center Nepal'. Het centrum organiseert regelmatig evenementen, trainingssessies, informele onderwijslessen, muzieklessen, computerlessen, spirituele gesprekken, gezondheidsprogramma's, trainingen.
Groentenkas, Panchakhal: In 2014 vroeg Nalindra Nyaupane enige ondersteuning voor de modernisering van zijn kleine champignonkwekerij en voor de nieuwbouw van een kleine groentekas. Op 25 april

2015 werd zijn bedrijfje getroffen door de aardbeving. De kwekerij is hersteld. De groentekas staat nu op het programma.
Web Developers International, Kathmandu: Een groep jonge IT-studenten is met een websitebedrijf gestart. Ze waren aardig op dreef toen eerst de aardbeving en daarna de handel door het grensconflict bij de grens van India ook hen in de problemen bracht. Tot twee keer verhuizen en ook twee keer opnieuw beginnen.
Studenten: Vier studenten ontvangen collegegeld tot eind 2017.

Imadol
'Studenten voor studenten'. Imadol Student House Kathmandu.
Mukunda en Umesh Bomjan: initiatiefnemers.
Welkom in ons studentenhuis gelegen te Imadol, Lalitpur. Het ligt op 3 km afstand van het internationale vliegveld; ongeveer 10 minuten met een auto. We vormen een groep van studenten die om verschillende redenen samen wonen. We komen uit verschillende delen van Nepal. Sommigen komen vanuit de Heuvel-, de Berg- en Terai-Regio. We behoren tot verschillende kastes en verschillende culturen, en wonen harmonieus samen. Mensen kunnen hier zien hoe de 'nieuwe studenten' samen in een woning kunnen wonen en elkaar helpen. Waarbij we schadelijke sociale misstanden als het kaste systeem, onaanraakbaarheid en schendingen van mensenrechten afwijzen. Elk van de studenten hier heeft een droom van een betere toekomst in ons eigen land en wil er aan werken, in verschillende beroepen, aan de ontwikkeling van de eigen dorpen en het land.
We hebben 1 keuken en twee studenten zijn verantwoordelijk om voor ons allemaal te koken. Iedereen is tevreden met dit systeem van corvee.

Geschiedenis van het Student House.
Het Student House werd opgericht in april, 2010.Wij, een groep van 6 studenten maatschappelijk werk gingen samen wonen met een gemeenschappelijk doel. We hielden ons bezig met veel verschillende onderwerpen. Naast het veldwerk en het volgen van colleges, werkten we aan onze sociale ontwikkeling gedurende de vrije uren. Naast het academische werk wilden we ons bezig houden met de brandende sociale kwesties van deze tijd. Daarom hebben we een gemeenschappelijke ruimte gezocht waar we gezamenlijk kunnen wonen en denken, praten en discussiëren over de sociale kwesties en dat heeft geresulteerd in het Student House. Het eerste jaar hadden we een gehuurd huis, vloer-

bedekking en matrassen om op te slapen. Buiten dat hadden we vrijwel niets, maar wel elkaars gezelschap en de hoop dat het in de nabije toekomst beter zou gaan. De kosten van het huis drukten alleen op ons en dat konden we uiteindelijk niet opbrengen. Het leven in Kathmandu is erg duur. Naarmate de tijd verstreek werd de situatie nijpend. Onze groep verzwakte, als gevolg van de financiële situatie en we stonden op het punt het huis op te geven. Al ons werk werd beschouwd als vrijwilligerswerk: wel gewaardeerd, maar we werden niet betaald. Ons leven in de dure stad kon niet verder gaan als we niet in ons levensonderhoud konden voorzien.
We werden geprezen door onze opleiding; geen andere jaargang studenten had ooit zo goed werk gedaan. De opleiding gaf advies hoe dingen aan te pakken. En de groep bleef vechten. Maar er was niemand die ons financieel steunde.
Uiteindelijk vatten we moed en hebben het Student House opgericht ook voor andere arme studenten uit heel Nepal die voor hoger onderwijs naar Kathmandu waren gekomen. Er was een groeiende vraag naar hoger onderwijs. Nog steeds hadden we geen geld, maar we dachten dat dit het beste was wat we konden doen.
Dus we starten met de selectie van arme en behoeftige studenten vanuit de ver weg gelegen dorpen. En ondersteunden hen met het volgen van hoger onderwijs in Kathmandu. Op die manier realiseerden onze partner organisaties, die zich met andere projecten bezig houden, zich dat we een bijdrage leverden in de scholing van de jeugd. Op die manier verkregen we de ondersteuning van de stichting Hatemalo, en van een Franse Stichting. (auteurs: Umesh en Mukunda.) Het huis werd in 2014 gesloten)

Heijnens Mart

Wat is een zinvol project?

Een zinvol project voldoet volgens mij aan de volgende voorwaarden.
1. *Is er een duidelijk doel,* een doel om mensen in een betere situatie te brengen zodat ze zelfstandig hun leven kunnen bepalen?
Ik lees op de website van Hatemalo dat ze twee jonge mensen steunen om een studie te volgen. Die twee komen daardoor in een betere situatie om hun leven zelf te bepalen. Ik steun zelf Melkamu die elektrotechniek studeert aan de polytechnische school van Bahir Dar. Volgend jaar studeert hij af, is dan ingenieur (ing.), kan de arbeidsmarkt op en voor zichzelf zorgen. Hier, in mijn guesthouse in Kathmandu heb ik een

Nederlands echtpaar ontmoet dat naar Nepal is gekomen om te zien hoe het gaat met het weeshuis dat ze steunen en om een handje mee te helpen. 'Het is een probleem' zegt de vrouwelijke helft van het echtpaar 'dat kinderen van de ene dag op de andere het weeshuis worden uitgezet zodra ze zestien zijn geworden.' Het is natuurlijk heel lief om een weeshuis te steunen maar zou het niet beter zijn geweest de steun te verbinden aan de voorwaarde dat de kinderen pas het weeshuis verlaten als ze voor zichzelf kunnen zorgen, een dak boven hun hoofd hebben, een opleiding hebben afgemaakt of een vak geleerd?
2. *Is er een plan?* Een plan met stappen, een tijdlijn en waarin ook de noodzakelijk voorwaarden aan de orde komen. Je kunt niet ten eeuwige dagen blijven helpen!
Voor die twee studenten van Hatemalo zal er een plan zijn. Als je aan een studie begint weet je ongeveer wanneer die studie afgerond is en hoeveel dat kost. Een voorwaarde is dat voor de hele studie geld gereserveerd is. Ik heb Steady in Malawi gesteund. Steady wil een ecologie cursus volgen om natuurgids te worden. Die opleiding duurt een half jaar en kost 700 dollar waarvan hij 200 zelf kan betalen. Daarna moet hij zijn rijbewijs halen want geen toerist wil een gids én een chauffeur inhuren. Dat rijbewijs kost nog eens 400 honderd dollar. Steady heeft een concreet plan. Terzijde merk ik even op dat Steady mij dat plan in stappen heeft geopenbaard. Pas nadat hij de cursus had afgerond kwam hij met dat rijbewijs op de proppen. Daar was ik wat minder blij mee. Ik heb daarvan geleerd te informeren naar het hele plan.
3. *Is er commitment?* Niet bij de hulpverlener maar bij de hulpontvanger!
Ik vraag altijd 'hoeveel draag jezelf bij?' Steady zet zijn eigen geld in, al zijn spaargeld, en daarmee heeft hij een groot risico genomen. Melkamu maakt toeristenboten schoon om zijn studie te kunnen betalen. Steady en Melkamu gaan er voor. Er zijn er velen die ervoor gaan, die bereid zijn om uren te lopen om op school te komen. Charles heeft zijn leven in de waagschaal gesteld om thuis te kunnen komen. Petje af!

Er zijn er ook velen die er niet voor gaan, mensen met prachtige ideeën en mooie plannen maar vandaag nog even niet. Ze hebben het nu druk, moeten nog voetballen met hun vrienden en áls ze eraan beginnen, dan moet wel aan een waslijst voorwaarden zijn voldaan. Uitvreters. Waarom zou ik iemand steunen die er zelf niet voor gaat? Nadat Charles terug in Liberia was heeft hij commitment verloren. Ik heb hem gezegd dat hij niet bij moet aankloppen als hij zelf de boel laat waaien. Die boodschap is overgekomen. Ik mag hopen dat die studenten van Hatemalo ook bereid zijn om zelf de handen uit de mouwen te steken. Cruciaal voor commitment is dat de mensen zélf met een doel en een plan komen. Ik heb een broertje dood aan al die ongevraagde hulp. Hulpontvangers trouwens ook. Ik vroeg Thaus in Ghana: 'Wat willen de mensen zelf?' Thaus: 'Als je diep in hun hart kijkt: "Geef ons dat geld nu maar en donder op!" Ik geef ze groot gelijk.'

Bec Ordish merkt het in haar artikel op: Nepalese leiders vragen om hulp niet om investeringen. Die hulp kunnen ze in eigen zak steken.

Slecht imago. Wat voor beeld denk je dat de Amerikaan naar huis meeneemt die hier aan tafel vertelt: 'We leggen de mensen uit dat ze meer groenten moeten verbouwen en dat doen ze nu'? Wat voor beeld heeft de gemiddelde Nederlander bij Afrika? Hoe denk je dat dat voor Afrikanen uitpakt?

'Het ligt aan de mensen die daarheen zijn gegaan. Dat geldt voor hulporganisaties en ook voor journalisten. Eerst vliegen zij naar Kathmandu, wat logisch is, want het is de hoofdstad. Vervolgens gaan ze met een autootje op pad.

Als je je iets verdiept had in het land Nepal, weet je dat je met een auto in Nepal niet ver komt. Ik denk dat ik niet overdrijf als ik zeg dat tachtig procent niet bereikbaar is met de auto. Hulpverleners die dan zeggen 'We zijn in afgelegen gebieden geweest waar we met de auto konden komen' snappen helemaal niets van het land. Je bent dan voor Nepalese begrippen in het meest bewoonbare gebied geweest waar men kan komen. Daar is namelijk een weg.

Er zijn daar gebieden die tien à vijftien dagen lopen zijn vanaf de weg. Dan pas heb je het over afgelegen gebieden. Zelfs één dag lopen van de weg is voor een Nepalees geen afgelegen gebied.'

'Het beeld bij de gemiddelde Nederlander is dat de hulpverlening makkelijk via die wegen op gang kon komen. Ik durf te stellen dat er nu, zelfs acht weken na de aardbeving, nog een aantal dorpen niet zijn bereikt door hulpverleners. En dan hebben we het over dorpen die waarschijnlijk wél half plat liggen, of misschien wel helemaal.

Je moet je voorstellen dat daar waar de weg stopt, de wandelpaden beginnen. Dat zijn hun hoofdwegen en die lopen door de bergen. Deze wegen zijn in het aardbevingsgebied bijna allemaal door aardverschuivingen weggevaagd. Dat betekent dat er geen andere mogelijkheid was om van A naar B te komen. Heel veel dorpen zijn daardoor wekenlang

afgesloten geweest. De bewoners konden nergens heen.
De eerste beste Nepalees had het je kunnen vertellen, dat bepaalde gebieden op geen enkele andere manier te bereiken zijn. Het is dus niet zo dat het iets heel bijzonders is. En elke Westerling die regelmatig in het land is geweest, weet het ook. Toch werd bijna overal gebracht dat veel gebieden afgelegen waren.'

Gebroken been
'Als de media wereldwijd het beeld duidelijker hadden gemaakt, dan was de omvang van de ramp vele malen helderder geworden voor ons als gewone Nederlanders. Dan weet ik zeker dat er nu nog steeds aandacht voor zou zijn. Die aandacht is er nu al weken niet meer. Alleen gaan de verschrikkingen daar nog gewoon door. Mensen die acht weken geleden een gebroken been hebben opgelopen, gaan daar nu aan dood. Of zij sterven aan wonden die niet goed zijn verzorgd.
Wij denken nogal gauw vanuit ons eigen referentiekader. Dat is logisch: wij zijn gewend dat er binnen een kwartier een ambulance aankomt als er iets misgaat. Als de ambulance er binnen twintig minuten niet is, staat er al een stuk in de krant.
In de bergen van Nepal zijn normaal gesproken geen artsen. Ambulances rijden alleen in de hoofdstad. Als er in Kathmandu tien zijn, zijn dat er veel, en dat voor een miljoenenstad. Daarbuiten dus niet, dat kan ook niet. Er is geen communicatie.'

Mainstream media
Veel belangrijke details van de ramp zouden vooral in mainstream media niet zijn besproken.
'Als er morgen in een ander, voor ons onbekend, land, zo'n ramp gebeurt, is het goed dat de media zich laten voorlichten door mensen die kunnen weten wat voor impact het heeft. De media moeten kijken naar hoe de situatie is en wat het betekent voor het land.

Kastensysteem
Het kastensysteem vindt zijn oorsprong in India en bestaat uit vier kasten: Brahmanen (priesters), Chetri's (krijgers en heersers), Vaisya's (handelaren en boeren) en Sudra's (ambachtslieden en landarbeiders). De brahmanen vormen de toplaag en zijn de behoeders en uitleggers van het hindoeïstische dharma. Veel brahmanen bekleden functies in de politiek, op overheidskantoren of zijn geldwisselaars dan wel

grootgrondbezitters. Echter niet alle hedendaagse brahmanen zijn welvarend. Net als veel van hun landgenoten, zijn de Nepalese brahmanen vaak gewoon boer. De chetri's staan een trede lager. Hun taak is regeren en verdedigen. Ook het Nepalese koningshuis behoorde tot deze kaste. Veel chetri's zijn werkzaam in het zakenleven van Nepal. De twee hoogste kasten slagen erin vrijwel alle belangrijke politieke instellingen in het land te domineren. De vaisya's werken als kooplieden of als boer op het platteland. De sudra's worden beschouwd als de onderste laag van de samenleving en hebben bijna altijd dienstbare beroepen als kleermaker, smid of muzikant. Ook onreine beroepen als slager of straatveger vallen binnen deze kaste.

Dan is er nog een kastenloze groep de Dalit, deze groep mensen worden ook wel de onaanraakbaren genoemd. Zij knappen het vuile werk op, zoals het verzamelen van vuilnis, het cremeren van de doden e.d.

In de hindoeïstische samenleving worden blanken in principe beschouwd als 'kastelozen'. Dit is de reden waardoor er voor een buitenlander (net als voor mensen uit een lagere kaste) beperkingen kunnen gelden. Bijvoorbeeld het niet mogen betreden van de keuken in het huis van hindoes uit een hogere kaste.

Status en rang spelen een belangrijke rol in de Nepalese samenleving. Aan de achternaam van de mensen kun je doorgaans de subkaste aflezen. Het sociale verschil is groot. In het dagelijkse leven kun je best bevriend zijn met iemand uit een andere kaste, maar zul je niet zomaar bij elkaar op visite gaan. Een Tamang (3e kaste) zal nooit het huis van een Brahman (1e kaste) betreden. Als iemand van één van de hogere kasten een Dalit, een kasteloze, tegenkomt zal hij er met een boogje omheen lopen. Het is letterlijk een zonde als je hem - zelfs al is het per ongeluk – zou aanraken. Trouwen met iemand uit een andere kaste is ook nog niet algemeen geaccepteerd, maar komt wel steeds vaker voor. Zo langzamerhand begint het dus wel wat te veranderen, dat gaat in de grote stad sneller dan op het platteland waar de ouderen nog graag vasthouden aan oude normen en waarden. Het kastenstelsel is dus een van de zaken waardoor verbeteringen maar met kleine stapjes tegelijk kunnen worden geïntroduceerd en zullen worden geaccepteerd.

De achternaam geeft aan tot welke kaste men behoort. Die kaste bepaalt grotendeels het persoonlijke leven, waaronder het beroep en de positie in de samenleving. Aan de hand van de verkregen informatie worden de aanspreekvormen aangepast, evenals het taalgebruik en gedrag. Hoewel dit geschetste beeld vroeger zeker van toepassing was en er sprake was van onderdrukking, is hier verandering in gaande.

Kathmandu-vallei

Het gebied herbergt minstens 130 monumenten, inclusief hindoeïstische en boeddhistische pelgrimsplaatsen. De Kathmandu-vallei heeft een werelderfgoed status sinds 1979.

De zeven monumenten die met name zijn opgenomen in de Werelderfgoedlijst:

- Het Durbar-plein van Hanuman Dhoka in Kathmandu
- Het Durbar-plein van Patan
- Het Durbar-plein van Bhaktapur
- De Swayambhunathstoepa in Kathmandu
- De Budddhanathstoepa in Kathmandu
- De hindoetempel van Pashupati
- De hindoetempel van Changunarayan

Een Durbar-plein in Nepal is de algemene naam gebruikt om pleinen en zones te beschrijven tegenover de oude koninklijke paleizen van Nepal. Op zo'n pleinen bevinden zich tempels, godenbeelden, fonteinen en meer.

Voor de eenmaking van Nepal, bestond het land uit kleine koninkrijken, en Durbar-pleinen zijn de meest prominente overblijfsels van die oude koninkrijken in Nepal. De aardbeving van april 2016 heeft flink schade aangericht. *(Wikipedia).*

Keuken

De Nepalese keuken staat niet bekend om zijn grote variëteit aan maaltijden. Het doorsnee Nepalees ontbijt met wat thee en misschien een koek en lunch/diner met rijst en groenten. Elke dag. Veel meer kunnen de meeste Nepalese gezinnen zich dan ook niet veroorloven. Fruit wordt nauwelijks gegeten. Te duur is het antwoord.

Met de komst van de toeristen in Nepal, zijn er (met name in de grotere steden) ontzettend veel restaurants gekomen en kun je inmiddels een goede keur aan gerechten vinden. Je vindt er alles: Tibetaans, Chinees, Thais, Japans, Indiaas tot aan Italiaans en Mexicaans. Maar met name op de langere trekkingen, waar je voornamelijk in bergdorpen verblijft is de keuze beperkt. Denk er aan dat alles wat je eet aan niet-lokaal voedsel, door iemand de berg opgedragen moet worden!

Gewoonten
De meeste Nepalesen eten met de rechterhand, maar tegenwoordig zie je ook veel mensen met bestek eten. Het eten komt voornamelijk in metalen schalen, zoals de 'Thal' (schaal met vakverdeling), of een metaal bord.
Nepalezen die bijvoorbeeld uit elkaars beker/waterfles drinken, zullen nooit met hun lippen de rand van de beker of fles aanraken, maar ze gieten de drank in hun keel.
Dal Bhaat Tarkari
Het meest goedkope ben je af met het eten van de nationale maaltijd 'Dal Bhaat Tarkari' (rijst met linzensoep en een curry van groentes). Deze maaltijd varieert met het gebied waar je bent en welke seizoen groenten er zijn soms met aardappel of achar (zuur) of chapati (Indiaas brood) of papad(gefrituurd linzenmeel brood) of yoghurt. Je kunt altijd voor een tweede (of derde) portie vragen, zonder extra te hoeven betalen.
Je giet de Dal soep over je rijst en maakt het geheel los met je vingers. De overige ingrediënten voeg je met je handen toe per hap die je neemt. Alles wordt als een soort 'bal' in de hand tegelijk gegeten.

Khadda of Dosalla
Gelukwens bij aankomst of bij vaarwel. De bloemen zijn in de loop van de tijd vervangen door gele, witte of gekleurde doeken. Maar ook vandaag nog krijgt men bij het afscheid een paar bloemen .

Leeftijdsopbouw (2014)

0-14 jaar:	31,6%	mannen 4.989.268	vrouwen 4.805.381
15-24 jaar:	22,6%	mannen 3.521.421	vrouwen 3.484.203
25-54 jaar:	35,7%	mannen 5.273.079	vrouwen 5.775.404
55-64 jaar:	5,6%	mannen 847.431	vrouwen 886.760
65 jaar en ouder:	4,5%	mannen 648.917	vrouwen 755.111 (2014)

Martinusstichting
Opgericht in 2004 en werkzaam in het noorden van Thailand en voornamelijk in de hilltribes. Afgebouwd en beeindigd in 2014 nadat alle doelen bereikt waren. Er is een overzicht te vinden in 'De herinnering blijft'.

Maharhan Dikesh

Verouderingsproces en sociale bescherming Bruggen slaan naar problemen van het premievrije pensioen in Nepal

Verouderingsproces:

Veroudering is een cyclisch proces en het is onvermijdelijk. Dit proces is een biologische realiteit die zijn eigen beweging heeft, grotendeels buiten menselijke controle. Met het toenemen van de leeftijd en de overgang naar hoge leeftijd lijden mensen aan verschillende verschijnselen.

Het aandeel van oudere mensen neemt met onrustbarende snelheid toe. Deze toenemende oudere populatie is een ontwikkelingsprobleem omdat ontwikkelingslanden overbelast worden door armoede, analfabetisme en slechte gezondheid. In Nepal is er in het gezinssysteem een algemene verschuiving naar modernisering. Mensen op leeftijd lijden eronder aangezien dit in hun leven voor obstakels vormt. De meeste oudere burgers vervallen tot armoede omdat zij de middelen missen om in hun basis behoeften te voorzien. Doordat jongeren verhuizen naar stedelijke gebieden worden oudere mensen aan hun lot overgelaten. De Nepalese regering erkende dit lijden en de veranderende gezinssituatie en startte in 1995 het sociale beschermingsplan van premievrije pensioenen voor de oudere bevolking in heel het land.

Het algemene pensioen is de beste manier om de armoede van bejaarden drastisch te verminderen aangezien alle mensen op leeftijd, ongezien hun arbeidsverleden, in aanmerking komen voor een of ander pensioen. Dit sociale pensioen heeft inderdaad opmerkelijke veranderingen teweeg gebracht in het leven van de bejaarde burger. Het premievrije pensioen wordt gezien als een werkelijk effectieve en verdedigbare beleidsingreep om de armoede en de kwetsbaarheid van huisgezinnen te verminderen. Dit pensioen speelt de hoofdrol in het ondersteuningssysteem voor bejaarden omdat het de kwetsbare bejaarde kan bereiken. Een pensoeninkomen voor veel mensen draagt bij aan het ondersteunen van huishoudens die getroffen worden door bittere armoede en kwetsbaarheid doordat middelen worden verschaft die hun beschermen tegen die kwetsbaarheid.

Korte geschiedenis en voornaamste kenmerken

Het premievrije pensioenprogramma in Nepal is in 1995 ingevoerd door de communistische regering geleid door Man Mohan Adhikari. Dit programma werd ingevoerd samen met een welzijnsaanpak die 100 roepie per maand verschafte aan de oudere burger boven de 75 jaar. In het jaar 2005/06 werd dit verhoogd tot NRs. 175. In 2007/08 steeg de toelage van NRs. 175 naar NRs. 200. En in 2008/09 veranderde de coalitieregering aangevoerd door de communistische partij van Nepal de leeftijdscriteria van 75 naar 70 jaar om voor het sociale pensioen in aanmerking te komen en kondigde aan dat het maandelijkse pensioen NRs. 500 zou worden. (NEPAN: 2011)

Uiteenzetting probleem

Het is zonneklaar dat de bejaarden populatie in ontwikkelingslanden als Nepal zich in een verontrustend tempo uitbreidt, wat een enorme druk legt op de welzijnsdienstverlening. De demografische cijfers van Nepal tonen aan dat het aantal bejaarde burgers stijgt als gevolg van moderne gezondheidsvoorzieningen en wetenschappelijke vernieuwingen. Met deze prestatie is het nu even belangrijk voor de staat om de rechten te beschermen en te garanderen dat deze burgers de uitkeringen genieten die de staat verschaft.

Studies stellen vast dat enorme aantallen mensen die in bejaardentehuizen wonen geen toegang hebben tot ouderentoelagen als gevolg van het beleid in bepaalde regio's. (Kadambari, 2011) De bejaarden in deze tehuizen zijn behoeftige burgers die door hun familieleden in de steek gelaten zijn en er zijn er veel die niemand hebben om voor hen te zorgen. De verstrekking van het premievrijepensioen geschiedt door het ministerie van Lokale Ontwikkeling waarvan het beleid is voorbereid door het ministerie van Vrouwen, Kinderen en Sociaal welzijn. Experts in dit ministerie stellen vast dat het programma niet effectief is door gebrek aan landelijk beleid van de regering.

In 1994/95 introduceerde de door de UML aangevoerde regering van Nepal in vijf districten een nieuw programma voor mensen boven de 75 jaar; zij kregen een toelage van NRs. 100. Het programma werd meteen uitgebreid naar alle 75 districten in het belastingjaar 1995/96. Het bedrag werd verhoogd naar NRs. 150 in 1999 en naar NRs. 200 vanaf 2005/06. Het programma verschaft NRs. 150 per maand aan weduwen van 60 jaar en ouder en gehandicapten boven de 16. Kleine vaste betalingen aan bejaarden hebben positief bijgedragen om hun gezondheid en maatschappelijke positie te verbeteren. Echter er bestaat geen studie om het gevolg en het gebruik van dit programma te beoordelen,

ondanks het feit dat het niet de meeste bejaarden bestrijkt (1/2 miljoen ouderen tussen de 60 en 74). In z'n totaliteit zouden meer dan 323.000 oudere burgers baat moeten vinden bij dit programma; echter het komt slechts ten goede aan 74 % van de in aanmerking komende bejaarden. (shrestha en satyal, 2003)
Het grootste probleem is geweest het gebrek aan betrokkenheid om het programma uit te voeren van de zijde van de staat en andere participanten die zich bezig houden met ontwikkelingsagenda voor bejaarden. Ook is er de tendens om het te behandelen als een bijkomstig vraagstuk ondanks toezeggingen op het gebied van nationaal en internationaal beleid en wettelijke samenhang. (NEPAN: 2011) Onderzoeksuitkomsten van HelpAge en NEPAN geven aan dat deze factoren hoognodig moeten worden aangekaart; Met nadruk op het uitsluiten van mogelijke doelgroepen die geen toegang hebben tot pensioenen. Zowel institutioneel als juridisch gezien moeten de rechten veiliggesteld worden zodat mensen een sociaal pensioen kunnen genieten.
Chalise en Brightman (2006) merken op dat bejaarden vaak tot de meest verwaarloosde groepen in de Nepalese maatschappij behoren en zij vragen om meer onderzoek in de situatie van de ouderen in Nepal. Men voorspelt dat de ouderenpopulatie in Nepal in de komende decennia toeneemt en dat dienstverlening absoluut noodzakelijk is om te voorzien in de behoeften van de ouder wordende bevolking en ook dat de burgermaatschappij zich dient aan te passen om in die behoeften te voorzien. Recente praktijkstudie door de aanvragers heeft aangetoond dat er een gebrek is aan research op dit gebied en in het bijzonder bestaat er een gebrek aan instanties ter plekke die in staat zijn in de behoeften van de oudere bevolking te voorzien.

Het belang van het onderzoek

Belang voor beleid: Oudere burgers staan te boek als de meest verwaarloosden in Nepalese beleidsdocumenten. Gebrek aan samenwerking tussen verschillende beheerders van fondsen, gebrek aan effectieve planning, gebrek aan inspraak en transparantie, corruptie, gevestigde belangen, zijn vaak de redenen voor het niet toegankelijk zijn van uitkeringen voor degenen die er recht op hebben. Het garanderen van het recht op een fatsoenlijk en veilig leven is ook een prioriteit geweest van het Madrid International Plan of Action. Aangezien dit onderzoek de plaats van het sociale beschermingssysteem zal documenteren in de context van verouderingsvraagstukken, zullen de uitkomsten

van deze studie nuttig zijn voor het maken van beleid.
Maatschappelijk belang: De algemene toegankelijkheid tot pensioenen heeft opmerkelijke veranderingen in het leven van ouderen tot stand gebracht. Toch is deze inspanning van de staat niet zonder mazen in de wet. Veel studies voeren aan dat niet alle in aanmerking komende ouderen overal toegang hebben tot het 15 jaar bestaande welzijnsprogramma voor de oudere burger.
Academisch belang: De beschikbare literatuur die ouderenvraagstukken betreft geeft aan dat het nodig is de gangbare premievrije pensioenprogramma's te evalueren. De voorgestelde studie zal een belangrijke rol spelen in de wetenschap en een bijdrage leveren in academische kringen door het verschaffen van waardevolle literatuur op het gebied van sociale bescherming en veroudering in Nepal.

Onderzoeksbelang op persoonlijk niveau
De voorgestelde studie kwam voort uit de hiaten die het onderzoeksteam vaststelde toen het bezig was met een klein onderzoek naar veroudering en lacunes ontdekte in de dienstverlening. Als de voorgestelde studie wordt verkozen kan dit verdere wegen openen voor de teamleider en dat zou kunnen uitmonden in meer kansen voor een doctoraal studie.

Verwachte resultaten van de studie
Nepal heeft het initiatief genomen om een waardig leven voor ouderen te bevorderen met lokale en internationale krachtsinspanningen. De ouderenwet ontworpen in 2003 heeft meer wegen geopend voor functies en verantwoordelijkheden die de verouderingsvraagstukken betreffen. Echter er bestaan beperkingen op het gebied van invoering en daarom is de beleidsdoelstelling om het gewenste doel te bereiken in vele instanties niet succesvol.

Bejaarden kwetsbaarheid
De kwetsbaarheid van bejaarde mensen kwam als een grote zorg tevoorschijn zowel bij de bejaarden zelf als bij de jongere generatie. In bevolkingsgroepen waar zaken van levensonderhoud van het grootste belang en ook onzeker waren (vooral bij de Dalits), merkten bejaarden dat hun onvermogen om bij te dragen aan productief werk lastig was voor het gezin. In één kerngroep discussie over bejaarde mannen in de Kapilvastu Chamar gemeenschap, werd een gemeenschapstehuis voor

bejaarden echt voorgesteld als een ontwikkelingszaak die prioriteit verdiende teneinde hun afhankelijkheid van hun zonen en dochters te verminderen en meer vaste zorg te ontvangen. Andere bejaarden klaagden over hun isolement daar hun familieleden steeds vaker voor het werk naar het buitenland verhuisden. Zelfs zonen die deelnamen aan de kerngroep discussies en die slechts vanwege seizoensarbeid verhuisden, uitten hun zorg dat zij niet in staat zijn zo voor hun ouders te zorgen als ze voelden dat het nodig zou zijn.

In deze geest werd het belang van pensioenen voor ouderen en weduwen onder woorden gebracht in een aantal kerngroep discussies. Zij die een pensioen kregen benadrukten het belang van het beperken van hun afhankelijkheid, maar bepleitten ook dat het bedrag verhoogd zou moeten worden, aangezien het niet voldoende was om onafhankelijk te zijn. Er was ook een aanmerkelijk aantal klachten van ouderen en kinderen met bejaarde ouders dat zij geen pensioen ontvingen, hoewel zij toch dachten dat ze daarvoor in aanmerking kwamen. De voornaamste problemen die men vaststelde waren: het in de wacht slepen door de elite, onvoldoende fondsen op het lokale niveau, en problemen met leeftijdsverklaringen.

Vrouwen in Jumla die voldeden aan de criteria voor weduwen- of bejaardenpensioen was verteld dat slechts een bepaald aantal pensioenen kon worden gefinancierd en dat zij een jaar of langer zouden moeten wachten.
In Kapilbatsu klaagden bejaarde mannen over de gang van zaken betreffende de staatburgersskaart waarbij ambtenaren niet de tijd hadden genomen om analfabete aanvragers te helpen met het berekenen van de correcte geboortedatum en klaarblijkelijk willekeurig leeftijden aan hen hadden toegewezen. Bijgevolg worden bejaarden die voldoen aan de leeftijdscriteria van 75 jaar soms officieel geregistreerd als zijnde een decennium of meer jonger. Zij hebben er aldus weinig hoop op dat zij staatssteun zullen ontvangen.
In Aacham wezen schoondochters op deze situatie: Hoewel minstens 10 vrouwen in hun dorp in aanmerking zouden moeten komen voor een weduwepensioen had niemand er ooit een ontvangen. Voorts hadden bejaarden niet hun ouderenpensioen gekregen. VDC ambtenaren hadden de namen van de mensen verzameld maar hadden nooit het pensioen uitgekeerd.

Het bedrag dat aan bejaarden van 75 en ouder en aan weduwen boven de 60 jaar wordt uitgekeerd is klein. Het is in trek bij de Nepalese bejaarden ondanks het feit dat het niet de meeste ouden van dagen (tussen de 60 en 74 jaar oud) bereikt.
Veel mensen in het landelijke Nambia hebben geen pensioen ontvangen en dit ondanks het mandaat voor universeel pensioen. De redenen lopen uiteen van gebrek aan toegang tot het pensioenverstrekkende netwerk tot problemen om de leeftijd te controleren en gevallen waarin van fraude sprake is. (achterhaald via http://www.worldbank.org/sp)

Mueng Nua (Thailand)
Dorp in het noorden van Thailand. Projecten van de MartinusStichting

Nepal algemeen
Nepal is een republiek die in de *Himalaya* ligt. Het wordt geheel door land omsloten. Het grenst zowel in het zuiden, westen en oosten aan *India*. In het westen wordt het echter begrenst door *China* (*Tibet*). Omdat Nepal vroeger erg ontoegankelijk was heeft het zijn oude cultuur weten te behouden. Dit gaat echter gepaard met een enorme armoede en veel ziekten, nauwelijks ontwikkelde sociale voorziening en een economie die is gebaseerd op landbouw. Het is een erg traditioneel land dat zijn oude en unieke beschaving heeft weten te behouden. Modernisering komt voor in de meer toegankelijke delen van het land. Nepal heeft een rijke geografie; 8 van de 10 hoogste bergen liggen in het land. Het merendeel in Nepal is *Hindoe*. Tijdens het grootste deel van zijn bestaan was Nepal een *monarchie*. De eerste president, Ram Baran Yadav werd benoemd op 23 juli 2008. Nepal is het eerste land in Azië dat het homohuwelijk goedkeurt. Het laagste punt van Nepal is 200 meter boven zeeniveau.

Onderwijs
Het onderwijs in Nepal ziet er als volgt uit:
- nursery-school (kleuteronderwijs)
- vanaf 5 jaar primair onderwijs
- vanaf 6 jaar klas 1 t/m 5 secundair middelbaar onderwijs
  klas 6 t/m 10
- na klas 10 kan het nationaal niveau SLC worden behaald.

De School Leaving Certificate is het laatste examen binnen het middelbare onderwijs. Het hoger onderwijs bestaat uit bachelor, master en PhD-niveau. In Nepal zijn twee onderwijssoorten, namelijk de overheidsscholen (governmentschools) en de particuliere scholen (private schools). De meeste Nepalezen kunnen zich de kosten van een privéschool niet permitteren en hun kinderen zijn aangewezen op een overheidsschool.(Bron:Wikipedia)

De gehanteerde onderwijsvorm in Nepal is 'frontaal' onderwijs, de onderwijzer vertelt iets en de kinderen dienen te luisteren. Kinderen moeten zaken uit hun hoofd leren om door hun examens te komen en er is geen aandacht of zij de context begrijpen. Kinderen worden hiermee benaderd als volwassenen. Er zijn slechts een paar scholen die zich realiseren dat kinderen leren door te ontdekken, onderzoeken en op deze wijze leren zaken op te lossen. Hiervoor zijn ook goede (les) materialen noodzakelijk die op dit moment nog niet of nauwelijks voor handen zijn.
Kleuters die examens afleggen? Heel normaal in Nepal. Het onderwijs kenmerkt zich door klassikaal stampwerk. Het maakt niet uit of de kinderen de stof begrijpen. Als ze maar kunnen reproduceren wat de leraar heeft gezegd.

Oyen van Paul
De zoektocht naar Jezus in India (november 2015)
Reeds geruime tijd hebben bijbelvorsers uit de hele wereld zich afgevraagd 'hoe het zit met de achttien vergeten of verzwegen jaren van Jezus'. We weten immers uit het Lukas evangelie dat Jezus op twaalfjarige leeftijd in de tempel van Jeruzalem de toenmalige rabbi's en schriftgeleerden versteld deed staan van zijn wijsheid, begrip en inzicht. Om vervolgens, volgens Lukas, zijn wijsheid en begrip verder uit te diepen en op ongeveer dertigjarige leeftijd weer op het publieke toneel van Palestina te verschijnen, zich door Johannes de Doper te laten dopen en te gaan preken. Verder rept de bijbel met geen woord over de achttien tussenliggende jaren. Het lijkt wel of we hier te maken hebben met verzwegen informatie die naadloos aansluit bij een diep ingewortelde doofpotcultuur binnen de georganiseerde kerk.
Tot op de dag van vandaag zwijgt de kerk over deze belangrijke jaren waarin Jezus volwassen werd en groeide in wijsheid en begrip. Sommige lieden die het kerkelijke standpunt proberen te verdedigen gaan zelfs zover dat Jezus als 'zoon van God' vanuit zichzelf 'alles al wist' en

aan de Heilige Geest genoeg had om zijn boodschap te laten klinken. Jezus was in hun visie een analfabeet, ongeletterd en een wel zeer eenvoudige kinkel. Het Pinksterfeest wordt er dan bijgehaald om dit te illustreren. Want waren de discipelen van Jezus ook niet ongeletterd en voornamelijk eenvoudige vissers? Het is onvoorstelbaar dat zo'n platvloerse mythe bijna tweeduizend jaar lang heeft kunnen voortbestaan. Eens te meer een bewijs van de wurggreep van kerkelijke dogmatiek die de Christengemeenschap in benauwenis heeft gebracht.
Het is hoog tijd dat de feiten boven tafel komen. Jezus en zijn discipelen waren zeer geletterd en hadden een ambacht als bijbaan, geheel conform de regels van de Essenen. Als Jezus inderdaad gedurende achttien jaar in India en in Tibet verbleef, heeft hij langer buiten Palestina gewoond dan de vijftien jaar die traceerbaar zijn in Palestina, afgaande op bijbelse bronnen. In die zin kunnen we dus met recht stellen dat Jezus een Hindoe was of, nog beter, een yogi. Een yogi is een wijs mens die zijn of haar innerlijke verbondenheid met het goddelijke en onsterfelijke heeft verwerkelijkt. Deze mens kan met recht zeggen '*Ik en de Vader zijn één*'.

Tegenover een onheilspellende stilte van de georganiseerde kerk, staat echter een tweeduizend jaar oude en nog steeds levende mondelinge traditie in India en in de Himalaya's die zegt dat Jezus in deze periode in India, Nepal en in Tibet verbleef om er te studeren. Veel geleerden hebben regelmatig gewezen op de overeenkomsten tussen de boodschap van Boeddha, van Krishna en van Jezus.
In 1887 werd in een klooster in het grensgebied tussen India en Tibet een opzienbarende tekst ontdekt. Deze tekst bevatte het levensverhaal van Jezus (in de tekst 'Issa' genoemd), gebaseerd op informatie van kooplieden langs de zijderoute tussen China/India/Tibet en het Middellandse Zeegebied. De tekst gaat vooral over de achttien 'vergeten' jaren van Jezus – tussen zijn twaalfde en dertigste – waarover de bijbel geen enkele informatie geeft. Deze tekst, het Evangelie van Issa, vult dit hiaat aan. Hierin staat dat Jezus op zijn dertiende op reis ging naar India, om daar verder te studeren bij volleerde yogi's en bij Vedische schriftgeleerden. Hij bleef er zes jaar, vertrok vervolgens naar het Himalaya-gebergte en bestudeerde het Boeddhisme. Ook die leerperiode nam zes jaar in beslag. In de derde periode van zes jaar preekte hij daar en in het huidige Noord-India en Pakistan. Toen keerde hij via Afghanistan en Iran terug naar Palestina, ongeveer op

zijn dertigste jaar. Ook daar begon hij te prediken. Jezus was in India en Tibet een volleerde schriftgeleerde geworden in zowel de Joodse, de Vedische als de Boeddhistische traditie. Ook had hij zich in die periode de speciale yoga-kwaliteiten (*siddhi's* genaamd) eigen gemaakt die hem in staat stelden 'wonderen' te verrichten. Tot op de dag van vandaag zijn deze technieken bekend in kringen van volleerde yogi's.

Sinds de prediking van Jezus in Palestina is er niet veel veranderd in de wereld waarin we leven. Allerlei vormen zijn weliswaar veranderd, maar niet de inhoud. Jezus was een mens van liefde en vergeving.
Hij kwam in de wereld om ons de werkelijkheid van het Ene, God, in herinnering te brengen. Ook in onze tijd dreigen we de werkelijkheid van eenheid uit het oog te verliezen en ook het feit dat we samen één grote mensenfamilie vormen. Waarheid en werkelijkheid zijn één en hetzelfde. Zijn boodschap riep ons op om weer realist te worden en terug te gaan naar de eenheid die in ons innerlijk als '*het Koninkrijk'* verankerd ligt. Alleen dan zullen liefde, compassie en vergevingsgezindheid hun werk kunnen doen.
Zo is de boodschap van Jezus, van Issa, van Krishna en van Boeddha. Zolang de deuren van de Vaticaanse bibliotheek gesloten blijven, zullen de hoeders over deze bibliotheek met een sluitend verhaal moeten komen om Jezus' verblijf in India en Tibet te ontkennen. Het hele verhaal afdoen met de mededeling dat het allemaal gelogen en verzonnen is, voldoet niet meer en evenmin de opmerking 'dat het niet in de Bijbel staat'.

Ouderen
Zie: Dikesh Maharjan

Plattelands armoede in Nepal
Ondanks enige vooruitgang in het verminderen van armoede in de afgelopen jaren, blijft Nepal een van de armste landen in de wereld, met een Menselijke Ontwikkelingindex van 0,463, waarmee het staat op plaats 157 van de 187 landen die genoteerd staan in de United Nations Development Programs Human Development Report 2013.
Meer dan 30% van de Nepalezen leeft van minder dan 14 VS $ per persoon, per maand, volgens het onderzoek nationale levensstandaarden dat in 2010-2011 is uitgevoerd. Terwijl de totale armoedecijfer voor

Nepal 25% is, stijgt dit percentage naar 4 % in het midden westelijke gebied en naar 46% in het uiterst westelijke gebied. In deze heuvelachtige en bergachtige streken is het gebied ruig, neerslag gering en de slechte grond moeilijk te bewerken. Landbouwbedrijven van gezinnen zijn de kleinste in het land.
Zo'n 80 % van de bevolking van Nepal woont op het platteland en leidt een boerenbestaan voor hun levensonderhoud. Onzekerheid over het eten voor het gezin en slechte voeding zijn de voornaamste zorgen in deze gebieden, waar ongeveer de helft van de kinderen onder de vijf jaar ondervoed zijn. De meeste gezinnen op het platteland kunnen nauwelijks of helemaal niet gebruik maken van elementaire gezondheidszorg, onderwijs, veilig drinkwater, hygiënische verzorging of andere fundamentele diensten.

Arme mensen op het platteland hebben doorgaans grote gezinnen, heel kleine grondbezittingen of helemaal geen, en een hoge mate van ongeletterdheid. Zij zijn ook geconcentreerd in specifieke etnische, kaste en gemarginaliseerde groepen, in het bijzonder die van de laagste kaste (dalits), inlandse volkeren (janaiatis) en vrouwen. De bevolkingsdichtheid op het platteland varieert naar gelang de hoogte – gemiddeld meer dan 1000 personen per vierkante kilometer in het lage Terai regio, ongeveer 300 personen per km² in heuvelachtige gebieden en slechts 30 personen per km² in bergachtige streken.

De plattelands armen in Nepal zijn:
Behoeftige mensen, zoals diegenen die ziek, gehandicapt of verdrongen zijn, en in de steek gelaten kinderen.
Buitengewoon arme mensen, zoals analfabeten of individuen zonder land, en zij die heel weinig bezit hebben.
Middelmatig arme mensen, zoals diegenen die een kleine boerderij hebben maar ook hoge schulden.
De 'bijna armen'- inclusief kleine boeren - die het risico lopen terug in armoede te vervallen als gevolg van factoren als onenigheid, schulden en achteruitgang van het land.
Eigendom van land is in Nepal traditioneel geconcentreerd geweest in een feodaal systeem onder de monarchie met grootgrondbezitters als gevolg. Voor de meeste arme gezinnen op het platteland is toegang tot land uiterst beperkt. Bijna 70% van de huishoudens bezit minder dan 1 hectare, en velen zijn afhankelijk van lapjes grond die te klein zijn

om te voorzien in hun levensonderhoud. Productie niveaus blijven laag omdat geen gebruik kan worden gemaakt van nieuwe landbouw technologieën, grondstoffen en andere diensten.
Vanwege de slechte groei in de agrarische sector is de levensstandaard in de landelijke gebieden aan het achteruitgaan. De toenemende bevolking heeft een zware druk gelegd op het cultiveerbare land, vooral in de regio Terai, waar er ook veel migranten uit de heuvels zonder land zijn.

Verscheidene factoren dragen bij aan de chronische armoede in de steile en bergachtige gebieden van Nepal. Het ruige terrein maakt het moeilijk economische activiteiten te stimuleren en diensten te verlenen. Deze gebieden zijn ook natuurkundig geïsoleerd, met slechte verbindingen en infrastructuur. Ze zijn ecologisch gezien ook nog zwak. De druk van de bevolkingstoename heeft geleid tot een niet vol te houden gebruik van natuurlijke hulpbronnen, inclusief overbegrazing en ontbossing. Erosie in de hooglanden veroorzaakt overstromingen in de laagvlakten, hetgeen oogst opbrengsten kan vernietigen.
Bovendien is Nepal vatbaar voor vaak voorkomende aardbevingen, hevige onweersbuien, overstromingen, aardverschuivingen, en smelten van gletsjers waarvan de hevigheid wordt verergerd door de gevolgen van klimaatverandering.
Maatschappelijke discriminatie speelt een belangrijke rol in het arm houden en uitsluiten van mensen in landelijk Nepal. Sinds 1962 is in het land discriminatie op basis van kaste officieel illegaal, maar het is nog steeds wijdverspreid, vooral in plattelandsgebieden. Leden van de laagste kaste zijn de meest achtergestelde groepering. De meeste 'Onaanraakbaren' (dalits) werken als loonarbeiders voor hogere kaste boeren.

Er bestaat ook een grote kloof tussen vrouwen en mannen met betrekking tot toegang tot gezondheidszorg, voeding, onderwijs en deelname aan besluitvorming. Zuigelingensterfte is veel hoger voor meisjes dan voor jongens, en analfabetisme is veel wijder verspreid onder vrouwen dan onder mannen. Veel vrouwen op het platteland leven in buitengewone armoede, zonder enige middelen om voor zichzelf en hun gezin de situatie te verbeteren.
Binnen een huishouden hebben vrouwen vaak minder te eten dan mannen, en de onvoldoende opname van calorieën door moeders heeft

geleid tot chronische ondervoeding onder zuigelingen. Tegelijkertijd staan steeds meer vrouwen aan het hoofd van het gezin en nemen ze de verantwoordelijkheid op zich om de plattelandseconomie te steunen. Vrouwen maken meer dan 60% van de arbeidskrachten in de landbouw uit, maar hebben weinig toegang tot land, productie technologie en opleiding.

Arbeidsconflicten en gebrek aan economische kansen hebben veel van de meest productieve leden van plattelandsgezinnen er in de laatste jaren toe gebracht uit Nepal te vertrekken. In feite is Nepal in de wereld één van de hoogste ontvangers van geldoverschrijvingen; deze bedroegen in 2012 in totaal ongeveer 5.1 miljard US $ afkomstig van Nepalezen die in het buitenland wonen. Toch wordt bijna 80% van het overschrijvingsgeld gebruikt voor dagelijkse consumptie, en 7% wordt gebruikt voor het terugbetalen van leningen. Minder dan 3% van alle overschrijvingsgelden wordt gebruikt voor vorming van kapitaal t.b.v. investeringen.
Arme gezinnen zijn vaak gedwongen hun kinderen te laten werken, in plaats van naar school te sturen, waarmee ze de armoede cyclus doen voortduren. Ongeveer een kwart van de kinderen in Nepal is druk in een vorm van gezinsarbeid of loonarbeid.
Bron: IFAD [The International Fund for Agricultural Development]

Politiek
Congres:
De Nepalese Congrespartij is een gematigd socialistische partij, waarin de Koirala-familie veel invloed heeft, zoals de huidige premier Girija Prasad Koirala. Deze partij was vroeger een voorstander van een constitutionele monarchie in het land, maar sinds het einde van de burgeroorlog heeft ze het idee geaccepteerd van de vorming van een republiek.

Communisten:
De Communistische Partij van Nepal werd in 1949 opgericht, maar viel later uiteen in een gematigde partij, genaamd de Communistische Partij van Nepal (Verenigd Marxistisch-Leninistisch), en een radicale partij, genaamd de Communistische Partij van Nepal (Eenheidscentrum). De Communistische Partij van Nepal (VML) werd een dominante politieke partij in het parlement. De Communistische Partij van Nepal (EC) viel

in 1994 uiteen, waaronder de Communistische Partij van Nepal (maoïstisch). Deze partij werkte voor het einde van de burgeroorlog buiten het parlementair systeem, maar neemt sinds het einde actief deel aan het parlementair systeem.
Royalisten: De Rastriya Prajatantra Partij is een rechtse, pro-monarchistische politieke partij in Nepal. Bij de laatste verkiezingen in 2008 won deze partij 8 van de 601 zetels.(Wikipedia)

Rawls John
John Rawls werd geboren in Baltimore, Maryland, Verenigde Staten. (1921).
In 1950 promoveerde Rawls aan Princeton, waarna hij les ging geven aan dezelfde universiteit. In 1952 vertrok hij naar de universiteit van Oxford. Na een paar jaar keerde hij terug naar de Verenigde Staten, waar hij les ging geven aan Cornell University en het MIT. Bij Cornell werd hij in 1962 professor in de filosofie. In 1964 maakte hij de overstap naar HarvardUniversity; hier bleef hij tot zijn dood werken als professor. In 1995 ging Rawls' gezondheid achteruit; dat jaar kreeg hij zijn eerste beroerte. Deze beroerte en de daarop volgende beroertes tastten zijn vermogen om te werken aan. Ondanks zijn slechte gezondheid schreef hij in die periode *The Law of Peoples*, een boek over internationale verhoudingen en rechtvaardigheid.
Eind 2002 overleed Rawls.

Sachs Jeffrey
Jeffrey David Sachs werd op 5 november 1954 geboren in Detroit, Michigan. In 1980 studeerde hij summa cum laude af aan de Harvard-universiteit in Cambridge (Massachusetts), waar hij op zijn 29ste tevens de jongste hoogleraar ooit werd.
In 2002 werd Sachs aangesteld als speciaal adviseur van VN-Secretaris-Generaal Kofi Annan; een functie die hij nu nog steeds vervult voor diens opvolger Ban Ki-moon. Sachs vervulde tevens een belangrijke rol als adviseur bij het vaststellen van de Millenniumdoelstellingen van de Verenigde Naties, die ten doel hebben om vóór 2015 honger en armoede wereldwijd te halveren, alle kinderen op school te krijgen, kinder- en moedersterfte uit te bannen, aids en malaria te verslaan, overal gelijke rechten voor mannen en vrouwen door te voeren, het milieu ingrijpend te beschermen en wereldwijd economische ontwikkeling op gang te brengen, onder meer door schuldkwijtschelding voor de armste landen.

Sinds 2002 is Sachs hoogleraar aan Columbia University in New York, en tevens directeur van het Earth Institute, dat zich op deze universiteit bezighoudt met armoede- en milieuproblematiek.
Zijn twee belangrijkste boeken zijn in het Nederlands verkrijgbaar onder de titel Het einde van de armoede – Hoe we dit doel binnen twintig jaar kunnen bereiken(Uitgeverij Lemniscaat, 2005) en Welvaart voor de wereld – Economie voor een overbevolkte planeet (Business Contact, 2008).

Standpunten
Volgens Jeffrey Sachs moeten alle landen gezamenlijk overheidsinvesteringen doen om de grootste risico's af te wenden waarmee de wereld wordt geconfronteerd, zoals klimaatverandering, verlies van biodiversiteit, de snelle bevolkingsgroei en extreme armoede. De kosten van deze investeringen zijn niet hoog, vooral niet als ze eerlijk over de verschillende landen wordt verdeeld. Volgens Sachs is het probleem niet zozeer dat er enorm veel werk moet worden verricht om rampen te voorkomen, maar dat het nog altijd onmogelijk lijkt om overeenstemming op wereldniveau te bereiken over zelfs maar beperkte maatregelen.
Volgens Sachs kost het veranderen van ons huidige energiesysteem, dat het gevaar van verwoestende klimaatverandering met zich meebrengt, naar een duurzaam energiesysteem waarin klimaatverandering kan worden beperkt, vermoedelijk minder dan 1% van het wereldjaarinkomen.
De invoering van een progressief geboortebeperkingsbeleid om de uit de hand lopende bevolkingsgroei in de armste landen te vertragen kost minder dan één tiende procent van het jaarinkomen van de rijke landen
Een einde maken aan extreme armoede (overleven van minder dan 1 dollar per dag) kost eveneens minder dan 1% van het jaarinkomen van de rijke landen. Dit bedrag is voldoende voor de essentiële investeringen die in de armste landen nodig zijn om deze landen uit de armoedeval te halen (en zelfs dit bescheiden bedrag voor de armen is maar tijdelijk nodig, vermoedelijk slechts tot 2025).
Het belangrijkste probleem is volgens ontwikkelingseconoom Jeffrey Sachs dan ook niet de afwezigheid van redelijke en betaalbare oplossingen, maar het menselijk onvermogen om de wereldwijde samenwerking te realiseren die nodig is voor het invoeren van deze oplossingen.
Evenals de vooraanstaande Britse ontwikkelingseconoom Paul Collier,

is Sachs van mening dat er een directe relatie bestaat tussen armoedebestrijding en het vergroten van internationale veiligheid. Economische crises leiden tot ziekte, honger en wrok, waardoor gemakkelijk een voedingsbodem voor terrorisme ontstaat. Het is dus belangrijk dat de westerse wereld anders gaat kijken naar ontwikkelingshulp: niet jaar in jaar uit steeds kleine beetjes helpen om verder afglijden in de armoede te voorkomen, maar gedurende een bepaalde periode flink investeren in een land, waardoor zo'n land economisch in het zadel wordt geholpen.
Sachs propageert ook het investeren in gezondheidszorg: een gezonde bevolking stimuleert economische ontwikkeling. In zijn speeches en interviews wijst Sachs keer op keer op de uitvoerbaarheid van de Millenniumdoelen, die hij 'very practicable, doable, utterly straightforward things' noemt.

Kritiek
Een van de belangrijkste tegenstanders van Sachs' ideeën, is de ontwikkelingseconoom William Easterly. Volgens Easterly is het helemaal niet nodig om grote hoeveelheden ontwikkelingsgeld te pompen in arme landen: landen als China en India hebben zichzelf immers aan de armoede weten te ontworstelen zonder dat het ontwikkelingsbudget ingrijpend werd verhoogd.

Amartya Kumar Sen *(Santiniketan, West-Bengalen, 3 november 1933)* is een Indiaas econoom en filosoof die bekendheid verwierf met zijn werk over honger, welvaartstheorie en de mechanismen achter armoede. In1998 ontving Sen de Prijs van de Zweedse Rijksbank voor economie (beter bekend als de Nobelprijs voor de Economie) voor zijn theoretisch werk over de ethische aspecten van de economie, en zijn strijd tegen de armoede in de wereld.
Zijn loopbaan begon in India. Daar heeft hij aan de University of Visva-Bharata, Presidency College en Delhi School of Economics gestudeerd. Andere universiteiten waar Sen aan verbonden is geweest zijn onder meer: University of Cambridge, Harvard en Oxford.
In zijn boek *Vrijheid is vooruitgang* (*Development as Freedom, 1999*) betoogt hij dat vooruitgang, ontwikkeling bestaat uit het opheffen van onvrijheden. Het verruimen van de vrijheid van mensen is doel en middel van ontwikkeling. Deze vrijheid kan economische vrijheid zijn maar ook politieke vrijheid, sociale voorzieningen (onderwijs, gezondheids-

zorg), garantie op openheid van zaken en sociale zekerheid. Ontwikkeling is dus meer dan alleen toename van het nationale inkomen. De toename van vrijheid is voor alle landen en is niet alleen voorbehouden aan rijke landen. *Armoede is bij Sen niet alleen een laag geldinkomen maar een algemeen gebrek aan mogelijkheden voor mensen om het soort leven te leiden dat men wil.* Hij ontwikkelde deze *capabilities approach* - benadering samen met de Amerikaanse filosofe Martha Nussbaum. Deze opvatting heeft geleid tot het ontstaan van het jaarlijkse Human Development Report van de UNDP.
Een belangrijk artikel van Sen is *Rational Fools, a critique of the behavioral foundations of economic theory*. Hierin beschrijft hij een kritiek op de rationele keuzetheorie. Individuen handelen niet alleen op basis van rationele keuze, maar ook op basis van moraliteit. Zij dienen rekening te houden met de waarde die zij aan hun omgeving hechten. Daarnaast zegt Sen dat het onmogelijk is voor individuen om alle mogelijke keuzes af te wegen om zo hun beste optie te kiezen.

Teerling Bo
Ontwikkelingswerker

Akkers
Vrijwel alle akkers zijn geplant. Alleen een groepje van 21 boeren ten zuiden van Lilongwe hebben niet geplant. De middelen hebben ze teruggegeven. Niet helemaal duidelijk is waarom dit is gebeurd. De officiële mededeling was dat ze het systeem niet zien zitten. Op zich is dat vreemd omdat de leidster wel heel erg enthousiast was. De werkelijke reden is waarschijnlijk dat de plaatselijke chiefs het hebben geblokkeerd. Traditie is traditie. We hebben het altijd zo gedaan en zo blijven we het doen. Van de 1.114 akkers zijn er hierdoor 21 akkers afgevallen.
Uitvoering
De uitvoering van de akkers was overwegend goed. Wel is er een zichtbaar verschil tussen groepen die voor het eerst meedoen en groepen die nu voor de derde keer meedoen. Voordat compost en mest goed werkt en goed door de planten kan worden opgenomen, verstrijken er twee of drie jaar. Je ziet dan ook dat het gewas na drie jaar stabieler is dan in het eerste jaar.
Oogstresultaat.
De oogstopbrengsten zijn fenomenaal vergeleken met het traditionele

systeem. Verbluffend. Het gemiddelde aantal korrels op een kolf wordt geschat op 15 x 45 = 675 korrels, met uitlopers tot 16 x 52 = 832 korrels. Met hun traditionele landbouwsysteem behalen de Malawiaanse boeren een opbrengst van ongeveer 10x 28 = 280 korrels, met uitlopers naar 11 x 32 = 352 korrels. Op één akker worden met ons systeem 1.690 plantgaten gemaakt waaruit 3.400 stammen groeien die een kolf geven, tegenover circa 1.000 planten bij het traditionele systeem.
We leren de mensen om meer nutriënten in een plantgat te stoppen dan ze met hun traditionele systeem doen. Daardoor worden de stengels steviger, dikker en krachtiger. Ook zijn daardoor de korrels met Food For Life veel sterker en groter.
Tenslotte is er nog een voordeel als het heel droog weer is of heel nat. Als de bodem bedekt is met restplanten, zoals voorgeschreven, trekt de dauw iedere morgen en iedere avond in deze humuslaag. Doordat de planten snel groeien en de planten dichter op elkaar staan, heeft de zon minder kans om het vocht uit de grond te trekken. Onze kolven zijn groot en hangen tegen de oogsttijd naar beneden. Daardoor loopt het water van de kolf af over de schutbladen die de korrels beschermen. Bij het traditionele systeem blijven de kleine kolven rechtop staan. Daardoor loopt het water tussen de korrels en de schutbladen door en verrotten de korrels in een mum van tijd. Hun planten staan ver uit elkaar. De zon en het onkruid hebben dus alle kans en tijd om hun verwoestende werk te doen.

Thamel
Thamel is een stadsdeel in Kathmandu, de hoofdstad van Nepal. Thamel is een belangrijke toeristische trekpleister sinds de jaren ’80 van de 20e eeuw. Het is vooral in trek voor cultuur- en rugzaktoeristen. Ook is het een voorstation voor bergbeklimmers van de Annapurna Himal-bergen van de Himalaya.

Umesh Bomjan
Achtergrondinformatie bij ‘Maar we geloven in de kracht in ons zelf’.

Brief van Umesh Bomjan Nepal aan de penningmeester van Hatemalo.

O dank je wel voor je reactie. Ja het is aardig dat je LWN begrijpt. We zijn het er over eens dat we ons vergisten toen we jong waren. We hadden altijd een goed vertrouwen in Hatemalo. Dank voor het begrijpen

van LWN en de LWN mensen, en vooral Umesh. We zijn hier in Nepal studenten maar zijn nog steeds trots dat we wat hebben samengewerkt toen we college moesten lopen en wat werk moesten doen voor LWN via een Franse stichting en Hatemalo; we vonden het geweldig. En persoonlijk ben ik gelukkig met ons werk en ben ik het Hatemalo team en de mensen in Nederland altijd dankbaar voor het vertrouwen van onze studenten.
Ik herinner me al het werk dat Wiel voor Nepal heeft gedaan. Hij houdt erg veel van ons land en zelfs wanneer hij niet met ons werkt heb ik altijd veel waardering voor hem; hij heeft zoveel geweldige dingen gedaan en hij kan de pijn van de mensen begrijpen. Ik weet dat ik met betrekking tot het studententehuis hem soms wat onder druk heb gezet. Hij spoorde ons altijd aan door te gaan. Hoe het ook zij, ik hoop dat hij begrijpt wie wij zijn en wat wij deden en welke vorderingen we gemaakt hebben. Dus Wiel gaat stoppen met het werk met LWN. Ik begrijp het en zal mijn leden daarover informeren. En geloof me ik / wij hebben er geen probleem mee en maken ons er geen zorgen over. Ik weet dat alles een vervaldag heeft. We hopen dat we nog vrienden blijven; Menno, Wiel, jij en wij. Vanaf nu deel ik niets meer met Hatemalo, maar besef wel dat we geweldig werk verricht hebben hoewel Hatemalo niet één project dat toegezegd was kon afmaken.
OK, nu over mezelf. Ik ben een student uit een plattelandsdorp Gairimudi. Ik heb in Kathmandu vijf jaar lang de high school bezocht toen de Fransman Sati mij hielp met mijn studie. Ik maakte die studie af en daarna sponsorde hij mij voor mijn bachelor studie die ik toen oppakte. Dus hij was mijn sponsor in dezelfde tijd dat Wiel met zijn Martinusstichting ook wat hulp bood. Daarom dacht ik meteen dat waar ik met mijn studie geholpen werd waarom niet anderen helpen door middel van een kleine stichting! Maar Sati heeft mij nooit aangemoedigd met zo'n stichting te werken. Maar ik wilde dat wel en ik vond dat fijn. Dus startte ik LWN. In verband met LWN rekeningen zit ik altijd in de schulden. Daarna kreeg ik geen steun meer van mijn sponsor en ook niets voor het studententehuis. En toen ik het over het studententehuis had met Sati, wilde hij niet meewerken omdat hij dacht dat het een project van Hatemalo was. Zodoende zat ik in een valstrik. Toch mocht ik dit verwachten omdat het een zelfgenomen risico was. Wanneer u het hebt over mijn reis naar Thailand en Frankrijk, ik vond het fijn een nieuwe plaats te zien en in een persoonlijk doel te investeren. Maar zoals ik u al heb verteld, meneer, mijn sponsor heeft nooit en te nimmer

willen werken voor het studententehuis. Het enige dat hij gedaan heeft was mijn studie en mijn reis sponsoren . Hij betaalde voor mij als mijn vader. Binnenkort ga ik voor mijn studie weer naar Frankrijk. Hij heeft me naar Frankrijk uitgenodigd op basis van zijn eigen geld en niet via de stichting. Maar wanneer ik in Frankrijk ben ga ik zeker een presentatie houden over LWN. En wat de Thailand reis betreft is hij het ook die mij uitgenodigd heeft. Ik heb hem verscheidene keren gevraagd iets voor het Studententehuis te doen, maar hij wilde dat niet. Ik gebruikte mijn tijd om te reizen en leerde zoveel dingen tijdens die reizen. Hij heeft me zoveel gelegenheid gegeven. Ik denk dat ik een privé leven zal moeten beginnen, liever dan zo'n sociaal leven. Het was zo verdrietig toen je mij vertelde over de ontbinding van het Studententehuis in verband met mijn reizen naar Thailand en Europa; ik had echt tranen in mijn ogen, meneer. Ik besef dat ik in mijn leven fouten heb gemaakt. Ik voel dat mensen met goede gedachten op deze manier vaak gekwetst worden. Ik praat minder, schrijf minder, en denk meer.
Nu zegt Umesh Bomjan vaarwel tegen de Hatemalo stichting, en zal er nooit meer voor werken. En succes met alles wat Hatemalo onderneemt.
Het gaat u goed.
Het spijt me dat ik uw kostbare tijd gebruik hebt om dit bericht van Umesh Bomjan Nepal te lezen.
Groeten aan Wiel en Menno

Vragen per mail gesteld aan Umesh om een beter inzicht te krijgen.

1 *Kun je me vertellen hoeveel studenten er momenteel in het studentenhuis wonen? Wat is het belangrijkste ,naast financiële hulp, wat op dit moment nodig is om je wensen in vervulling te laten gaan.*

Antwoord:
We hadden twee studentenhuizen, maar we hebben er één gesloten, dat was in Kirtipur. Daarom wonen we nu met tien studenten in hetzelfde huis. Zes studenten komen uit een ander studentenhuis (het studentenhuis in Kirtipur) en vier van ons woonden al langer in het zelfde huis in Imadol.

2 *Wat is momenteel het belangrijkste politieke probleem met betrekking tot maatschappelijk werk? En wat zou er volgens jou aan dit probleem*

gedaan kunnen worden? Wat zou de rol van Hatemalo hierin kunnen zijn?

Antwoord:
Allereerst is maatschappelijke hulpverlening vrij nieuw in ons land, het bestaat nu zo'n 15 jaar.
En de regering heeft maatschappelijke hulpverlening nog niet als een beroep erkend, er zijn ook geen vacatures in dit land voor maatschappelijk werker, hoewel er heel veel gebieden zijn waar maatschappelijk werk aanwezig zou moeten zijn. Maar er is geen draagvlak voor maatschappelijk werk en de regering zegt dat dit werk door iedereen gedaan kan worden en meestal zit er een politieke bedoeling achter dit werk. Dus om alle sectoren in de samenleving te bereiken waar dat nodig is komen we met een andere aanpak door eerst met de regering om de tafel te gaan zitten, we gaan praten over de rol die een maatschappelijk werker speelt, we willen het beleid t.a.v. maatschappelijk werk wijzigen, maar realiseren ons dat dit jaren kan duren. Op dit moment starten we de campagne 'maatschappelijk werk beleid in Nepal' waarmee we schoolkinderen als junior maatschappelijk werker op verschillende scholen aanstellen om hen zo bewust te maken van de verschillende maatschappelijke problemen die er zijn en begrip oproepen bij de jonge maatschappelijk werkers in Nepal. En geleidelijk aan gaan we praten over het werk van de maatschappelijk werker en ons beroep. Verder zijn we van plan radioprogramma's uit te zenden met als onderwerp de maatschappelijk werker. En we hebben ook plannen voor TV uitzendingen met hetzelfde onderwerp. Nu al maakt de campagneleider met hulp van 'Little World Nepal' verschillende programma's. Er is nog zo veel te doen, we zullen in het vervolg mensen zoals jullie hiervan op de hoogte houden. Ja, om al de verschillende programma's te organiseren hebben we uiteenlopende hulp nodig, we hebben verschillende ideeën nodig effectieve programma's op te zetten en hiermee de overheid te bereiken en we hebben ook geld nodig om onze campagnes te laten draaien. Het is erg belangrijk om draagvlak voor de maatschappelijk werker in Nepal te krijgen.

3 *Zijn er momenteel één of twee studentenhuizen en hoe worden die momenteel betaald?*

Antwoord:
We wonen nu met z'n allen in één studentenhuis, we sloten het studentenhuis in Kiritpur.
We wonen met 10 studenten in hetzelfde huis. We moeten NPR 16.000 huur aan de eigenaar betalen, daarnaast moeten we nog voor water, elektriciteit en internetaansluiting betalen. Bij elkaar kost dit ons rond de NPR 25.000 per maand, maar we hebben ook nog eten en drinken nodig en moeten de reiskosten betalen waardoor we minimaal NPR 40.000 kwijt zijn. En daar bovenop moeten we ook nog het collegegeld betalen; maar twee studenten hebben een volledige studiebeurs. Nu we het over de financiën hebben, we hebben verschillende keren met Hatemalo gesproken en gezegd dat we zes studenten in ons huis hebben opgenomen en dat we een nieuw studentenhuis gaan openen. Hier waren ze het mee eens, maar ze (Hatemalo) zijn laat met de financiering begonnen en nooit op tijd geweest geld naar ons over te maken. Daarom hebben we besloten om het nieuwe studentenhuis te sluiten en beschikken we over één huis. We hebben het gedetailleerde concept van het studentenproject aan Hatemalo toegestuurd. Om het project tijdelijk te financieren gebruikten we wat geld van andere projecten van 'Little World Nepal' die door een Franse organisatie worden betaald. En zelfs heb ik mijn toelage over twee semesters gebruikt om de huur en het onderhoud van het huis te betalen. We, en ikzelf persoonlijk, hebben hiervan behoorlijk financieel verlies geleden. We zijn uit het studentenhuis vertrokken waaraan we nog NPR 20.000 moesten betalen. Momenteel betaal ik veel van mijn studiebeurs die ik van de Franse organisatie heb gekregen. Er is hier nog zo veel te doen.

4 *De visie van Hatemalo is een studentenhuis te bouwen en een tehuis voor dakloze kinderen. Hoe kan Hatemalo met jullie samenwerken om dit te realiseren, hoe denken jullie hierover en wat hebben jullie, naast financiële ondersteuning , nog meer nodig?*

Antwoord:
Ja, wij, bestuurleden van 'Little World Nepal', hebben zo veel dingen die we van plan zijn te doen en we dromen ervan om nog meer te doen met verschillende groepen van mensen. We moeten goed nadenken hoe we een huis voor dakloze kinderen kunnen opzetten, we moeten met de beste plannen tevoorschijn komen ter ondersteuning van al deze projecten. Om voor dakloze - of straatkinderen te gaan zorgen is geen

makkelijke opgave, we hebben daarbij heel veel goede steun nodig waar we ook op lange termijn van op aan kunnen. Op dit moment zijn we meer gericht op het werken met jongeren uit plattelandsdorpen, hen onderwijs te geven om een zelfstandig bestaan op te bouwen en hen daarna naar hun dorp terug te brengen. We doen er dus alles aan om het studentenhuis in Kathmandu, waarvan de opbouw heel veel moeite kost, een solide basis te geven. Samen moeten we een goed plan ontwikkelen met het daarbij benodigde budget en de studenten van het huis de juiste faciliteiten bieden om hen goede mogelijkheden te bieden het beste uit hun jeugd te halen. We kunnen enkele van de technische programma's voor jongeren uitvoeren, hiermee brengen we jongeren, ieder met een ander perspectief, samen. Er zijn heel veel jongeren die in de verschillende dorpen van Nepal werkeloos blijven.

5 *De bedoeling van het bestuur van Hatemalo is dat 'Little World Nepal' binnen drie of vier jaar niet alleen meer afhankelijk is van giften uit andere landen.*

Antwoord:
ja, dat is echt een geweldig idee, wij denken daar zelf veel over na. Omdat we zelf geen notie hebben van de wereldeconomie als we alleen maar van donaties moeten rondkomen, terwijl we ons wel voor een bepaalde periode aan een project verbinden. Momenteel zijn we dus nog steeds bezig te bedenken hoe we ons zelf overeind kunnen houden. Misschien kunnen we een handeltje opzetten en de winst daarvan voor de stichting gebruiken. Wij zijn ook van plan om een school in de Terai regio te openen, niet om daaraan te verdienen maar om met het geld wat we daarvan overhouden het salaris van een leraar te betalen. Daarnaast zullen we iets in Kathmandu moeten doen om het studentenhuis op de been te houden.

6 *Wat is er volgens jou nodig om onafhankelijk van NGO's de financiering zelf te regelen? (Zijn er in Nepal mogelijkheden om in het toerisme of handel geld te verdienen?). Is het mogelijk dat je me meer informatie stuurt over de kosten zodat het bestuur daar een goed overzicht van krijgt?*

Antwoord:
Om onafhankelijk van NGO's te zijn is het nodig dat we fondsen werven op onze eigen manier; we geld verdienen met het werk dat we doen.

Misschien kunnen we met hulp van jongeren hier in Nepal producten maken en deze op de markt verkopen, zoals we dat ook doen met onze Franse stichting: wij sturen ansichtkaarten naar hen die ze verkopen en zij sturen ons het geld terug. Maar het is niet veel wat we daar mee verdienen. Hier moeten we nog aan werken.

7 *Kun je beschrijven wat de belangrijkste sociale problemen in Kathmandu met betrekking tot kinderen en daklozen zijn. Welke hulpprogramma's worden door de grote NGO's opgezet en zijn deze succesvol of niet?*

Antwoord:
Het grootste probleem in Kathmandu zijn de straatkinderen. Je ziet ze op straat, in sloppenwijken en op veel andere plaatsen. Er zijn heel veel NGO's in Kathmandu die zich met straatkinderen bezig houden, maar de problemen worden alleen maar groter. Straatkinderen zijn er in veel soorten. Sommigen hebben familie, maar anderen weer niet en er zijn er die van huis zijn weggelopen. Het zou de verantwoordelijkheid van de regering moeten zijn om voor deze kinderen te zorgen, maar ze laat hen aan hun lot over. Er zijn verschillende problemen met deze straatkinderen, op de eerste plaats hebben ze niets om te eten en op de tweede plaats hebben ze geen onderdak en als ze ergens onderdak krijgen dan willen ze daar niet blijven omdat hun daar structuur wordt opgelegd. Zij gaan daarom weer de straat op. De meeste kinderen hebben familie in het dorp waar zij vandaan komen. In deze families zijn eveneens problemen waar deze staatkinderen in Kathmandu mee om moeten kunnen gaan. Als we ze weer met hun familie zouden kunnen samenbrengen en hen zo een beter leven kunnen geven dan zou dat geweldig zijn.

8 *Denk je dat westerse NGO's in Nepal kunnen werken en daar de maatschappelijke vraagstukken op een westerse manier oplossen of denk je dat Nepalezen hierin een grotere rol moeten spelen?*
Wat kunnen Nepalese maatschappelijk werkers wel wat westerse maatschappelijk werkers niet kunnen? En, indien mogelijk, geef hiervan een voorbeeld.
Antwoord:
Er zijn veel westelijke NGO's en INGO's in Nepal die aan verschillende kwesties werken. En deze westelijke NGO's en INGO's proberen nog

steeds, zoals je in de vraag al aangaf, op hun eigen manier de problemen op te lossen. De enkele Nepalees die zij in dienst hebben is ingezet om politiek correcte redenen en zij komen overal vandaan. Zij werken altijd onder leiding van westerse mensen. Dus zij beslissen niet zelf en maken ook hun eigen plannen niet . Zo is het ook met veel projecten: de Nepalese maatschappelijk werkers begrijpen de werkelijke achtergronden van de mensen beter dan de westerse maatschappelijk werkers met hun kant en klare en universele benadering dat doen.
Ook de taal, cultuur en gewoontes zijn vertrouwder bij de Nepalezen. Tegenwoordig hebben we steeds meer afgestudeerde maatschappelijk werkers van verschillende universiteiten, die echt bereid zijn met veel inzet te werken, maar ze krijgen nauwelijks de mogelijkheid om te werken.
Uiteindelijk vertrekken zij gefrustreerd naar het buitenland omdat ze denken daar werk te kunnen krijgen. Ook onder de mensen die we kennen zijn er steeds meer studenten maatschappelijk werk, die op zoek zijn naar een baan. Dit zijn de mensen om op verschillende posities in te zetten, maar zij vinden nooit een geschikte plaats, omdat zij geen ervaring hebben kunnen opdoen. We weten dat we in een andere sector kunnen werken, maar kiezen er dikwijls voor om als vrijwilliger of stagiair te werken. Wij hopen dat dit snel veranderd.

9 *Uit wat we hebben gelezen en via Facebook weten is dat je op straat in Kathmandu goed werk doet. Wat voor methoden gebruik je en op welke manier doe je dat? Wat ontbreekt er ten aanzien van opleiding en kennis?*

Antwoord:
Ik heb niet het idee dat ze voelen door ons te worden geholpen, ze hebben zo veel problemen waar ze voor worden gesteld. De methode die we eerst gebruiken is vriendelijk tegen hen te zijn, we zoeken hen op en spelen met ze op straat, we eten en drinken met hen en we leggen bezoeken af daar waar ze vandaan komen. Als we hen op een liefdevolle wijze of met respect benaderen zullen zij zich ook naar ons toe goed gedragen. Daarna komen we pas met een aantal van de welzijn programma's zoals verstrekken van kleding en levensmiddelen en doen we ons best om ze weer bij hun familie terug te brengen.

10 *Wat zijn de belangrijkste uitdagingen om met kinderen op straat te werken? En kan je ons meer over dit werk vertellen?*

Antwoord:
Er zijn verschillende uitdagingen die van belang zijn bij het werken met deze straatkinderen.
Als we hen niet kunnen ontmoeten wanneer zij dat willen dan helpt geen enkel programma, dus alles moet meestal daar plaatsvinden waar ze zich op dat moment ophouden. We zijn wel eens moe om met hen te werken, altijd weer vertellen waarom ze geen lijm moeten snuiven en niet moeten roken, maar ze luisteren nooit naar ons. Het vuilnis is ook een groot probleem, de kinderen verblijven op verschillende plaatsen, dus ook tussen het vuil zodat we hen ook daar moeten ontmoeten.

Bronnen

1 *Abouleish Ibrahim*. Sekem ontwikkelingssamenwerking in een nieuw perspectief. Uitg. Indogo,2004.
2 *Armstrong Karin*. De grote transformatie. Uitg.De Bezige Bij, 3e druk 2005, .
3 *Banerjee Abhihit Vinayak en Esther Duflo*, Arm & Kansrijk. Een visie op het bestrijden van armoede. Uitg. Nieuw Amsterdam. 2e druk 2012.
4 *Berger John*. Ver weg in Europa. Uitg. De Bezige Bij.1988.
5 *Geugten van der Menno*, BSW Culturele en maatschappelijke vorming. Beleidsadvies Stichting Hatemalo Nepal. Hogeschool van Amsterdam.2011.
6 *Genugten van Lonneke*. Bestrijd niet alleen de symptomen, ook de oorzaken van armoede. One World, februari. 2014.
7 *Grennan Conor*. Een nieuwe toekomst. Uitg. De Boekerij BV Amsterdan. 2010.
8 *Heijnens Mart*, Briefwisseling met Mart Heijnens, auteur van Vreemdeling in het Midden-Oosten. December 2013.
9 *Horst van der Suzanne*. Wandelende portemonnee. Zo goed bedoeld. Twee artikelen Leeuwarder Courant februari. 2011.
10 *Ferrier Kathleen*,. Armoede, de angel in onze rijkdom, Uitg.Ten Have. 2006.
11 *Kinsbergen Sara*.Interview My world, 7 febr.2014.
12 *Kinsbergen Sara en Christine Plaisir*. Klein project, groot verschil? Studie naar de duurzaamheid van ontwikkelingssamenwerkingsprojecten, medegefinancierd door Wilde Ganzen. Februari 2015.
13 *Leeuwen van Rien*. Duurzaam veranderen in projecten. Artikel. Ruysdael, Maarn.
14 *Nick Meynen*. Nepal. Nieuwe wegen in de Himalaya. Uitg. Epo. 2010.
15 *Moyo Dambisam*. Doodlopende hulp. Waarom ontwikkelingshulp niet werkt, en wat er wel moet gebeuren. Uitg. Contact. 2009.
16 *Buitenlandse zaken*. Ongelijke werelden. Armoede, groei, ongelijkheid van de rol van internationale samenwerking. Sept. 2012
17 *One World, juni 2016*.
18 *Ordish Bec*. Nepal is not poor. Dagblad Republica, Kathmandu. December. 2013.
19 *Oyen van Paul*. De vergeten jaren van Jezus in India en Tibet. Uitg. Conversion Productions.2010.
20 *Sachs Jeffrey*. Het einde van de armoede. Hoe we dit doel binnen twintig jaar kunnen bereiken. Uitg. Lemniscaat. 2e druk 2006.
21 *Palmen Wiel*. Sa-baai, Sa- baai. Uitg. GeJah BV. 2009.
22 *Palmen Wiel*. Wie zegt dat ik anders ben. Uitg. Nopburee Press, Chiangmai, Thailand. 2004.
23 *Palmen Wiel*. Er staat een bedelaar aan de deur. Lezingen. 2014, 2015.
24 *Polman Linda*. Crisiskaravaan. Achter de schermen van de noodhulpindustrie. Uitg. Balans. 3e druk.2008.
25 *Vrij Nederland* week 24 -2013 en week 34- 2015 (Uitspraken minister Liliane Ploumen).

Dankwoord

Ik kan iedereen verzekeren dat ik alleen deze klus niet geklaard had. Het is gauw gezegd: ik ga een boek schrijven.
Om dan vele keren tegen jezelf te zeggen: waar ben ik toch in 's hemelsnaam mee bezig. Op die momenten laat je je twijfels eens los bij een paar vrienden die het schip dan weer vlot weten te trekken.
Steunpilaren waren de vertaalgroep en de werkgroep Young Nepal.
De vertaalgroep vertaalde alle artikelen en bijdragen die nodig waren vanuit het Engels en soms vice versa, Bert Rasing, Christine Paulson, Bert en Ina Visser, Leo Clasquin, Wim 't Hart, Ria Jonker(coördinatie).
Een extra dankwoord aan Ria, die niet alleen zorgde dat alle te vertalen teksten bij de leden van de werkgroep kwamen maar ook dat de Nepalese auteurs hun toegezegde bijdragen inleverden, een klus apart.
Veel steun heb ik ervaren van *de werkgroep Young Nepal*, die alle werkzaamheden rondom het tot stand komen van het boek voor haar rekening nam en de presentatie organiseerde. De werkgroep stond onder de stevige leiding van Bert Jansen met Peter Jonker, secretaris en corrector; Ria Jonker en Bert Visser en mijn zoon Frank. Dank ook aan *de meeleesgroep* Bert Jansen, Bert en Ina Visser, Ria Jonker, Marian Groenewoud, die de onvolkomenheden in dit boek scherp in het vizier hadden.
Ik wil ook in het bijzonder noemen *Alfred Birnie* die de grote klus op zich nam om dit boek vorm en een aantrekkelijke uitstraling te geven en *Martien van Strien*, die zorg droeg voor de foto's en voor enige structuur in de opzet en de rangschikking van de hoofdstukken.
Dank ook aan *Dev Raj Banjara*, *Dikesh Maharjan en Sushant Sigdel* die mij veel informatie verschaften over de Nepalese samenleving.
Ik dank *mijn bestuur*, Peter Jonker en Ria Jonker-Smit, Marian Groenewoud-van Bers en adviseur Menno van Geugten, dat als een helikopter boven het tot stand komen van dit boek cirkelde en alle bewegingen in goede banen hield.
Dat het boek de hoogst mogelijke winst kan opbrengen is mee te danken aan de sponsoren.

Wiel Palmen (Brunssum,1937) richtte in 2003 de MartinusStichting (Noord-Thailand) op en in 2010 de stichting Hatemalo (Nepal).
Als rooms-katholiek zoekt hij een weg tussen christendom en boeddhisme en is zeer geïnteresseerd is in het hindoeïsme.

Van hem verschenen onder meer:

- *Het gebeurde op kerstavond, verhalen over het kerstfeest* (2000)
- *Ik zal jou roepen in de volle zon, gedichten* (2004)
- *Wie zegt dat ik anders ben* (2004), over het leven van de lichamelijk gehandicapte Frans Hamers
- *Sa-baai Sa-baai* (2009), over vijf jaar MartinusStichting in het noorden van Thailand
- *Artistiek dagboek van een creool*. Biografie over kunstenaar Ton van Geelen (2010)
- *Sod is mijn naam*. Thailand 2012
- *Kijk naar mij/Look at me*. Gedichten samen met Sushant Sigdel (2013)
- *De herinnering blijft. Afscheid van Thailand*. 2014

In 2012 won Wiel Palmen de eerste prijs tijdens de regionale dichtersdag.

SPONSOREN

BRASSERIE - RESTAURANT
SINDS 1916
KORDERIJNK

Curves®

Klankenbad

Klankenbad is de mail- en “bedrijfs“naam van mijn klankconcerten. Bij mijn concerten maak ik gebruik van gong, klankschalen, trommel, mondharp en vele uiteenlopende instrumenten uit diverse landen. Het klankconcert zelf is meer een klankbeleving, waarbij de klanken trillingen afgeven en daarmee energie door je lichaam laten stromen Ik speel bij mij thuis en op lokatie voor groepen vanaf 6 personen (5 betalers en 1 gratis) voor een goed doel.
In overleg is er veel mogelijk! **theatolkamp@gmail.com**

Praktijk Care voor meer levenskwaliteit

Deventer/ Twello/ Nijbroek

- Yoga in Twello en Deventer
- Meditatietraining, Loslaten
- Verbindende Communicatie
- Massage, heling en ontspanningstherapie

CARE

José Starmans T 0571-849392 M 0615040631
jose@praktijkcare.nl www.praktijkcare.nl

Stichting voor Ontwikkelingssamenwerking 'KOOK' – Samen Sterk voor de Armen!

Samenwerking met ontwikkelingslanden is geen kwestie van liefdadigheid maar van GERECHTIGHEID. Vanuit het motto - Samen Sterk voor de Armen - zetten vele vrijwilligers in de kringloopwinkel KOOK-Alkmaar zich in voor het verbeteren van de leefomstandigheden van de allerarmsten in deze wereld. Van de één voor de ander maken we samen een betere toekomst.

Zijperstraat 36a – 1823 CX Alkmaar. www.kook-alkmaar.nl

Stichting Groen en Mens • Deventer – Voorst

voor groene initiatieven en hulp aan Oost-Europa

DOVA

Door Ons Voor Anderen

Den Haag

DOMMERHOLT

Accountants= en adviespraktijk

Twello

EXPERT TWELLO

Beste Service

Persoonlijk advies

Vertrouwd dichtbij

PETERS & MARKINK

Administraties en belastingzaken

Deventer

STICHTING STEF

vT

Van Tricht *uitgeverij*

Alle rechten voorbehouden. Niets uit deze uitgave mag worden verveelvoudigd, opgeslagen in een geautomatiseerd gegevensbestand, of openbaar gemaakt, in enige vorm of op enige wijze, hetzij elektronisch, mechanisch, door fotokopieën, opnamen, of enige andere manier, zonder voorafgaande schriftelijke toestemmming van de uitgever.
Voor zover het maken van kopieën uit deze uitgave is toegestaan op grond van artikel 16B Auteurswet 1912 j° het Besluit van 20 juni 1974, Stb. 351, zoals gewijzigd bij Besluit van 23 augustus 1985, Stb. 471 en artikel 18 Auteurswet 1912, dient men de daarvoor wettelijk verschuldigde vergoedingen te voldoen aan de Stichting Reprorecht (Postbus 882, 1180 AW Amstelveen).
Voor het overnemen van gedeelte(n) uit deze uitgave in bloemlezingen, readers en andere compilatiewerken (artikel 16 Auteurswet 1912) dient men zich tot de uitgever te wenden.

19W23726/ T1/ 9789492333124